Bibliothèque de Philosophie scientifique

Conserver la Couverture

ÉMILE OLLIVIER

Philosophie d'une Guerre

— 1870 —

PARIS
ERNEST FLAMMARION, ÉDITEUR
26, RUE RACINE, 26

Philosophie d'une Guerre

— 1870 —

Bibliothèque de Philosophie scientifique

ÉMILE OLLIVIER

Philosophie d'une Guerre

— 1870 —

PARIS
ERNEST FLAMMARION, ÉDITEUR
26, RUE RACINE, 26
—
1910

Droits de traduction et de reproduction réservés pour tous les pays,
y compris la Suède et la Norvège.

Droits de traduction et de reproduction réservés
pour tous les pays.

Copyright 1910,

by Ernest Flammarion.

Philosophie d'une Guerre
— 1870 —

INTRODUCTION

« Comme dans toutes les affaires il y a ce qui les prépare, ce qui détermine à les entreprendre et ce qui les fait réussir, la vraie science de l'histoire est de remarquer dans chaque temps ces secrètes dispositions qui ont préparé les grands changements et les conjonctures importantes qui les ont fait arriver. En effet, il ne suffit pas seulement de regarder devant ses yeux, c'est-à-dire de considérer ces grands événements qui décident tout à coup de la fortune des empires. Qui veut entendre à fond les choses humaines doit les reprendre de plus haut. » Quiconque voudra comprendre la guerre de 1870 devra se rappeler le précepte de Bossuet. Pour pénétrer la cause véritable d'une guerre qui a bouleversé l'assiette territoriale de l'Europe, restauré l'ancien droit des gens de la barbarie, arrêté le mouvement régulier de la civilisation, jeté les peuples dans le malaise des armements haineux, imposé à l'Allemagne l'épreuve d'une victoire au-dessus de ses forces morales, il importe d'autant plus de ne pas regarder seulement devant ses yeux, de reprendre de plus haut les événements, de remarquer les secrètes dispositions d'où ils sont sortis, que tôt ou tard ce drame de 1870 sera, soit à l'intérieur, soit à l'extérieur, le prélude de conjonctures non moins graves par lesquelles la forme et la fortune des empires seront encore une fois changées.

On a beaucoup déclamé sur l'expédition du Mexique : c'est à elle que remonterait la véritable cause de notre effondrement. Nous aurions été vaincus en 1870 parce que l'Empire « avait jeté tout notre sang, tout notre or, toute notre force dans les plaines du Mexique ». Or, quel était le chiffre général de notre effectif en 1866? 400.000 hommes. Combien y avait-il de bouches à feu dans nos arsenaux? 10.944 canons en bronze, sans compter près de 3.000 canons en fer. Combien le Mexique a-t-il employé d'hommes? De 35 à 40.000. Combien de canons? 50!! Quant à la dépense, elle a été réglée sous la présidence de Thiers à trois cents millions, desquels il convient de déduire ce que ces 35 à 40.000 hommes eussent coûté en France à entretenir, soit à peu près la moitié. Voilà comment le Mexique a dévoré tout notre sang, tout notre or, toute notre force! De plus, ce que cette campagne a consommé d'hommes et de matériel a été amplement réparé par ce qu'a fourni la réforme militaire de Niel en 1867. Cette expédition a nui au crédit personnel et à l'infaillibilité de Napoléon III, mais si, dans l'histoire du second Empire, elle reste un incident peu honorable, elle n'a pas exercé une influence malheureuse, plus décisive que n'ont eu d'influence heureuse les expéditions de Chine, de Cochinchine, de Syrie.

Selon d'autres, c'est à la guerre d'Italie de 1859, qu'il faut faire remonter l'origine de notre chute, en ce que, par l'unité italienne, elle nous a conduits à l'unité allemande. En réalité, aucune connexion nécessaire n'existait alors entre le mouvement italien et le mouvement germanique et, ne fussions-nous pas descendus en Italie pour empêcher l'Autriche d'y devenir définitivement la maîtresse, l'unité allemande dont Chateaubriand avait signalé l'intensité dès son ambassade à Berlin n'aurait pas interrompu son ascension, chaque jour plus forte, qu'aucune opposition du dehors ou du dedans ne pouvait empêcher de devenir tôt ou tard victorieuse.

Non, la guerre de 1859 ne fut point pour nous un prélude d'affaiblissement : elle a ajouté de belles pages à nos annales militaires, a restitué à la mère-patrie deux superbes provinces et nous a montrés au monde ce que nous avons toujours été, sous l'ancienne royauté comme sous la République, sauf en quelques rares moments d'aberration, les défenseurs des faibles, les protecteurs de l'indépendance des peuples et le « réveille-matin du monde ».

D'autres encore ont voulu rattacher à l'inertie de notre gouvernement dans l'affaire des Duchés danois l'enchaînement de nos malheurs. C'est prêter une importance extraordinaire à un événement minuscule dont la solution, quelle qu'elle fût, n'était pas de nature à prolonger son influence sur le développement des choses. Napoléon III eût été fou à lier, si seul, abandonné par l'Angleterre, il avait à cette occasion compromis la fortune de la France dans une guerre avec l'Allemagne tout entière, car à cette époque la Confédération germanique, c'est-à-dire les États du Sud et l'Autriche, eussent marché avec la Prusse.

La cause initiale de la guerre de 1870 se trouve dans l'année 1866. C'est dans cette année à marquer éternellement de noir, c'est dans cette année d'aveuglement, où une faute n'a été conjurée que par une faute plus grave et où les défaillances du pouvoir ont été rendues mortelles par les acharnements de l'opposition; c'est dans cette année maudite qu'est né le péril suprême de la France et de l'Empire. Si l'année 1870 est l'année terrible, l'année 1866 est l'année fatale. Les Romains, d'après Cicéron, ont regardé la bataille de l'Allia comme plus funeste que la prise de Rome, parce que ce dernier malheur fut la suite du premier.

Tout le monde, en Europe comme en France, est d'accord aujourd'hui sur l'importance de l'année funeste, et cette vérité historique est incontestée. Mais on caractérise mal partout l'erreur commise par Napoléon III. C'est sa fidélité chimérique au principe des nationalités, dit-on, qui l'a amené à permettre à la Prusse de constituer une grande puissance menaçante pour nous. Dites le contraire et vous serez dans le vrai. C'est son infidélité au principe des nationalités qui a été l'origine de toutes les infortunes de Napoléon III et des nôtres.

On ne le contesterait pas si on se rendait mieux compte de cette théorie des nationalités dont tout le monde parle sans la comprendre ou en la comprenant de travers. La théorie des nationalités se réduit à quelques maximes d'une simplicité lumineuse :

Toute nation librement constituée forme un organisme souverain, intangible, quelle que soit sa faiblesse, ne pouvant être placé sous une domination étrangère sans son assentiment ou y être maintenu contre sa volonté. Elle n'admet pas la conquête comme un titre légitime d'acquisition. Seule la volonté des populations a le pouvoir de créer, de transformer, diminuer ou accroître légitimement les royaumes.

D'où il suit : d'abord qu'aucun peuple n'a le droit d'intervenir dans les affaires d'un autre peuple, de s'opposer à ses arrangements internationaux, de l'empêcher de se séparer d'un État auquel il a été uni par la force ou de s'annexer à un autre, vers lequel l'attirent ses sympathies ou ses intérêts. Ensuite que l'Europe, formée en congrès ou en conférence, n'est pas investie d'un droit collectif propre, refusé à chaque nation isolément, sous prétexte d'empêcher qu'une nation, par sa volonté, ne dérange le système général auquel elle appartient.

Le principe constitutif de la théorie des nationalités se distingue facilement d'autres avec lesquels on l'a trop souvent confondu, celui des grandes agglomérations, des limites naturelles, et de la race. La volonté des peuples constitue, si cela lui convient, de grandes agglomérations, mais elle peut en créer de petites. Elle n'admet pas les frontières naturelles. Les véritables frontières sont celles qu'établit la volonté des populations, les autres sont les murs d'une geôle qu'on a toujours le droit de briser. Malheureux le pays qui traîne après lui une province comme une meule au cou; malheureux celui dont tous les habitants ne s'épanouissent pas sous son soleil d'un cœur joyeux et libre. Créer l'unité morale est plus capital que satisfaire aux exigences stratégiques d'une montagne ou d'un fleuve.

La théorie des nationalités n'admet pas non plus un prétendu droit de race, manifesté par la langue ou la tradition historique, en vertu duquel tous les peuples issus d'une commune origine, parlant une même langue, doivent, bon gré mal gré, sans qu'on ait à les consulter, être réunis dans un même État. L'idée de race est une idée barbare, exclusive, rétrograde, n'ayant rien de commun avec l'idée large, sacrée, civilisatrice de patrie. La race a des limites qui ne peuvent être dépassées, la patrie n'en a aucune; elle peut s'étendre et se développer sans cesse; elle pourrait devenir le genre humain comme sous l'empire romain. Dans notre continent européen il y a longtemps que les races se sont fondues dans des patries, et il serait impossible de détruire le mystérieux travail d'où sont sorties les belles œuvres que cette fusion a produites.

Il y a une douceur ineffable dans le mot de Patrie, précisément parce qu'il exprime, non une agrégation fatale, mais une création libre, affectueuse, dans laquelle des millions d'êtres humains ont mis leur cœur pendant des siècles.

La volonté des populations est donc le principe dominateur, souverain, unique, absolu, duquel doit sortir le droit moderne des gens tout entier, par une suite de déductions logiques, comme d'une source inépuisable. C'est le principe de la liberté substitué dans les relations internationales à la fatalité géographique et historique. Sans doute le principe des nationalités ne supprime pas toutes les guerres. Restent celles de l'honneur, de la religion, des diversions despotiques; mais il écarte la plus fréquente et la plus dangereuse, celle de conquête, et il achemine à l'abolition progressive des autres, par la vertu du principe civilisateur qui en est l'inspiration. Il devrait être partout professé avec respect et propagé par les hommes de progrès et de liberté. En France, il devrait être un dogme national, puisque c'est notre titre indiscutable à revendiquer notre chère Alsace, brutalement arrachée par la conquête et annexée à l'étranger sans son consentement.

Les événements accomplis en Allemagne en 1866 ont-ils été le résultat logique du principe des nationalités? Est-ce en vertu de ce principe, tel que nous venons de le définir, que la Prusse s'est annexé les Duchés danois, les villes libres, Francfort, la Hesse-Darmstadt, le Hanovre, bien que la volonté formelle des populations fût de conserver l'autonomie? Non, c'est en vertu d'une négation de ce principe que ces annexions se sont opérées. Bismarck, qui n'aimait pas les euphémismes hypocrites de langage, l'a dit expressément : « C'est en vertu du droit de conquête ». L'année 1866 n'a donc pas été le triomphe du principe des nationalités, mais sa défaite et la résurrection victorieuse du principe de la conquête. Le tort véritable de Napoléon III, fut non de servir ce principe civilisateur qui l'avait déjà élevé si haut, mais de se faire le complaisant, dans l'espérance d'un salaire, de ceux qui le déchiraient à coups d'épée.

Il était libre de ne pas s'opposer par les armes aux conquêtes de la Prusse s'il ne jugeait pas que l'intérêt du pays l'exigeât, mais il devait seconder les efforts que d'autres (comme la Russie) tentaient pour les arrêter et, dans tous les cas, ne pas les approuver, encore moins les encourager, encore moins réclamer une rémunération pour cet encouragement. C'est pourtant ce qu'il a fait : il a donné à la Prusse son assentiment formel, a refusé d'aider la Russie à provoquer la réunion d'un congrès, et il a sollicité, comme récompense, la rive gauche du Rhin d'abord, la Belgique ensuite, enfin le Luxembourg.

La Prusse a recueilli avec un empressement ironique l'adhésion et refusé avec une ingratitude arrogante le salaire, même réduit au minimum. Elle a fait plus : elle a nargué celui à la neutralité bienveillante de qui elle devait de n'avoir pas été écrasée sur le champ de bataille, et elle a méconnu, dès le lendemain, l'engagement pris à Prague d'arrêter sa prépotence au Mein ; elle franchit cette limite militairement par les traités d'alliance et constitua ainsi l'Unité militaire de l'Allemagne, la seule qui fût redoutable pour nous.

L'Empereur, déconcerté par l'échec de ces combinaisons, regrettant d'avoir favorisé sans profit le principe de la conquête et d'avoir abandonné sans prévoyance celui des nationalités, flotta de 1867 à 1870 en incohérence et indécision, n'osant ni accepter ni répudier les conséquences de ses complaisances fatales.

Mon ambition, lorsqu'il m'investit de sa confiance, fut de rendre à l'Empire l'assiette qu'il avait perdue depuis 1866, en revenant décidément au principe des nationalités, qui, depuis les faits irrévocablement accomplis en 1866, commandait de ne pas s'opposer à la transformation intérieure de l'Allemagne, dût-elle aboutir à compléter, par l'Unité politique, l'Unité militaire déjà constituée. Dans une lettre destinée à être placée sous les yeux de l'Empereur, adressée à Walewski le 1ᵉʳ janvier 1867, je disais : « J'ai blâmé, regretté les événements de l'année dernière et la circulaire maladroite qui les a amnistiés, mais je considère maintenant l'unité allemande comme un fait irrévocable, fatal, que la France peut accepter sans péril ni diminution. Tant que je ne voudrai pas perdre mon pays par des conseils fallacieux, je ne l'engagerai pas à méditer avec l'Autriche épuisée une nouvelle guerre de Sept ans, dans laquelle nous trouverions cette fois la Russie à côté de la Prusse, sans être certains d'entraîner l'Italie. Tout ce qu'on tentera contre la Prusse facilitera son œuvre au lieu de l'entraver : un Iéna même n'y nuirait pas. La paix sans aucune arrière-pensée, telle est la seule politique extérieure à laquelle je puisse m'adapter. »

Mon langage dans mes conversations avec l'Empereur, au moment où je formai mon ministère, ne fut pas moins explicite:

« Notre politique, dis-je le 1ᵉʳ novembre 1869, doit consister à enlever à M. de Bismarck tout prétexte de nous chercher querelle et de rendre belliqueux son roi qui ne l'est pas. Il y a deux tisons de guerre allumés, il faut mettre résolument le pied dessus et les éteindre: c'est, au Nord, la question du Scheswig, au Sud, celle de la ligne du Mein. Quoique très sympathiques aux Danois, nous n'avons pas le droit d'engager notre pays dans un conflit, pour assurer la tranquillité de quelques milliers d'entre eux injustement opprimés. Quant à la ligne du Mein, elle a été franchie depuis longtemps, du moins en ce qui nous intéresse. Les traités d'alliance n'ont-ils pas créé l'unification militaire de l'Allemagne et le renouvellement du Zollverein son unité économique? L'unité allemande contre nous est finie; ce qui reste encore à faire, l'union politique, n'importe qu'à la Prusse, à laquelle elle apporterait plus d'embarras que de forces. Quel intérêt avons-nous à empêcher les démocrates du Würtemberg et les ultramontains de Bavière d'aller ennuyer Bismarck dans ses parlements puisque, au jour du combat, l'Allemagne serait tout entière contre nous? »

Le souverain qui, dans mes idées, retrouvait les siennes, approuva ma politique, malgré quelques réserves, et le ministère du 2 janvier fut constitué, non pour préparer une guerre avec l'Allemagne mais pour la rendre impossible.

Et cependant c'est ce ministère qui a été obligé à la déclarer. Cela rappelle les musiciens de Roméo et Juliette qui, conviés au festin nuptial, arrivèrent pour chanter les complaintes de la sépulture. Il est peu d'histoires aussi tragiques que celle-là. Je vais la raconter.

CHAPITRE PREMIER

BISMARCK MÉDITE LA GUERRE CONTRE LA FRANCE [1]

En 1866, sur le champ de bataille de Sadowa, l'Autriche, non seulement perdit son antique prépondérance dans la Confédération germanique, mais elle en fut exclue. L'intervention de la France avait empêché la victoire de la Prusse d'être complète; certaines annexions lui avaient été permises, mais les Etats du Sud avaient été mis en dehors de sa Confédération et le Mein était devenu la limite artificielle entre les deux parties de l'Allemagne. Dès lors, la politique de Bismarck n'eut qu'un objet : détruire cette limite et jeter sur le Mein des ponts par lesquels les deux parties de l'Allemagne pourraient se réunir. D'un coup d'œil clair et génial, il vit qu'aucun rapprochement entre les États du Sud et les États du Nord ne serait réalisable tant que, entre eux, s'élèveraient les souvenirs sanglants de 1866. Une campagne faite

---

1. Pour les détails et les documents, voir le tome XIVe de l'*Empire libéral*, par Emile OLLIVIER, chez Garnier, 6, rue des Saints-Pères.

en commun contre la France lui parut le seul moyen d'effacer la trace de ces discordes intestines.

Pendant quelque temps, il espéra que la France irait au-devant de cette rencontre et chercherait à reprendre la prépondérance que la victoire de Sadowa lui avait fait perdre ; mais la France déclama, bouda et ne remua pas.

L'arrivée au pouvoir, le 2 janvier 1870, du ministère libéral tua définitivement cette espérance de Bismarck d'une politique agressive de notre part. Il résolut alors de prendre lui-même la responsabilité de l'agression à laquelle nous renoncions et de nous amener sur le champ de bataille. Dès que notre politique était de ne pas nous opposer à la transformation intérieure de l'Allemagne, il ne pouvait faire surgir de ce côté aucune cause de conflit. Il s'ingénia alors à en chercher une en Espagne.

La reine Isabelle venait d'être renversée et la république n'ayant pas la majorité, l'Espagne cherchait un roi. En attendant de le trouver, les Cortès avaient institué Serrano régent du royaume, mais le véritable directeur de la politique espagnole était le ministre de la Guerre, président du Conseil, le général Prim. Bismarck, moyennant écus sonnants, s'entendit avec lui pour poser la candidature au trône d'Espagne d'un prince de la branche catholique de la maison de Hohenzollern-Sigmaringen, médiatisée, étroitement unie à la famille royale de Prusse par les liens d'une obéissance familiale et dont les enfants servaient dans l'armée prussienne. Le chef de cette branche était le prince Antoine, homme fort avisé, ambitieux, riche, et ce fut son fils aîné, Léopold, que Bismarck et Prim, réunis, choisirent comme candidat à la couronne d'Espagne.

L'un et l'autre savaient que la France ne supporterait pas qu'un prince prussien fût établi, sentinelle prussienne, derrière sa frontière méridionale, de manière qu'elle fût prise entre deux feux dans le cas d'une guerre sur le Rhin. « Jamais la France ne supportera cette candidature », fut la réponse du prince Antoine, aux premières ouvertures qui lui furent faites pour son fils. Bismarck le savait aussi bien que lui, et c'est justement pourquoi il machinait cette combinaison.

Les négociations qui s'engagèrent alors dans le plus profond mystère furent ignorées de Napoléon III. Prim chargea un député espagnol, Salazar y Mazaredo, soudoyé comme lui-même, de porter à Berlin les paroles qu'on ne voulait pas confier au papier. Salazar arriva en janvier 1870, muni de deux lettres d'introduction pour Bismarck et pour le Roi.

Il fut reçu sans difficultés par Bismarck, puisqu'il était son agent. Mais il trouva la porte du Roi fermée. Guillaume, la lettre de Prim lue, se refusa à recevoir son envoyé et écrivit à Bismarck : « La lettre *ci-incluse* m'émeut comme un coup de tonnerre dans un ciel serein. Voici de nouveau une candidature Hohenzollern ! et pour la couronne d'Espagne! Je n'en soupçonnais pas un mot. Je plaisantais, naguère, avec le prince héritier sur la désignation antérieure de son nom, et tous deux en rejetions l'idée dans un même badinage. Comme vous avez reçu des détails du Prince, nous en confèrerons, bien *qu'en principe je sois contraire à la chose* (26 février 1870) ».

Le Roi s'opposait, en effet, à cette aventure que d'abord il trouvait risquée et dans laquelle il lui déplaisait de compromettre la dignité de sa maison. Il n'ignorait pas que cela froisserait l'empereur Napoléon, dont la prédilection envers Alphonse, comme héritier au trône d'Espagne, était notoire; enfin il craignait, étant données les dispositions de l'esprit français, des complications graves, et il n'en voulait pas. S'il s'en fût tenu à son premier mouvement, l'affaire n'eût pas commencé. D'après les statuts et traités, les princes de la branche catholique des Hohenzollern étaient astreints à n'accomplir aucun acte important de leur vie privée ou publique qu'après l'approbation formelle et préalable du chef de la famille. Ces princes ne contestèrent dans aucune occasion cette obligation de discipline; ils se firent au contraire honneur et gloire de s'y soumettre. Si donc le Roi eût dit un *non* formel, il eût tout arrêté, d'autant mieux que c'était le sentiment des princes eux-mêmes. Mais toute la politique de Bismarck dépendait du succès de sa trame espagnole et son influence sur son maître était alors plus prépondérante qu'elle ne le fut à aucun moment. Il combattit le *veto*.

D'abord ses raisonnements ne réussirent pas à vaincre la répugnance royale. La concession qu'il obtint fut que le Roi ne prononcerait pas un « non » prohibitif, qu'il se replacerait dans la situation prise en 1866, lors de l'intronisation du prince Charles en Roumanie, ne disant ni oui ni non, laissant les princes libres d'accepter ou de refuser et se déclarant prêt à approuver ce qu'ils décideraient.

En conséquence, il les appela à Berlin, et, le 15 mars, se tint au Palais Royal, où les Hohenzollern étaient descendus selon leur habitude, un conseil. Le prince Antoine en rend compte à son fils Charles de Roumanie dans des termes qui doivent être reproduits textuellement : « Je suis depuis quinze jours au milieu d'affaires de famille de la plus haute importance ; il ne s'agit pas moins pour Léopold que de l'acceptation ou du refus de la couronne d'Espagne qui lui a été offerte officiellement par le gouvernement espagnol, sous le sceau d'un secret d'État européen. Bismarck désire l'acceptation pour des motifs dynastiques et *politiques*, mais le Roi ne la désire que si Léopold se décide de son plein gré. — Le 15 a été tenu un conseil très intéressant et important, sous la présidence du Roi, auquel ont pris part : le Prince royal, nous deux, Bismarck, Moltke, Roon, Schleinitz, Thile et Delbrück. La résolution unanime des conseillers est pour l'acceptation, qui *constitue l'accomplissement d'un devoir patriotique prussien*. Après une grande lutte, Léopold a refusé. *Comme on désire avant tout*, en *Espagne*, un *Hohenzollern catholique*, j'ai proposé Fritz. »

La délibération fut suivie d'un dîner chez le prince Antoine. « Si Napoléon prend cela mal, sommes-nous prêts ? » dit Jules Delbrück. A quoi Moltke répondit affirmativement avec une agréable confiance. Que l'Empereur le prît mal, aucun homme sérieux n'en doutait, surtout en Espagne, et le ministre prussien Kanitz annonçait, de Madrid, « que de cette candidature résulteraient beaucoup de dangers ».

Léopold, comblé par Napoléon III de bienveillance, de confiance, d'affection, ne pouvait se décider à l'acte de félonie indigne d'un gentilhomme, dans lequel voulait le précipiter l'astuce de Bismarck. Rien de moins honorable, en réalité, que les motifs invoqués par Bismarck, tels que le prince Antoine les explique : « C'était, dit-il, l'accomplissement d'un devoir patriotique prussien. » Quel pourrait être, à cette heure, le devoir patriotique prussien à accomplir en Espagne, si ce n'est de susciter cette guerre contre la France, sans laquelle l'Unité de l'Allemagne restait en panne ?

Les révélations du prince Antoine sur le Conseil du 15 mars, sous la présidence du roi de Prusse, frappent au cœur le système de mensonges échafaudé en vue d'établir que la « candidature de Léopold fut une affaire de famille anodine tout espagnole à laquelle le gouvernement prussien était demeuré étranger. » — « Les Français ont été convaincus de tout temps, dit Hans Delbrück, que la candidature Hohenzollern avait été l'œuvre de Bismarck ; en Allemagne, on n'a pas voulu le croire, et j'ai moi-même, ainsi que Sybel, protesté vivement contre ce reproche. Mais les faits ont prouvé que, dans ce cas, le reproche des Français était fondé. Le roi de Roumanie, pour des motifs assez difficiles à comprendre, dit-on, a cru devoir dégager sa maison de toute responsabilité pour ce fait, mais le secret que le Ministère des Affaires étrangères à Berlin avait gardé avec une sollicitude de tous les instants se trouve dévoilé, et il n'existe plus aucun doute sur ce point, à savoir que si la première pensée en est venue d'Espagne, cette candidature a été, néanmoins, l'œuvre de Bismarck. » Il était naturel que le Roi, sur une affaire privée, consultât Bismarck qu'il consultait sur tout. Mais qu'avait à voir dans une question de cette nature cet aréopage de diplomates, d'hommes de guerre, d'administrateurs que le Roi, très jaloux de son autorité de chef de famille, n'eût certainement pas réuni et consulté, s'il s'était agi d'une simple affaire intime sans aucune importance internationale ?

Il est donc constant que le Roi, dès qu'il fut informé de la candidature du prince Léopold, la considéra comme une affaire d'État et qu'il y initia, sous le sceau du secret, les hommes les plus autorisés de son gouvernement. Il est de plus constant que Bismarck n'avait pas choisi Léopold à cause de sa capacité présumée à bien gouverner l'Espagne ou de son alliance avec la famille royale de Portugal, mais uniquement parce qu'il appartenait à la famille royale de Prusse, et qu'il s'appelait Hohenzollern. On avait d'abord pensé au prince Charles, on avait passé au prince Léopold, on se contentait à la rigueur du prince Fritz. Était-il capable, ne l'était-il pas, cela importait peu ; l'essentiel était qu'il s'appelât Hohenzollern, c'est-à-dire que son nom alarmât les intérêts de la France et blessât ses susceptibilités. Il n'y aurait vraiment dans le monde ni justice, ni loyauté, ni bon sens, si, en présence de tels faits, on se demandait encore de qui est venue la provocation à la terrible guerre.

En attendant de savoir si le prince Fritz serait plus accommodant que son frère Léopold, on pria Salazar de quitter Berlin et de rentrer à Madrid sans attendre une réponse *définitive*, dans la crainte « que l'on ne découvrît qu'un Espagnol avait de nombreux entretiens avec Bismarck ».

Le Chancelier n'était pas de ceux que les obstacles découragent. Il ne veut pas permettre que les autres se découragent plus que lui et que Prim soit déconcerté par la réponse négative de Léopold que lui rapporte Salazar. Il veut aussi écarter l'objection du Roi et des princes sur les hasards de l'entreprise ; il expédie dans les premiers jours d'avril, comme agents du gouvernement prussien, bien que leur qualité soit cachée sous l'incognito, deux hommes de sa confiance, Lothar Bucher et le major Versen. Le premier, esprit pénétrant, secret, très expérimenté, au courant de tous les replis de la politique bismarckienne, ayant gardé de ses origines démagogiques une haine intense contre Napoléon III ; le second, soldat très décidé, connaissant à merveille la langue espagnole. Ils se mettront en relations avec Salazar, Bernhardi, réconforteront Prim, parcourront le pays et feront un rapport sur les probabilités de succès de la candidature. Cette démarche, autant au moins que le Conseil du 15 mars, « prouve qu'on était décidé à Berlin à poursuivre l'affaire espagnole sérieusement, et que le gouvernement y était engagé plus profondément qu'il ne l'avouait publiquement et officiellement ».

Pendant que Versen et Bucher enquêtent en Espagne, Fritz de Hohenzollern retrouvé arrive de Paris à Berlin. Mais Fritz est plus rebelle que son frère, précisément parce qu'il vient des Tuileries où il a été comblé de bons procédés. Il n'acceptera que si le Roi ordonne, sinon il refuse. Le Roi ne veut pas ordonner ; Fritz refuse. Le prince Antoine télégraphie cette décision à Lothar à Madrid et il écrit mélancoliquement à son fils Charles de Roumanie : « Un grand moment historique est passé pour la maison Hohenzollern, un moment comme il ne s'en est jamais présenté, comme il n'en reviendra plus jamais ».

Lothar Bucher et Versen avaient été reçus avec un empressement, une cordialité exceptionnels, promenés, endoctrinés, cajolés. Ils virent les choses comme Prim les leur montra et ils rentrèrent à Berlin convaincus que la candidature présentait les meilleures chances : il n'y avait aucune raison de ne la point accepter (6 mai). Ils ne retrouvèrent plus Bismarck à Berlin. Exténué par ses travaux, par sa mangeaille à la Gargantua, il avait dû abandonner provisoirement les affaires et aller restaurer son estomac à Varzin (21 avril). Ce fut au Roi, à défaut de Bismarck, que Versen fit son rapport. Le Roi, livré à lui-même, revint à sa répugnance primitive et n'attacha qu'une importance minime à ses conclusions favorables ; il en attribua « la couleur rose » aux bons procédés dont ses envoyés avaient été comblés. Cependant il interrogea de nouveau Fritz, et le jeune prince renouvela sa réponse : « Si le Roi avait ordonné, j'aurais obéi ; il ne le fait pas, je refuse ».

CHAPITRE II

BISMARCK REPREND LA CANDIDATURE HOHENZOLLERN APRÈS LE PLÉBISCITE FRANÇAIS

Quoique le plébiscite n'eût pas tranché directement la question de paix ou de guerre, puisque ni l'opposition, ni le gouvernement ne la lui avaient soumise, il avait été indirectement un fait pacificateur par l'apaisement qu'il avait apporté dans la situation intérieure du pays. Il avait encore accru, si c'était possible, notre volonté pacifique. Nous étions touchés de la confiance et de la fidélité du peuple des campagnes, et comme la paix est le principal de ses intérêts, le plus constant de ses désirs, plus que jamais nous nous croyions tenus à la sauvegarder avec sollicitude. Prétendre que le plébiscite a été une des causes de la guerre n'a pas le sens commun, si l'on regarde du côté de la France.

C'est au contraire très vrai si l'on regarde du côté de Bismarck. La victoire de Napoléon III lui fut une surprise désagréable : il avait supposé que le régime libéral conduirait l'Empire à sa ruine; il constatait que ce régime l'avait au contraire fortifié ». Les garanties que ce succès donnait à la consolidation de la paix n'échappaient à personne en Allemagne. On se demandait à Berlin si on n'allait pas être contraint de renoncer à la conquête de l'Allemagne et de retomber à n'être plus que la Prusse. « *La situation intérieure*, avoue Ottokar Lorenz, *ne pouvait se dénouer que par une attaque de la France* ». Or il devenait certain que la France ne prendrait pas l'initiative de cette attaque, que depuis 1867, Bismarck attendait en vain. Elle n'était point venue; elle ne viendrait pas; il fallait donc la provoquer. Il résolut de ne plus attendre et de brusquer le dénouement.

Aussitôt rétabli, il sort de sa retraite de Varzin et vient assister aux dernières séances du Reichstag de la Confédération du Nord (22 mai). Versen, qui avait pris goût à l'aventure espagnole et ne s'était pas consolé du dédain avec lequel le Roi avait reçu son rapport et rompu les pourparlers, avait essayé de reprendre l'affaire en sous-œuvre auprès du Kronprinz, sous les ordres duquel il avait servi. Il avait si bien fait qu'il l'avait gagné à sa cause. Il ne doutait pas que Bismarck, fort de ce nouvel assentiment, ne renouât sa trame. Dès qu'il le sut de retour à Berlin, il courut au palais du Reichstag et lui donna connaissance de son rapport et du refus du Roi d'en tenir compte. Bismarck, très mécontent de ce point d'arrêt, dit que l'affaire devait être immédiatement reprise : « elle constituait pour l'Allemagne un objectif dont la réalisation était inconditionnellement désirable et digne d'être recherchée ». Avant tout, il fallait remettre Prim en confiance et lui donner le mot d'ordre. A cet effet, Lothar Bucher fut de nouveau dépêché vers lui, porteur d'une lettre autographe de Bismarck. « Prim aura tort de considérer la candidature Hohenzollern comme abandonnée; il ne tient qu'à lui de la reprendre. L'essentiel est de ne jamais faire intervenir le ministre des Affaires étrangères, ni le chancelier de l'Empire, ni lui-même, Bismarck. S'il a des communications à adresser, il n'a qu'à les faire parvenir par Salazar ou par le Docteur (Bernhardi) ».

Pour que le complot arrivât à son entière conclusion, il manquait encore le consentement des princes. Bismarck activa de ce côté la besogne : le prince Antoine étant déjà favorable, le Kronprinz se mit à endoctriner son ami Léopold, qui, sous ces instances, commença par éprouver des scrupules de son refus, *d'abord à cause de ses devoirs vis-à-vis de la maison de Hohenzollern*, ensuite à cause de son pays et de son prestige. Finalement il en vint à un demi-assentiment (28 mai).

Cependant les Espagnols s'impatientaient. Salazar pressait chaque jour Lothar Bucher d'obtenir une réponse définitive. « Qu'à cela ne tienne, dit Lothar, partons ensemble et allons chercher le consentement qu'on ne nous envoie pas ». Ils partirent en effet tous deux, voyageant séparément tant qu'ils furent en France, de crainte qu'on ne les reconnût, et ne se réunissant que sur le territoire allemand. Ils se rendent d'abord à Reichenhall. Ils joignent leurs instances à celles à demi victorieuses dont Léopold est assailli et ont la satisfaction d'entraîner son acceptation complète. Léopold se résout « *à laisser de côté les considérations personnelles, à ne plus se laisser guider que par des nécessités d'ordre supérieur parce qu'il espère rendre un grand service à son pays* ».

Quel grand service à rendre à son pays, quelles nécessités d'ordre supérieur le décidaient ainsi à laisser de côté ses considérations personnelles, c'est-à-dire à se conduire en malhonnête homme vis-à-vis de l'empereur Napoléon ? Que les historiens allemands et leurs copistes français répondent à ce point d'interrogation, qu'ils nous disent, en termes précis, quel grand service un Hohenzollern pouvait rendre en ce moment à son pays si ce n'est celui d'obliger la France à cette attaque exigée par l'état intérieur de l'Allemagne ? C'est le leit-motiv de ce récit : je le reprendrai sans me lasser.

Le consentement du prince obtenu, les deux envoyés se séparent, Lothar Bucher va à Berlin avec la réponse de Prim, et Salazar retourne à Madrid porter le consentement des princes. Mais tout n'était pas terminé par ce double assentiment de Madrid et de Sigmaringen.

Tandis que l'entente souterraine s'organise, le roi de Prusse quitte sa capitale inopinément le 1ᵉʳ juin, et, accompagné de Bismarck, se rend à Ems, auprès du Tsar en route vers le Wurtemberg.

Le 4 juin, Bismarck était rentré à Berlin d'où il repartit pour Varzin, où plus tard, Lothar Bucher et Keudell le rejoignirent. D'ordinaire, il allait s'y reposer et écartait les conseillers qui pouvaient le ramener aux soucis du jour. Cette fois il y travaillera plus que jamais. Il combine, écrit, envoie, reçoit des télégrammes chiffrés. Keudell ét Bucher déchiffrent pendant plus de la moitié du jour et, quand ils ne peuvent plus suffire au travail, Bismarck les aide lui-même ainsi que la comtesse Marie, sa fille. Le plan qui va être mis à exécution est définitivement arrêté.

L'action sera engagée par Prim. Il enverra Salazar offrir officiellement la couronne au prince ; il retiendra les Cortès en session jusqu'au retour de l'envoyé, leur communiquera l'acceptation de Léopold et enlèvera le vote qui le proclamera roi. Léopold viendra aussitôt prendre possession de son trône. Le plus profond secret aura continué à être gardé : la France ne connaîtra la candidature que lorsque les Cortès la proclameront ; de la sorte, Napoléon III ne pourra pas se jeter au travers de l'entreprise et la contrecarrer. La France réveillée en sursaut s'indignera ; son gouvernement demandera au Roi d'interdire à son parent et sujet de se rendre en Espagne ; mais l'ambassadeur de France ne trouvera à Berlin ni le Roi qui sera à Ems, ni Bismarck tapi à Varzin ; il en sera réduit à Thile, le muet du sérail. Celui-ci fera l'étonné : il ignore ce dont on lui parle ; la candidature de Léopold est tout à fait étrangère au gouvernement prussien ;

le choix d'un roi est l'affaire des Espagnols seuls ; la Prusse est trop soucieuse de son indépendance pour porter atteinte à celle des autres.

Il ne doutait pas que nous ne nous laisserions pas bafouer de la sorte et que nous insisterions ; alors, il sortirait de sa taupinière, crierait à la provocation, ameuterait l'Allemagne et appellerait à la rescousse l'Espagne dont notre prohibition rendrait l'intérêt identique à l'intérêt prussien. Commettrions-nous la balourdise, dont il aimait à nous supposer capables, de prendre à partie l'Espagne, Prim entrerait en scène, jetterait au vent les mots sonores de sa rhétorique d'hidalgo, répondrait aux remontrances en hâtant la solution contre laquelle nous protestions, et Bismarck accourrait au secours du prince allemand, devenu par une libre élection le représentant d'une nation amie. Ainsi, quoi que nous fassions, il nous jetait dans des embarras inextricables, et il comptait qu'affolés, ne sachant à qui répondre, nous voyant acculés de toutes parts à des humiliations sans précédent, nous ne trouverions d'autre sortie de cette impasse que la guerre dont il avait besoin et que nous serions obligés de soutenir à la fois sur les Pyrénées et sur le Rhin.

Ce plan diplomatique est aussi admirablement combiné que le plan stratégique de de Moltke. Tout y est prévu. Aucune ingérence extérieure n'était à craindre. Gladstone ne tenait pas à exercer une action européenne, et ne l'eût fait qu'au profit de la Prusse ; si Clarendon s'abandonnait à ses sympathies françaises, il les contiendrait. Beust, actif seulement par la plume, avait à ses pieds deux boulets, la Hongrie et la Russie, qui l'empêcheraient de remuer. La question romaine, soulevée en Italie par un ministère dévoué à la Prusse, aurait raison des velléités reconnaissantes de Victor-Emmanuel. L'insuccès ne pourrait se produire que si le Roi, les Hohenzollern ou Prim se laissaient ébranler et ne remplissaient pas vigoureusement leur rôle dans l'œuvre commune. Et cela ne paraissait à redouter de la part d'aucun d'eux.

On avait hésité sur le meilleur moment de l'exécution. Serait-ce en juin ou en octobre? Juin avait été préféré, d'abord parce que c'était le moment où la dispersion générale des souverains et des diplomates rendrait plus difficiles les explications, à Berlin notamment où le vide serait le plus complet; ensuite parce que le secret, condition essentielle du succès, devenait de moins en moins assuré à mesure qu'un plus grand nombre de gens y était initié.

Bismarck communiqua ce plan à Prim et de nombreuses dépêches et lettres s'échangèrent, sinon directement, du moins à l'aide d'intermédiaires. A ce moment Salazar arriva de Sigmaringen porteur de l'assentiment tant désiré. Prim accepta le plan de Bismarck, l'époque fixée, et se mit d'accord avec lui sur les moindres détails. Prim renvoie Salazar à Sigmaringen où il arrive le 19 juin. Comme il ne parlait pas allemand, Versen vint leur servir d'interprète. Léopold eût voulu remettre son élection à l'automne. Salazar lui expliqua l'urgence d'accélérer la solution; les Cortès étaient réunies et attendaient sa réponse; il n'y avait pas un instant à perdre. Les princes consentirent aussitôt à accomplir la dernière démarche indispensable aux termes du statut de famille, dont ils ne se sont jamais départis, et Léopold demanda au Roi, alors à Ems, son approbation : il insiste sur le sacrifice qu'il fait à la gloire de sa famille et au bien de son pays. Le prince Antoine écrit lui-même et prie le Roi d'approuver la résolution de son fils. Ces lettres sont portées à Ems par Salazar et Versen.

Versen raconte qu'au moment suprême de couper le câble et de lancer l'affaire en pleine tempête « le Roi eut de grands combats intérieurs ». Sa conscience inquiète, livrée à elle-même loin de Bismarck, apercevait les calamités que, d'un mot, il pouvait retenir ou déchaîner. Il n'eut pas le courage de son honnêteté et il accorda l'approbation fatale. (20 juin.)

Salazar avait annoncé à Prim l'acceptation du prince sous la réserve de l'assentiment du Roi. Cet assentiment obtenu, il télégraphie au Président des Cortès « que lui-même arriverait à Madrid le 27 juin, que *l'élection aurait lieu aussitôt* et qu'une délégation de quinze membres des Cortès se rendrait à Sigmaringen pour offrir solennellement la couronne au prince héritier ».

Maintenant tout est prêt, chacun des complices est à son poste. Salazar traverse la France avec le brandon qui va l'incendier. Dès qu'il sera arrivé à Madrid l'explosion aura lieu. Personne, ailleurs, ne soupçonne le drame à la veille de se dérouler. Cependant, au milieu de l'accalmie générale, un fait auquel le public ne prit pas garde frappa les observateurs. L'ambassadeur prussien à Madrid, qui avait obtenu un congé, reçut le 30 juin l'ordre de rester à son poste et laissa sa femme partir seule pour la Haye. Mercier signala le fait à Gramont, mais sa confiance dans la parole de Prim était toujours telle que cela ne l'alarma point : « Je n'ai pas entendu dire un mot de la candidature Hohenzollern », ajoutait-il (1er juillet). Et pourtant c'était le petit nuage, précurseur de la tempête.

Quelques jours après, le ciel était en feu : « Les temps de la perfidie approchent : la carrière leur est ouverte ; ils régneront par la ruse, les misérables, et le cœur noble sera pris dans leurs filets ».

CHAPITRE III

LE GUET-APENS HOHENZOLLERN ÉCLATE A MADRID

Salazar arrive à Madrid tout bouillonnant de joie au jour télégraphié par lui (26 juin). Il va chez Prim, ne le trouve pas et court au ministère de l'Intérieur. Rivero lui dit : « Le Président est à la chasse, je le remplace. — S'il en est ainsi, sachez que j'apporte l'acceptation de Léopold de Hohenzollern à la couronne. » Et il montre à Rivero ébahi une lettre du prince Léopold lui-même disant « qu'il était très flatté des ouvertures qui lui avaient été faites et serait très heureux d'accepter la couronne d'Espagne, si elle lui était offerte par la majorité des Cortès; dès lors, il ne serait plus qu'Espagnol ». — « Il faut, ajouta Salazar, faire voter immédiatement les Cortès. — Mais les Cortès ne sont plus là! » Salazar déconcerté s'écrie : « Il faut les rappeler immédiatement! » Rivero mande Zorrilla, le président des Cortès, et lui donne la nouvelle. Il n'en est pas moins étonné que son collègue. Mais on ne peut convoquer les Cortès sans l'assentiment de Prim; l'urgent est donc de le rappeler. On en charge Herreros de Tejada, le seul qui fût dans la confidence. Il eût été sage de ne pas ébruiter la nouvelle avant l'arrivée du maréchal, mais Zorrilla ne se crut pas tenu à un secret qu'on ne lui avait pas demandé; il en instruisit son ami Ignacio Escobar, directeur de *la Epoca*. Une confidence faite à un journaliste se répand aussitôt dans la rue. En un instant elle éclatait au centre des commérages, la *Puerta del Sol*, et tous répétaient : « *Ya tenemos Rey.* »

Prim, informé, se hâte d'accourir dans la nuit du 30 juin au 1er juillet. Victor Balaguer, le député, et deux amis l'attendaient à la gare. Ils manifestent leur joie. Prim fronce le sourcil, tord un gant qu'il tenait à la main et s'écrie d'un ton lugubre : « Peines perdues! candidature manquée! Et Dieu veuille que ce soit tout! » En effet, dès son premier pas, le guet-apens éprouvait un à-coup qui pouvait tout compromettre. Il avait été convenu avec le Roi et Bismarck que le secret serait gardé jusqu'à la communication aux Cortès et leur vote immédiat, de façon que l'Empereur abasourdi ne pût déjouer le complot : sûrement Salazar, si discret jusque-là, ne se fût pas montré indiscret s'il avait su les Cortès absentes.

Un contretemps survient-il dans l'exécution d'un plan fortement mûri, les hommes de petite résolution s'effarent, s'arrêtent et improvisent un plan nouveau insuffisamment préparé, qui augmente le désarroi; les hommes d'audace ne se déconcertent pas, persistent et matent, par la vigueur de leur action, le méchant caprice de la fortune. Ainsi fit Prim, digne ce jour-là de Bismarck. Il se ressaisit, ramasse les morceaux déchirés de son gant, et précipite ses démarches. Il n'y a plus moyen de différer la communication à l'ambassadeur de France : il ne l'évite plus. Cette première démarche était la moins commode. Le confiant Mercier n'avait pas entendu la rumeur de la ville. Il vint le samedi 2 juillet dans la soirée saluer Prim. Il le trouva dans son salon, l'attitude gênée contre son ordinaire. Au bout de quelques instants de conversation embarrassée, le maréchal dit : « Venez, j'ai besoin de causer avec vous. » Et il l'emmena dans son cabinet. « J'ai, reprit-il, à vous parler d'une chose qui ne sera *pas agréable à l'Empereur, je le crains, et il faut que vous m'aidiez à éviter qu'il ne la prenne en trop mauvaise part.* Vous connaissez notre situation, nous ne pouvons pas prolonger indéfiniment l'intérimité, ni même nous présenter devant les Cortès sans avoir une solution à leur proposer. Il nous faut un roi, et voilà qu'au moment de notre plus grand embarras, on nous en propose un qui a toutes les conditions, Léopold de Hohenzollern : catholique, de race royale, trente-cinq ans, pour épouse une princesse portugaise, et deux fils, ce qui préviendra nécessairement beaucoup les esprits en sa faveur ; d'ailleurs très bien de sa personne et militaire. Vous comprenez que je ne peux pas laisser échapper cette seule chance de sauver la révolution, surtout dans de pareilles conditions. Comment croyez-vous que l'Empereur prendra la chose ? — Il n'y a pas, répondit Mercier, deux manières de la prendre. Mais d'abord laissez-moi bien vous rappeler que je ne saurais accepter la conversation sur ce chapitre comme ambassadeur, car n'ayant d'autre instruction que l'abstention, je n'ai aucun droit pour engager la pensée de l'Empereur; mais si vous me permettez de vous donner mon sentiment personnel, je n'hésiterai pas à vous dire que vous ne pourriez prendre *un parti plus grave et pouvant entraîner de plus fâcheuses conséquences.* En France, l'élection d'un prince de Prusse au trône d'Espagne, dans les dispositions où sont aujourd'hui les esprits à l'égard de la Prusse, ne peut manquer de produire *un effet extraordinaire. Le sentiment national y verra une véritable provocation,* comprenez qu'un Napoléon ne peut laisser le sentiment national en souffrance. Alors, s'engagea entre Prim et Mercier une conversation dans laquelle Mercier, parlant en véritable ambassadeur de la grande France, se montra admirable de fierté, de netteté et de résolution. Prim crut l'embarrasser en le menaçant de la candidature de Montpensier. — Eh bien, plutôt Montpensier! s'écria Mercier. — Comment! vous croyez que l'Empereur aimerait mieux Montpensier qu'un Hohenzollern? — Il ne me l'a pas dit, mais je n'en doute pas. L'Empereur est Français avant tout. »

CHAPITRE IV

LE GUET-APENS HOHENZOLLERN ÉCLATE
A PARIS

Le soir du 2 juillet, la *Gazette de France* annonçait au public la nouvelle suivante : « Le Gouvernement espagnol a envoyé une députation en Allemagne pour offrir la couronne au prince de Hohenzollern. » Le 3, après-midi, l'agence Havas transmettait à son tour l'information : « Une députation, envoyée en Prusse par le général Prim, a offert la couronne au prince de Hohenzollern qui l'a acceptée. Cette candidature serait proclamée en dehors des Cortès. » Le Gouvernement ne savait encore rien officiellement. Le premier avis qui lui parvint fut une dépêche télégraphique de Mercier, ambassadeur à Madrid, du 3 au matin. Elle disait : « L'affaire Hohenzollern paraît fort avancée, sinon décidée. Le maréchal Prim lui-même me l'a dit. J'envoie Bartholdi à Paris pour les détails et pour prendre vos ordres. » Au reçu de ce télégramme, Gramont court à Saint-Cloud. Francheschini Pietri, alors présent, m'a raconté la profonde surprise de l'Empereur à ce coup inattendu : il n'avait reçu jusque-là ni du prince Léopold, ni du prince Charles, ni du prince Antoine, aucune communication de ce projet. Il avait interrogé lorsque d'autres en avaient parlé, mais en s'arrêtant au premier démenti, dans la persuasion que si jamais ces princes de Hohenzollern, auxquels il témoignait tant d'affection, concevaient une pareille idée, il en serait instruit par eux-mêmes. Ainsi que me l'a écrit l'Impératrice : « La candidature du prince a éclaté comme une bombe, *sans préparation.* » L'Empereur fut plus affligé encore que mécontent de cet acte de déloyauté auquel il ne s'attendait pas. Il autorisa Gramont à envoyer à Madrid et à Berlin deux dépêches d'exploration.

Au sortir de Saint-Cloud, Gramont passa chez Olozaga ; il ne le rencontra pas. Il vint à la Chancellerie, où il ne me trouva pas non plus. Le 3 juillet était un dimanche, et j'étais allé dans une petite commune de Seine-et-Oise, Égli, chez mon chef de cabinet et ami Adelon, assister au baptême d'une cloche dont ma femme était la marraine. A mon retour, au soir de la seule journée de repos que j'eusse goûtée depuis plusieurs mois, je trouvai la lettre suivante de Gramont : « 3 juillet, 10 heures du soir. Mon cher Ollivier, je vous écris sur votre bureau pour vous dire que je suis venu vous informer que Prim a offert la couronne au prince de Hohenzollern *qui l'a acceptée.* C'est très grave ! Un prince prussien à Madrid ! J'ai vu l'Empereur, il en est très mécontent. Tout en restant *officiellement* et *ouvertement* dans notre rôle d'abstention, il faut faire échouer cette intrigue. J'aime à croire et je suis tenté de croire qu'Olozaga y est étranger, mais, à Madrid, on s'est joué de Mercier. Dès demain, nous commencerons dans la presse une campagne *prudente*, mais efficace. A demain pour plus de détails. J'ai été chez Olozaga, mais n'ai pu le rencontrer. Tout à vous. »

En lisant cette lettre, je fus plus ému que Gramont ne l'avait été en l'écrivant. J'éprouvai un violent mouvement de colère et de désespoir. Depuis quatre ans à la tribune, depuis sept mois au ministère, je m'efforçais péniblement d'éviter tout sujet de froissement, d'apaiser les incidents désagréables entre la Prusse et nous par la patience et les bons procédés, d'écarter définitivement cette guerre anticivilisatrice que tant de gens proclamaient inévitable. Voilà que tout à coup Prim et Bismarck venaient détruire ce que j'étais si péniblement en train de gagner et, me prenant sur le rivage où j'espérais enfin respirer, me précipitaient au milieu des flots. Peines perdues ! Les plus lamentables pressentiments m'assaillaient : « C'est Bismarck, me disais-je, qui a machiné cette candidature ; dès lors, quoi que nous fassions, il ne la retirera pas, et, d'autre part, quelle que soit notre volonté pacifique, il nous est interdit de la tolérer. Et après ? ». Sans oser prononcer le mot, je sentais en mon cœur la lugubre approche d'une guerre, de cette guerre dont j'avais horreur. Peines perdues ! peines perdues ! Cette crise d'émotion ne dura qu'un instant : la colère est en moi comme l'étincelle qui jaillit du choc d'un caillou et s'éteint aussitôt. Sachant que les manières languissantes ne persuadent pas, j'ai toujours mis de la passion dans mes discours et dans mes actes ; mais, ainsi que l'a remarqué Darimon, qui m'a beaucoup pratiqué et dénigré, je conserve ma lucidité d'esprit au milieu des circonstances difficiles. Dans le cours de cette crise, je vais traverser bien des angoisses, éprouver bien des tortures morales, être obligé souvent de prendre des décisions rapides ; à aucun moment, je ne perdrai la possession de moi-même ; j'agirai comme si j'avais à résoudre un problème de géométrie ou d'algèbre, inaccessible aux influences, soit de la presse, soit de l'Empereur ou de l'Impératrice, soit de mes amis ou de mes ennemis, n'ayant aucun souci de ce qu'on dira ou de ce qu'on ne dira pas, suivant ma propre initiative, ne me déterminant que par des considérations tirées du devoir envers ma patrie et l'humanité.

Il est heureux que Gramont ne m'ait pas rencontré au ministère et qu'il ait été obligé de m'écrire, car sa lettre témoigne de la modération et de l'élévation de ses sentiments. Ce n'est pas le cri d'un homme irascible, aux aguets du prétexte attendu, pour provoquer une nation détestée; c'est la pensée d'un honnête ministre, maître de lui, qui ne songe qu'à écarter de son pays et de l'Europe les calamités d'une guerre. Il ne s'écrie pas comme Cavour en 1859, comme Bismarck en 1866 : « Enfin nous tenons notre *casus belli !* » Il dit simplement:

L'affaire est grave, il faut faire échouer cette intrigue. Et la campagne qu'il conseille, ce n'est pas une campagne sur le Rhin, c'est une campagne dans le *Constitutionnel*. Faire de lui un homme prompt, irascible, est certainement le contresens biographique le plus risible. Gramont était un esprit calme, trop rompu aux affaires pour s'en laisser troubler. Comme nous tous, il a été inquiet, préoccupé ; à aucun moment, nous ne l'avons vu irrité et s'abandonnant à des impressions violentes et à des promptitudes irréfléchies, résultant de rancunes contenues depuis 1866.

En rentrant à son ministère, il expédie les deux dépêches convenues avec l'Empereur, à Mercier et à Lesourd. Il disait à Mercier : « Cette intrigue ourdie par Prim et la Prusse contre la France doit être combattue avec efficacité et, pour y parvenir, il faut autant de tact, de prudence, de réserve que d'adresse et d'énergie. Agissez sur la presse et par vos amis sans vous compromettre. Le prince de Hohenzollern est petit-fils d'une Murat. Exploitez la date du 2 mai. Ne montrez pas de dépit, mais marquez de la défiance en protestant de votre respect pour la volonté du peuple espagnol. » A Lesourd, il télégraphiait : « Nous apprenons qu'une députation envoyée par le maréchal Prim a offert la couronne d'Espagne au prince de Hohenzollern, qui l'a acceptée. Nous ne considérons pas cette candidature comme sérieuse, et croyons que la nation espagnole la repoussera. Mais nous ne pouvons voir sans quelque surprise un prince prussien chercher à s'asseoir sur le trône d'Espagne. Nous aimerions à croire que le Cabinet de Berlin est étranger à cette intrigue; dans le cas contraire, sa conduite nous suggérerait des réflexions d'un ordre trop délicat pour que je vous les indique dans un télégramme. Je n'hésite pas toutefois à vous dire que l'impression est mauvaise, et je vous invite à vous expliquer dans ce sens. J'attends les détails que vous serez en mesure de me donner sur ce regrettable incident (3 juillet). »

Le lendemain matin 4, Gramont vit l'ambassadeur d'Espagne et lui communiqua la nouvelle que Mercier avait annoncée dans la nuit. L'attitude stupéfaite d'Olozaga, plus encore que ses protestations, démontra qu'il l'ignorait. Il se plaignit amèrement qu'une négociation aussi grave eût pu être conduite sans qu'il en fût même informé, et il avoua au ministre des Affaires étrangères qu'il était dans l'impossibilité de fournir aucune explication sur un fait qu'il ne connaissait que par ce qu'il venait de lui révéler. Gramont renouvela à Olozaga les protestations faites par Mercier à Prim et le chargea de les répéter sans retard à son Gouvernement. Le même jour, il se rendit auprès de Werther, qui partait pour Ems. Il le pria d'informer le Roi que la France ne tolérerait pas l'établissement du prince de Hohenzollern ni d'aucun autre prince prussien sur le trône d'Espagne. Il le conjura de faire tous ses efforts pour que Sa Majesté engageât son parent à refuser la couronne d'Espagne. Je fis à mon tour une démarche auprès de

1.

l'ambassadeur prussien, et lui demandai avec supplications de nous aider à éteindre ce dangereux brûlot. Nous le trouvâmes (et cela l'a perdu auprès de Bismarck) dans les dispositions d'esprit les plus conciliantes. Sans se prononcer sur le fond même du différend, il manifesta un véritable bon vouloir, à ce point que Gramont se crut autorisé à lui demander de l'instruire par télégramme du résultat de son ambassade.

Aucun ministre des Affaires étrangères, mis à l'improviste dans une situation aussi épineuse, n'aurait agi avec plus de résolution et en même temps plus de sang-froid et de prudence. Malheureusement, à Madrid comme à Berlin, notre sagesse se heurtait à un plan aussi fortement combiné que résolument exécuté.

Dans l'impossibilité où il se sentait de répondre à nos objections contre la candidature antifrançaise, il se hâtait de la faire sortir du domaine des entretiens confidentiels et de la convertir au plus vite en un fait accompli, indiscutable et indestructible. Le 4 juillet, il réunit d'urgence les ministres à la Granja sous la présidence du Régent. Tous, y compris celui-ci, ignoraient la ténébreuse négociation. Prim la leur raconte à sa façon, en dissimule et en atténue les dangers, obtient une approbation unanime et le rappel des Cortès pour le 20 juillet. Il estimait à 200 voix la majorité certaine. Quoique averti de notre résistance, il envoie, le 5, au prince Léopold, par le contre-amiral Polo di Barnabé, la décision du Conseil des ministres. Le 6, il la communique par voie télégraphique à tous les représentants diplomatiques, en insistant sur les avantages que trouverait l'Espagne dans son union avec une puissance militaire de premier ordre. Ces démarches signifiaient que nos observations ne seraient pas accueillies, qu'on ne consentirait pas à discuter avec nous et que nous étions en présence d'un parti pris irrévocable.

A Berlin, la démarche de Gramont n'eut pas meilleure fortune. Le 4 juillet, Lesourd se rendit chez Thile. Au premier mot sur la candidature Hohenzollern, Thile l'interrompit avec une vivacité singulière : « S'il était chargé de provoquer officiellement de sa part des explications sur le fait qu'il lui signalait, dans ce cas, il devait, avant de lui répondre, prendre les ordres du Roi. » Lesourd répondit qu'il ne prétendait pas donner actuellement à sa démarche cette portée solennelle, mais que, connaissant l'émotion qu'avait causée à Paris la nouvelle dont il l'entretenait, il avait seulement en vue d'édifier le duc de Gramont sur la part que le Gouvernement entendait assumer dans la négociation qui venait d'aboutir. Alors Thile, un des membres du Conseil de ce 15 mars, dans lequel avec été résolue la candidature, avec un ton d'indifférence qui ressemblait à de l'ironie, affecta la plus complète ignorance : il avait, il est vrai, lu parfois le nom du prince de Hohenzollern parmi les candidats au trône d'Espagne, mais il avait attribué si peu d'importance à ces rumeurs qu'il en était encore à se demander auquel des deux princes elles se rattachaient, au prince héritier, époux d'une princesse portugaise, ou au prince Frédéric, major de cavalerie dans l'armée prussienne ; le Gouvernement prussien ignorait complètement cette affaire; elle n'existait pas pour lui; en conséquence, il n'était pas en mesure de donner au Gouvernement français des explications; les hommes d'État et le peuple d'Espagne avaient le droit d'offrir la couronne à quiconque leur convenait et à la personne seule, à qui l'offre avait été faite, il appartenait d'accepter ou de refuser.

Lesourd s'imagina que Thile était gêné, parce qu'il n'avait pas encore reçu les instructions du Roi et de Bismarck, et qu'il eût parlé autrement s'il les avait eues. En réalité, Thile ne parlait qu'en vertu des instructions formelles du Roi et de Bismarck. Sa réponse, selon Schultze, résultait du plan de Bismarck de faire en sorte que l'indignation française ne pût trouver personne en Prusse qui répondît à ses réclamations avant que l'affaire fût arrivée à sa conclusion à Madrid. Bismarck a indiqué de son côté la raison pour laquelle, par l'organe de Thile, il nous renvoyait à l'Espagne : « Il était difficile, dit-il, pour la France de trouver un prétexte de droit public pour intervenir dans l'élection d'un roi d'Espagne. Je comptais que le point d'honneur espagnol s'élèverait contre cette intervention ».

Thile ne fit pas mystère de sa réponse. Il la répéta aussitôt à Loftus, l'ambassadeur anglais, puis successivement aux ministres étrangers qui vinrent l'entretenir de l'événement. Comme un soldat qui exécute une consigne, il redit imperturbablement à tous que « le Gouvernement prussien répudiait toute responsabilité à l'égard de la candidature du prince Léopold, et qu'elle ne pouvait être l'objet de communications officielles entre les Gouvernements ». Cette réponse fut immédiatement communiquée et accentuée à Londres par l'ambassadeur prussien Bernstorff. Il vint voir Granville et lui dit « que le Gouvernement de l'Allemagne du Nord ne désirait pas se mêler de cette affaire ; qu'il laissait à la France le soin de prendre les mesures qui lui conviennent, et que le représentant de la Prusse à Paris avait reçu l'ordre de s'abstenir de s'en occuper. Le Gouvernement de l'Allemagne du Nord n'avait pas le désir de susciter une guerre de succession ; mais, s'il plaisait à la France de lui faire la guerre à cause du choix d'un roi fait par l'Espagne, un tel procédé de sa part serait la preuve de ses dispositions à faire la guerre sans motif légal ; d'ailleurs, il était prématuré de discuter la question tant que les Cortès n'avaient pas pris la décision d'accepter le prince Léopold comme roi d'Espagne ».

En même temps, commençait en Prusse une campagne de presse savamment organisée. Bismarck donna pour instructions que le ton des feuilles officielles et semi-officielles restât très réservé, mais que tous les autres journaux, non connus pour être sous son influence, tinssent le langage le plus offensant contre la France et son Gouvernement. Ces articles inspirés par Bismarck, écrits par Lothar Bucher, étaient envoyés de Varzin à Busch pour être insérés.

Toutes ces manœuvres, Ottokar Lorenz en convient, plaçaient Gramont dans un embarras extrême : quoi qu'il advînt, l'Empire était acculé, par l'attitude de la Prusse, au bord du précipice. La remarque est juste : dès notre premier pas dans la négociation, nous étions arrêtés court. A Madrid comme à Berlin, on nous notifiait que l'on n'aurait aucun égard à nos observations. A Madrid, on agissait comme si nous n'avions rien dit ; à Berlin, on nous fermait la porte au nez, et on se moquait de nous. Comment donc ne pas tomber dans le précipice que Bismarck avait creusé devant nous ?

CHAPITRE V

LA CANDIDATURE HOHENZOLLERN EXCITE L'IN-DIGNATION DE LA FRANCE ET LE BLAME DE L'EUROPE.

Ce qui rendait nos délibérations plus difficiles, c'est que les murs de nos ministères étaient assaillis par une tempête d'indignation qui nous demandait des résolutions extrêmes. L'opinion publique, beaucoup moins maîtresse de ses sentiments que nous l'avions été des nôtres, manifestait une fois de plus le trait saillant de notre caractère relevé par les observateurs de tous les temps : « Les décisions des Gaulois sont subites et imprévues, et ils se décident rapidement à la guerre (*mobiliter et celeriter*) », a écrit Jules César. « Nous sommes une nation volcanique », écrit Dumouriez.

Le 4 juillet au matin, se produisit une de ces explosions subites, volcaniques, irrésistibles. Les ambassadeurs étrangers, témoins froids et attentifs, l'ont constatée. « Lorsque la nouvelle de l'acceptation par le prince Hohenzollern de la candidature au trône d'Espagne, a écrit Metternich, arriva à Paris, elle y produisit une émotion très soudaine et très vive. On y vit un plan combiné entre le maréchal Prim et la Prusse ». Lyons est plus expressif : « Sans considérer jusqu'à quel point les intérêts de la France sont en question, le pays a pris la proposition de placer le prince Hohenzollern sur le trône d'Espagne pour une insulte et un défi de la part de la Prusse. *On ne pouvait méconnaître que les sentiments de la nation française rendaient impossible au Gouvernement, même s'il le voulait, d'acquiescer à l'installation du prince de Hohenzollern sur le trône d'Espagne* ». Taxile Delord, dans son *Histoire du second Empire*, pamphlet plus qu'histoire, dit aussi : « Cette éventualité menaçait trop les intérêts de la France pour que son Gouvernement négligeât de chercher, même au prix des plus grands efforts, à obtenir l'abandon de la candidature du prince Léopold Hohenzollern ».

Pas un homme politique, pas un militaire qui n'exprimât hautement sa réprobation de l'entreprise prussienne. Le maréchal Vaillant écrit dans son carnet, le 5 juillet : « On apprend que Prim a offert le trône d'Espagne au prince prussien Hohenzollern. Il me semble que c'est la guerre, ou à bien peu près ». Doudan, quittant son ton goguenard, s'écrie : « Je crois qu'honorablement nous ne pourrions supporter cette insolence d'un colonel prussien régnant sur les revers des Pyrénées ». Jules Favre admettait, quoique le point pût être discutable, que la candidature du prince Hohenzollern à la couronne d'Espagne pouvait être un *casus belli*. Jules Simon ne concevait pas que cela fût discutable : « La France, ne pouvait, sans compromettre sa sécurité et sa dignité, tolérer la candidature du prince Léopold ». Thiers disait « que la France devait considérer cette candidature comme une offense à sa dignité et une entreprise contre ses intérêts ». Gambetta, plus véhément encore, criait que tous les Français devaient se réunir pour une guerre nationale.

L'opinion des hommes d'État étrangers, à ce moment où les calculs n'arrêtaient pas l'expression sincère des sentiments, se prononça partout comme celle des hommes d'État français. « Il était impossible, dit Granville à l'ambassadeur d'Espagne, de ne pas prévoir qu'un pareil choix, fait en secret et annoncé soudainement, causerait une grande irritation en France. » Il n'était pas moins explicite avec son agent à Berlin : « Le strict secret avec lequel les négociations ont été conduites, entre le ministre d'Espagne et le prince qui a été l'objet de son choix, semble inconciliable de la part de l'Espagne avec les sentiments d'amitié et la réciprocité des bons rapports de nation à nation, et a donné, ce que le Gouvernement de Sa Majesté ne peut s'empêcher d'admettre, *une juste cause d'offense*, que, on pourra peut-être le prétendre, il sera impossible d'écarter tant que la candidature du prince sera maintenue ». Beust, dans une conversation avec le ministre espagnol, avait vivement exprimé sa surprise et sa désapprobation. Il l'avait télégraphié à son ministre à Madrid : « L'idée pouvait être excellente, mais son effet serait déplorable et mettrait en péril la paix de l'Europe ». Le brave Topete était exaspéré contre Prim : « Comment ! disait-il à Mercier, aller provoquer la France dans l'état où nous sommes, mais c'est de la folie ! Nous voulions faire une chose qui pouvait ne pas être agréable à l'Empereur, mais nous étions bien convaincus que tout pourrait s'arranger sans troubler les relations entre les deux pays. S'il le faut, je ferai mon *mea culpa* devant les Cortès. Je dirai que je me repens de la part que j'ai prise dans la Révolution et que je reviens au prince Alphonse ». Marie de Hohenzollern, comtesse de Flandre, la sœur du candidat, écrivait à Antoine Radziwill : « *Ce serait un deuxième Sadowa ; la France ne le permettrait pas* ». La fille répète, à l'explosion du guet-apens, ce que le père avait dit alors qu'il était encore en perspective : « La France ne le permettrait pas. » Et ainsi le sentiment français se trouve en quelque sorte justifié par ceux qui l'ont déchaîné. Le Tsar, qui ne voyait pas encore clair au fond des pensées de son allié, avouait au général Fleury, dans une première impétuosité de sincérité, « qu'il reconnaissait tout ce que l'offre du trône au prince de Hohenzollern a de blessant pour la France et que, quel que soit le peu de valeur du candidat, il n'en deviendrait pas moins un drapeau pour la Prusse à un moment donné ». Le ministre des Affaires étrangères de La Haye, Roest van Limburg, lorsque l'ambassadeur d'Espagne lui annonça la nouvelle, s'écria : « Ce choix est bien inacceptable pour la France ». Le ministre même d'Espagne à Berlin reconnaissait que notre mécontentement était juste.

Dans l'Allemagne du Sud, Bismarck fut unanimement regardé comme l'inventeur de cette candidature imprévue; on pensait le maréchal Prim acheté à beaux deniers comptants par le ministre prussien, qui puisait pour toutes les transactions de cette nature dans les fonds provenant de la fortune séquestrée du roi de Hanovre. Même dans la Confédération du Nord, le ministre de Saxe jugeait notre grief juste. Il n'hésita pas à dire que le fait en lui-même, et le mystère dont on l'avait entouré, étaient de nature à provoquer, de notre part, une juste susceptibilité, et que la France avait le droit d'en être mécontente ; la demande de la France était, en effet, conforme aux précédents du droit public européen; bien qu'à ses yeux, l'avènement d'un Hohenzollern au trône d'Espagne ne lui eût pas paru devoir créer un danger quelconque pour les intérêts français, il n'en reconnaissait pas moins que c'était à nous d'en décider et d'apprécier l'importance de ce fait éventuel. Il ajoutait qu'en « invoquant le bénéfice d'une doctrine déjà acceptée et sanctionnée plusieurs fois par les grandes puissances européennes, le Gouvernement de l'Empereur justifiait la résistance au projet du Gouvernement espagnol, et donnait la preuve de son désir de conciliation ».

Les journaux reflétèrent ces opinions des hommes

d'État avec une véhémence déchaînée. « La presse, a dit Thiers, est la voix de la nation. » Si la presse est vraiment la voix d'une nation, jamais nation n'exprima plus clairement ce qu'elle ressentait. Et l'on ne pouvait pas dire que nous l'excitions, car sauf sur le *Constitutionnel*, notre organe officieux, nous n'avions influence sur aucun d'eux. Combien cette animation de cœur du pays, dont la presse fut alors l'expression, serait plus sensible, si l'on pouvait ressusciter les propos qui s'échangeaient sur les places publiques, dans les salons, dans les ateliers! L'opinion était au delà des dernières résignations.

Je constate cet état de l'opinion avec d'autant plus de liberté d'esprit que je n'entends pas l'invoquer à la décharge de ma responsabilité. L'opinion doit être la règle et la loi d'un souverain constitutionnel: comme il est inamovible et que son abdication serait un mal pire qu'un acte de mauvaise politique, que, d'ailleurs, c'est à la nation, non à lui, que doit appartenir le dernier mot, il est contraint de se plier à l'exigence nationale, ne fût-elle pas conforme à ses vues personnelles. Les ministres étant amovibles, et la stabilité de l'État ne dépendant pas de leur permanence au pouvoir, ils ne sont excusables de se ranger aux désirs de l'opinion que s'ils les estiment légitimes et raisonnables. Les condamnent-ils, leur devoir est de les combattre d'autant plus que cette opposition les rectifiera peut-être.

La justification de l'empereur Napoléon III est

complète, dès qu'il est établi, ce qui est l'évidence même, qu'il s'est opposé à la candidature Hohenzollern à tous risques, parce qu'une opinion publique à peu près unanime l'y a contraint. Mais celle des ministres n'est pas même ébauchée par cette constatation. Il leur reste à démontrer que l'opinion a eu raison d'exercer cette contrainte sur l'Empereur. Était-elle égarée, leur devoir les obligeait à la contredire, à entrer en conflit ouvert avec elle, et, s'ils ne réussissaient pas à la vaincre, à se retirer et abandonner à d'autres le triste privilège de consommer un acte de folie. Quelle importance fallait-il attacher à ce fait d'un prince allemand s'asseyant sur le trône d'Espagne? Est-ce un fait sans menaces en ce qui nous concerne, sans profit en ce qui touche la Prusse, et avons-nous, en menant grand bruit de cette éventualité fait, comme dit Scherr, d'une puce un éléphant? C'est ce que nous examinâmes, Gramont et moi, en quelques heures qui équivalaient, par l'intensité de notre travail, à de longues journées.

Nous arrivâmes à cette conclusion que la presse et l'opinion françaises ne se trompaient pas et ne cédaient pas à un mouvement irréfléchi de chauvinisme en manifestant leur indignation contre la candidature prussienne, mais qu'elles étaient dans l'erreur lorsque, établissant un rapport de dépendance entre cette candidature et les événements de 1866, elles la repoussaient comme la dernière goutte, insignifiante en elle-même, redoutable seulement parce qu'elle tombe dans un vase plein : c'était un flot plus que suffisant à emplir tout d'un coup à lui seul un vase vide. Nul ombrage n'eût-il existé entre la Prusse et nous, nos relations depuis Sadowa eussent-elles été affectueuses et confiantes, elle n'en eût pas moins gardé son caractère de menace. Nous ne prenions donc pas « une puce pour un éléphant », et nous ne nous forgions pas des fantômes lorsque nous considérions un Hohenzollern à Madrid comme une sérieuse inquiétude pour notre sécurité.

Nous décidâmes que nous ne nous associerions pas à ceux qui, dans l'affaire Hohenzollern, ne voyaient qu'un prétexte de réparer notre inaction de 1866, de prendre notre revanche de Sadowa et d'empêcher les développements ultérieurs de la victoire prusienne, et qu'au contraire, nous seconderions de toute notre force la résistance à une candidature qui était à la fois une provocation et un péril. Gramont, s'il eût été libre de suivre ses inclinations particulières de diplomate appartenant à la vieille école, n'eût pas répugné à généraliser la querelle, au lieu de la renfermer strictement dans une question particulière, mais c'eût été au prix d'une rupture immédiate avec moi, puisque jamais je n'aurais accepté de devenir l'ennemi de ce principe des nationalités que j'avais défendu pendant tant d'années. Et dans cette rupture l'avantage n'eût pas été de son côté, car je lui avais expliqué, avant son entrée au pouvoir, mes vues d'abstention bienveillante envers le mouvement germanique et il s'y était résigné. Comme il était loyal, il n'essaya pas de revenir sur cet accord, et il fut bien entendu que, quoi qu'on dît autour de nous, il ne serait jamais question de Sadowa et de ses suites, mais uniquement de la candidature et de ses impossibilités. Nous fûmes encore plus facilement d'accord sur les moyens à employer contre cette candidature : ce seraient uniquement ceux qui avaient été consacrés par le droit international en vigueur, et que la Prusse elle-même, depuis 1815, avait contribué à établir de concert avec les autres puissances. Pour écarter la candidature, nous ne nous adresserions pas à l'Espagne, mais à la Prusse. Gramont et moi nous soumîmes à l'Empereur les conclusions auxquelles nous étions conduits. Il les approuva complètement sans aucune objection, et il autorisa Gramont à les mettre incontinent à exécution.

CHAPITRE VI

IMPOSSIBILITÉ DE NÉGOCIER.
NOS PERPLEXITÉS

L'agression étant manifeste, nous avions le droit, sans mot dire, de rappeler nos réserves, de les lancer à la frontière, et, quand elles y seraient massées, de dénoncer, par un parlementaire envoyé aux avant-postes, le commencement des hostilités. Nous donnâmes une grande preuve de modération en n'usant pas de notre droit incontestable de représailles immédiates. Nous fîmes plus : au lieu de discuter la conduite à suivre, au cas où le Hohenzollern deviendrait roi, nous essayâmes d'empêcher qu'il ne le devînt. Nous résolûmes de déjouer le guet-apens et d'éviter la guerre par des négociations diplomatiques. Nous trouvâmes beaucoup d'incrédulité dans les hommes expérimentés à qui nous confiâmes notre dessein. Cependant, nous nous obstinions à vouloir négocier sans savoir comment.

Gramont et moi avions dégagé les règles internationales; l'Empereur avait approuvé nos conclusions théoriques; cela ne nous avançait guère : il restait à trouver le moyen de ne pas tomber dans le précipice au bord duquel nous avaient acculés la précipitation de Prim et le persiflage de Thile. Le 5, à dix heures du matin, l'Empereur nous appela à Saint-Cloud, Gramont et moi, pour en délibérer. Si nous n'avions cherché qu'un prétexte de guerre, la conversation eût été courte : nous tenions ce prétexte, et le mettre en œuvre ne nous eût pas été difficile. Mais décidés à repousser la candidature Hohenzollern, fût-ce par une guerre, nous désirions passionnément que cette candidature disparût sans guerre.

Beust, dont on nous a vanté la prudence, nous proposait un plan fort original; le Gouvernement français déclarerait que, se sentant blessé par le procédé de la Prusse, le moins qu'il pût faire était d'interdire au prince Léopold de traverser son territoire pour se rendre à Madrid. Le prince candidat, ne pouvant passer par la France, s'embarquerait nécessairement, soit sur la Méditerranée, soit sur la mer du Nord; le Gouvernement français, aux aguets, prévenu par ses agents, ferait attaquer en mer le navire qui portait le prince et s'emparerait ainsi du corps du délit; on négocierait, on s'entendrait à merveille, car il allait de soi que la Prusse trouverait l'affaire toute simple, et l'incident serait terminé. On pense bien que nous ne discutâmes pas ce scénario d'opéra-comique où se retrouve l'amateur de calembours.

D'autres nous conseillaient de déclarer simplement que, dans le cas où le Hohenzollern serait élu, nous retirerions notre ambassadeur, favoriserions les prétendants évincés, et laisserions entrer, par la frontière ouverte, carlistes et alphonsistes, fusils, poudre et chevaux. Ces tactiques tortueuses n'étaient pas de notre goût : nous les jugions avilissantes. Elles avaient, en outre, l'inconvénient de rendre l'affaire espagnole, ce que nous ne voulions point parce que Bismarck le voulait. En effet, le gouvernement du prince Léopold n'eût pas assisté bouche close à nos machinations; il se fût plaint, nous eût sommés d'y mettre un terme, eût répondu à l'hostilité par l'hostilité. Dans ce conflit, la Prusse serait intervenue, et nous tombions dans une guerre contre l'Espagne et l'Allemagne réunies.

Le seul parti que nous discutâmes sérieusement fut celui d'une conférence. Si avant le 20 juillet, date où devaient se réunir les Cortès, nous avions pu la convoquer, nous eussions certainement adopté ce parti, car le premier acte des puissances aurait été d'exiger de l'Espagne qu'elle reculât la date de l'élection et nous donnât ainsi le temps de nous retourner. Mais l'Espagne et la Prusse auraient d'abord refusé cette conférence ; l'Espagne aurait invoqué son droit de nation indépendante à se régir comme il lui convenait, et la Prusse l'aurait d'autant plus soutenue qu'elle avait constamment repoussé le contrôle de l'Europe dans les arrangements intérieurs de l'Allemagne. Les autres puissances auraient, avant de s'engager, discuté le programme à soumettre aux plénipotentiaires, d'où échanges de notes, de dépêches, de dupliques et de tripliques, et des jours et des jours employés en pure perte. Au milieu de tout ce papier griffonné en vain, le 20 juillet serait arrivé et, comme Prim poussait son affaire à plein collier, nous aurions appris à la fois que les Cortès avaient élu le prétendant prussien, et que celui-ci, plein de reconnaissance et de zèle, avait pris possession sans délai de son nouveau royaume. Et par cette voie comme par les précédentes, l'affaire serait devenue espagnole, et nous aurions été placés entre une résignation impossible et une guerre avec l'Espagne et la Prusse réunies. Personne qui ne s'en rendit compte. Metternich le dit à Gramont : « Si le prince Léopold arrive en Espagne, s'il y est acclamé, c'est à l'Espagne qu'il faudra faire la guerre ».

Ainsi, dans quelque direction que nous nous engagions, nous tombions toujours dans le gouffre. Nous en étions là, perplexes, anxieux, ne sachant à quoi nous résoudre, lorsque tout à coup une lueur traversa mon esprit. Je me rappelai que le 3 mai 1866, à la veille de la guerre entre la Prusse et l'Autriche, Thiers avait dit : « Quelle conduite faut-il donc tenir vis-à-vis de la puissance qui menace la paix de l'Europe ? Je ne vous dis pas de lui faire la guerre. Mais n'y a-t-il aucun autre moyen de lui faire avouer la vérité? Je vais prendre toutes les formes, depuis la plus dure jusqu'à la plus douce, et il me semble qu'il n'y en a pas une qui ne dût réussir. Je ne conseille pas la plus dure, mais je sais des gouvernements qui l'auraient employée. Au fond, *quand on veut une chose juste, on peut être franc,* et, par exemple, qu'est-ce qu'il y aurait de plus juste que de dire à la Prusse : « Vous menacez l'équilibre de l'Europe, vous menacez le repos de tout le monde; il est connu que c'est vous seule et point l'Autriche. Eh bien! nous ne le souffrirons pas! » Récemment, dans la discussion de juin 1870, il était revenu sur cette idée : « On pouvait épargner ce malheur (Sadowa) à l'Europe, et un mot aurait suffi ». — « Bien! m'écriai-je, voilà la marche indiquée. Prononçons ce mot que Thiers reproche à l'Empereur de n'avoir pas prononcé pour empêcher la guerre de 1866. Nous ne pouvons pas adopter la forme douce, car pour cela il faudrait causer, et on ne nous le permet pas. N'adoptons pas non plus la forme dure; tenons-nous-en donc à la forme ferme. Notre cause est juste; disons sincèrement ce que nous ne permettrons pas. Si nous n'avions devant nous que Bismarck, Prim, Léopold de Hohenzollern, ce mot serait inutile et nous serions nonobstant amenés à la guerre, car il n'est pas supposable qu'aucun des trois compères manque à l'engagement pris envers les autres. Mais, à côté de Bismarck, il y a le Roi qui, d'après nos renseignements, s'est lancé à contre-cœur dans cette aventure; il y a, à côté de Prim, Serrano qui nous est sympathique et ne sera pas fâché de jouer un tour à son Maire du palais; à côté du prince Léopold, il y a le prince Antoine, homme fort prudent, facile à épouvanter; en dehors des puissances directement intéressées, il y a la Russie dont le Tsar désire énergiquement la paix dans la conviction que la guerre déchaînerait la révolution, son cauchemar, il y a l'Angleterre dont les ministres sont opposés systématiquement à tout remuement belliqueux. Tsar et ministres sortiraient peut-être de la mollesse d'une assistance froide s'ils voyaient surgir devant eux la possibilité d'un conflit redouté. Et alors pourraient s'ouvrir ces négociations officielles ou officieuses qu'on nous refuse. Puisqu'on nous interdit le tête-à-tête diplomatique, il ne nous reste d'autre ressource que de faire entendre du haut de la tribune aux deux puissances complices ce que l'une ne veut pas comprendre, ce que l'autre ne veut pas entendre, et de réveiller une Europe engourdie. »

Gramont entra immédiatement dans mon point de vue et trouva dans sa mémoire de diplomate des exemples de déclarations qui, dans des cas pareils, avaient, par leur énergie, sauvegardé la paix. L'Empereur le chargea de préparer une déclaration qui serait soumise dans le Conseil du lendemain, à l'approbation de nos collègues.

Le 5 juillet, vers les deux heures, Cochery, député du centre gauche, se rendait tranquillement à la séance du Corps législatif. Thiers, dont il était un des lieutenants, l'aborda, appela son attention sur la gravité de l'affaire espagnole et le pressa de déposer une interpellation. Cochery y consent. Toutefois, avant de la remettre au président, il me fait demander par deux de ses collègues, Planat et Genton, si je vois quelque inconvénient à ce dépôt. Des négociations eussent-elles été alors en cours, ou eussions-nous eu l'espérance d'en nouer quelque part, je n'aurais pas accepté, et Cochery et ses amis n'eussent pas insisté. Mais j'avais le télégramme par lequel Lesourd nous instruisait du refus catégorique de Thile d'entrer en explications : l'interpellation n'offrait plus d'inconvénient ; au contraire, elle nous fournissait le moyen tout naturel de placer une barrière entre l'entreprise de la Prusse et la date du 20 juillet, et de porter à la tribune la déclaration que nous avions décidée le matin. Ainsi autorisé, Cochery se lève et déclare qu'il demande à interpeller le gouvernement sur la candidature éventuelle d'un prince de la famille royale de Prusse au trône d'Espagne. « Aussitôt on l'entoure, on le presse, on le fête, on lui conseille de frapper ferme et fort. Il faut dire que la mesure est comble. »

Notre pensée préconçue eût-elle été vraiment d'assaillir la Prusse, notre susceptibilité n'eût-elle été qu'une comédie, et notre véritable préoccupation de ne pas laisser échapper une guerre désirée, combien il nous eût été facile dès lors de la déchaîner ! Gramont n'avait qu'à se lever, après Cochery, et donner lecture du télégramme de Lesourd, l'accompagner de quelques commentaires enflammés : une acclamation générale eût répondu à ses paroles et les résolutions décisives eussent été adoptées séance tenante. Nous restâmes silencieux.

Le soir, ma réception officielle fut plus nombreuse que de coutume. On ne s'y entretenait que de l'interpellation. On l'approuvait fort et on m'engageait de tous les côtés à y répondre en termes énergiques. Lyons y étant venu, je lui exprimai nos sentiments avec un abandon inspiré par la confiance. Cette confiance était entière. Les assertions de maints diplomates sont suspectes, soit qu'ils entendent mal, soit parce qu'ils répètent de travers. La droiture et le sérieux de Lyons étaient à toute épreuve : le priait-on de ne point se souvenir d'une conversation, il était muet; l'autorisait-on à s'en servir, il reproduisait presque mot à mot ; il était, comme Wa'....., de ceux dont les rapports devaient être con......., comme vrais. Je ne me crus tenu à aucune réticence avec lui. « Vous savez, lui dis-je combien je suis peu contraire au mouvement de libre expansion intérieure de l'Allemagne ; je n'en ressens que plus vivement l'injure inattendue qu'elle veut nous faire subir et l'indignation que j'en éprouve n'est pas moindre que celle du public. Soyez bien persuadé, et instruisez-en votre Gouvernement, qu'il est impossible que nous permettions à un prince prussien de devenir roi d'Espagne. Y consentirions-nous, la nation ne nous suivrait pas : tout Cabinet, tout Gouvernement qui aurait cette faiblesse, serait aussitôt renversé. Je ne suis pas inquiet, parce que j'ai le ferme espoir que cette éventualité sera conjurée ; mais soyez-en sûr, si elle se réalisait, nous ne la tolérerions pas. »

CHAPITRE VII

DÉCLARATION DU 6 JUILLET 1870

Le 6 au matin, au Conseil des ministres, Gramont exposa ce qui s'était passé. La discussion s'ouvrit. Nous nous enquîmes d'abord de notre situation militaire et diplomatique. C'était le préliminaire obligé. Il est, en effet, des fiertés interdites à qui n'a pas la force de les soutenir, et des résignations honteuses à qui ne peut invoquer sa faiblesse pour les subir. A Olmütz, Bismarck avait ressenti, aussi violemment qu'aucun Prussien, l'affront fait à la Prusse par la sommation insolente de Schwarzenberg ; mais le ministre de la Guerre étant venu l'informer que l'armée n'était point prête, il avait conseillé l'humilité provisoire jusqu'à ce que la Prusse fût en état de se venger : ce qu'elle fit avec usure en 1866.

Notre première question fut donc : — Notre armée est-elle prête ? — Et nous ne posâmes cette question que pour la forme, car aucun de nous ne doutait de la réponse. Tous nous avions suivi la discussion ininterrompue qui se poursuivait aux Chambres sur ce sujet depuis 1866, se renouvelant au moins deux fois par session. Nous connaissions tous les paroles de l'Empereur aux Chambres : « Notre armement perfectionné, nos magasins et nos arsenaux remplis, nos réserves exercées, la garde nationale mobile en voie d'organisation, notre flotte transformée, nos places fortes en bon état donnent à notre puissance un développement indispensable. Le but constant de nos efforts est atteint ; les ressources militaires de la France sont désormais à la hauteur de ses destinées dans le monde ». Nous nous rappelions les affirmations de Niel : « Je vois avec beaucoup de philosophie les questions de paix ou de guerre qui s'agitent autour de nous à l'étranger, parce que, si la guerre devenait nécessaire, nous serions parfaitement en mesure de la supporter. ... Aujourd'hui, que nous soyons à la paix ou à la guerre, cela ne fait rien au ministre de la Guerre : il est toujours prêt ». Et ces paroles encore plus significatives dans les commissions du Sénat et du Corps législatif : « Quand on a une telle armée, ne pas faire la guerre, c'est de la vertu ». — Dans quinze jours, avait-il dit aussi, nous aurions une armée de 415.000 hommes. » Le maréchal Vaillant, les généraux Bourbaki, Frossard, Failly et tant d'autres exprimaient la même confiance. Le Bœuf la partageait tout à fait. Dépourvu de vantardise en ce qui le concerne, il me disait : « Je ne vaux que pour 60.000 hommes ». Il croyait, au contraire, l'armée capable de tous les miracles et, sans dissimuler l'infériorité de ses effectifs, apte à donner une preuve de plus du nombre contrebalancé par la qualité. Les choses militaires ne relevaient que de l'Empereur : il avait réclamé, nous ne lui avions pas disputé, le privilège impérial de les régler et de les contrôler, sauf dans la partie exclusivement politique, relative à la fixation du contingent. Le Bœuf s'est trompé, lorsqu'il a parlé d'états présentés au Conseil ; le Conseil ne lui en a pas demandé et il ne lui en a pas soumis. Ses communications n'ont été faites qu'à l'Empereur ; c'est avec lui seul qu'il les a débattues, et c'est dans une de ces notes qu'il lui a dit : « *Nous sommes plus forts que les Prussiens sur le pied de paix et sur le pied de guerre* ». Le Conseil lui a tout simplement demandé : « Maréchal, vous nous aviez promis que, si la guerre arrivait, vous seriez prêt : l'êtes-vous ? » Le maréchal ne dit pas, en fanfaron ridicule et en marquant nos étapes sur Berlin, que la guerre serait une promenade militaire : il dit, au contraire, que la lutte serait difficile, mais qu'étant tôt ou tard inévitable, puisqu'on nous en offrait une occasion, nous pouvions l'affronter sans crainte. L'armée était admirable, disciplinée, exercée, vaillante, son fusil de beaucoup supérieur au fusil prussien ; son artillerie commandée par un corps d'élite, et nos mitrailleuses, que les Prussiens n'avaient pas, seraient d'un effet aussi terrible que nos fusils. La mobilisation et la concentration s'opéreraient rapidement, selon les données du maréchal Niel. Et si nous agissions avec résolution, sans perdre de temps, nous surprendrions les Prussiens au milieu de leur formation par une offensive vigoureuse. Nous pouvions, dès le début, porter un de ces coups heureux qui exaltent le moral d'une armée, doublent sa puissance et sont un gage de son succès définitif.

Chevandier, très au courant de l'organisation des Prussiens, contesta que nous fussions en mesure de les devancer dans l'action. Le Bœuf lui répondit que, grâce à la supériorité de notre état de paix, c'était fort possible, et il nous répéta, ce qu'il a constamment affirmé à quiconque l'a interrogé, comme en témoigne Mac-Mahon, que « l'armée française, même inférieure en nombre, battrait l'ennemi ». Autour de lui ses officiers tenaient le même langage. Pendant les séances orageuses, mon frère se trouvait dans les couloirs, auprès de son chef de cabinet, Clermont-Tonnerre, et lui exprimait ses anxiétés : « Soyez donc rassuré, lui répondit le vaillant officier, j'ai suivi l'armée prussienne en 1866 », et, traçant avec le doigt un triangle sur sa main : « Aussi certainement que voilà un triangle, nous la vaincrons ». L'amiral Rigault de Genouilly, ministre de la Marine, n'était pas moins convaincu de la puissance de l'armée française. « Jamais, a-t-il dit, je n'ai cru à une institution comme j'ai cru à notre armée. »

Le point de départ de notre délibération fut donc que notre armée était prête et en état de vaincre. Nous examinâmes ensuite la question des alliances. Nous étions tous favorables, l'Empereur et moi surtout, au maintien d'une solide amitié avec l'Angleterre. Mais, dans cette circonstance, nous n'avions aucun concours matériel à en attendre, parce que nous n'avions rien à lui offrir. Nous avions, au contraire, quelque chose à offrir à l'Italie, à l'Autriche et à la Russie : à l'Italie, l'évacuation des États romains et l'occasion de nous témoigner sa gratitude des services rendus ; à l'Autriche, la revanche de Sadowa ; à la Russie, la revision du traité de Paris.

Nous ne doutâmes pas de l'Italie. Je connaissais les menées de Bismarck, ses relations avec Garibaldi et Mazzini, et l'hostilité de la Gauche italienne. Mais ce parti révolutionnaire formait une petite minorité ; le pouvoir était aux mains des modérés ouvertement favorisés par notre ministre Malaret, et leur assistance nous paraissait certaine. Nous comptions au surplus que le Roi leur rappellerait le devoir, s'ils l'oubliaient.

Le parti à prendre était entre l'alliance de l'Autriche et celle de la Russie. La difficulté naissait des mauvais rapports de ces deux nations entre elles. Il ne fallait pas songer à s'allier à la fois avec la Russie et l'Autriche ; l'intimité avec l'une impliquait au moins la froideur avec l'autre. Un rapprochement avec l'Autriche m'inspirait une insurmontable aversion. Elle n'avait pas la volonté sérieuse de prendre la revanche de Sadowa ; le parti militaire souffrait de l'humiliation de cette défaite, mais en même temps, il ressentait de la rancune contre Napoléon III, qui l'avait facilitée ; dans les autres classes, on était peu affligé d'une catastrophe à laquelle la nation devait ses libertés publiques. Les Hongrois s'en étaient réjouis, puisque de là datait la reconnaissance de leurs justes droits; les Slaves, mécontents et absorbés par leurs aspirations nationales, étaient indifférents au prestige de l'Empire, et les Allemands ne l'étaient pas à l'accomplissement des destinées germaniques. Le despotisme avait été le seul lien de tant de nationalités juxtaposées plutôt que mêlées : ce lien brisé, la gerbe s'était défaite; les uns tombaient du côté de l'Allemagne, les autres du côté du Panslavisme ou de la Russie, et la situation de l'empire austro-hongrois me semblait peinte au vif par les paroles du grand Jean de Witt à Louis XIV sur l'empire germanique : « L'Empire n'est qu'un squelette dont les parties sont attachées, non avec des nerfs, mais avec du fil d'archal, qui n'ont point de mouvement naturel, de sorte qu'il n'y a pas de fondement à faire sur son amitié ou son secours ».

Je me sentais très attiré vers l'alliance russe; j'avais refusé de m'associer aux manifestations en faveur de la dernière insurrection polonaise; si j'avais eu le temps d'établir une politique étrangère, j'aurais essayé de nouer une alliance solide avec la Russie, en opérant un rapprochement entre elle et l'Angleterre. L'Empereur y était disposé, à en juger par l'insistance avec laquelle il me recommanda la lecture d'une brochure anonyme attribuée au fils de Jomini sur la convenance d'une alliance franco-russe. En conséquence, j'exprimai l'avis d'aller droit à Pétersbourg et d'offrir la revision complète du traité de Paris. Sans contester en principe la valeur de l'alliance russe, Gramont ne crut pas qu'on pût l'obtenir actuellement. Il y avait trop d'années que la Russie était éloignée de nous et unie à la Prusse à la fois par les liens de famille et les services rendus dans l'affaire polonaise; nous devions nous estimer heureux qu'elle s'en tînt à la neutralité. D'ailleurs, le moindre mouvement de son côté nous aliénerait la Hongrie, sans l'assentiment de laquelle l'Autriche ne pouvait s'allier à nous. Or l'Autriche était très bien disposée et elle possédait une belle armée, toute prête, tandis que la Russie n'était pas en mesure d'agir tant que ses chemins de fer ne seraient pas terminés.

Ces affirmations de l'ancien ambassadeur à Vienne, de l'ami de Beust, nous frappèrent beaucoup. Néanmoins, je présentais encore quelques timides objections, lorsque l'Empereur se leva, marcha vers un bureau, ouvrit un tiroir, y prit les lettres de l'empereur d'Autriche et du roi d'Italie de l'automne de 1869 et nous en donna lecture. L'Empereur ne nous expliqua point ce qui avait motivé ces lettres : il les interprétait comme une promesse éventuelle de secours dans un cas tel que celui où nous nous trouvions, et il était absolument convaincu que deux souverains aussi loyaux que François-Joseph et Victor-Emmanuel tiendraient leurs promesses. Le rapport du général Lebrun et le plan de l'archiduc Albert, qui étaient alors dans ses mains et dont il ne nous parla pas, contribuaient certainement à donner à son accent un ton de confiance communicative. A la vérité, ces lettres ne constituaient pas ce qu'on appelle proprement un traité, mais elles constataient cette identité de sentiments et d'intérêts d'où les traités découlent tout naturellement à l'heure propice. Cette sorte d'alliance morale permanente existe souvent sans texte formel ; les traités se signent lorsque l'éventualité vaguement prévue d'une guerre se spécialise dans un fait imminent; ils sont même la preuve que la guerre va commencer et c'est pourquoi on en diffère souvent la signature, quoiqu'on les admette en principe. L'entente entre Cavour et Napoléon III avait été conclue à Plombières en juillet 1858 ; le traité d'alliance offensive et défensive entre la France et l'Italie ne fut signé qu'en janvier 1859, à la veille des hostilités.

Le fait qu'aucun traité d'alliance en règle n'avait été conclu était la preuve que la guerre nous surprenait et n'avait pas été préméditée par nous. L'Empereur n'avait pas travaillé à l'achèvement de l'accord ébauché en 1869 parce que ses pensées étaient tout à fait pacifiques, mais aussitôt qu'une agression imprévue lui sembla imminente, il ne douta pas un instant, et nous le crûmes avec lui, que l'Italie et l'Autriche convertiraient sans se faire prier les lettres de 1869 en un traité d'alliance offensive et défensive. Notre second point de départ fut donc que nous pouvions compter sur ces deux alliés.

Alors Gramont lut sa déclaration. Quelques corrections purement grammaticales furent faites à la première partie. Puis, nous fûmes tous d'accord à reconnaître que la dernière phrase était trop elliptique et trop étriquée et qu'il fallait la rendre plus vigoureuse. L'Empereur proposa cette formule : « écarter un projet qui dérangerait à notre détriment l'équilibre actuel des forces de l'Europe et mettrait en péril tous les intérêts et l'honneur de la France ». Cette phrase ne parut pas encore suffisante, je pris la plume et, attentif aux propositions et aux critiques de chacun, je cherchai, en quelque sorte sous la dictée commune, une forme meilleure. Ce travail, qui fut minutieux et très débattu, et auquel je pris la part principale, surtout dans la dernière phrase, nous amena à la rédaction définitive. Le texte arrêté fut relu deux fois de suite par moi, après quoi, il fut mis aux voix nominativement et adopté à l'unanimité. Il n'est pas vrai que Gramont ait apporté un texte violent que nous avons adouci : c'est nous qui avons donné plus de relief et plus d'accent au texte un peu pâle qu'il avait préparé. On ne doit donc pas dire de la déclaration du 6 juillet « la déclaration de Gramont »; c'est la déclaration de l'Empereur et du Cabinet autant que la sienne, et si le fait d'en avoir eu l'idée et d'en avoir rédigé les parties principales en crée la paternité, c'est à moi qu'elle appartient. Je ne le dis pas pour enlever à Gramont le mérite exclusif d'un acte que je considère comme excellent, mais parce que, en le lui attribuant, on peut y voir un ressentiment de Sadowa, arrière-pensée qu'on ne peut pas me supposer.

Pendant que je faisais ma seconde lecture, l'Empereur passa à Gramont, assis à ma droite, la note suivante : « Je crois utile d'envoyer en chiffres à Fleury ce simple télégramme : « Prévenez le prince Gortschakof que si la Prusse insiste pour l'avènement du prince de Hohenzollern au trône d'Espagne, ce sera la guerre ». Gramont mit la note sous mes yeux. L'Empereur, auprès de qui j'étais assis, s'en aperçut. Il se pencha à mon oreille et me dit : « L'Empereur de Russie ne veut pas de guerre : il déterminera le retrait de la candidature ». Le mot de guerre n'était donc prononcé par l'Empereur que comme le préservatif le plus efficace de la paix.

Nous quittâmes Saint-Cloud à midi et demi. Gramont, revenu au ministère des Affaires étrangères, dicta la déclaration à deux secrétaires. A deux heures, lorsque le Corps législatif s'ouvrit, il n'était pas encore prêt, et la séance fut suspendue jusqu'à son arrivée. J'entrai le premier. Avant de m'asseoir à mon banc, je m'approchai de Cochery et lui dis : « Vous serez content de notre déclaration ; elle est pacifique, quoique très nette ; relevez-la par quelques phrases fermes ». Il me répondit qu'il ne se croyait pas assez d'autorité, et il alla exprimer mon désir à Daru. Celui-ci arrêta avec lui une déclaration à lire après la nôtre. Mes collègues arrivèrent successivement et enfin Gramont parut. Il monta directement à la tribune, et lut sans y changer un mot le texte arrêté le matin : « Je viens répondre à l'interpellation qui a été déposée hier par l'honorable M. Cochery. Il est vrai que le maréchal Prim a offert au prince Léopold de Hohenzollern la couronne d'Espagne et que ce dernier l'a acceptée. Mais le peuple espagnol ne s'est point encore prononcé, et nous ne connaissons point encore les détails vrais d'une négociation qui nous a été cachée. Aussi une discussion ne saurait-elle aboutir maintenant à aucun résultat pratique. Nous vous prions, Messieurs, de l'ajourner. Nous n'avons cessé de témoigner nos sympathies à la nation espagnole et d'éviter tout ce qui aurait pu avoir les apparences d'une immixtion quelconque dans les affaires intérieures d'une noble et grande nation en plein exercice de sa souveraineté. Nous ne sommes pas sortis, à l'égard des divers prétendants au trône, de la plus stricte neutralité, et nous n'avons jamais témoigné, pour aucun d'eux, ni préférence ni éloignement. Nous persistons dans cette conduite. Mais nous ne croyons pas que le respect des droits d'un peuple voisin nous oblige à souffrir qu'une puissance étrangère, en plaçant un de ses princes sur le trône de Charles-Quint, puisse déranger à notre détriment l'équilibre actuel des forces en Europe, et mettre en péril les intérêts et l'honneur de la France. (*Vifs applaudissements.*) Cette éventualité, nous en avons le ferme espoir, ne se réalisera pas. Pour l'empêcher, nous comptons à la fois sur la sagesse du peuple allemand et sur l'amitié du peuple espagnol. S'il en était autrement, forts de votre appui, Messieurs, et celui de la nation, nous saurions remplir notre devoir sans hésitation et sans faiblesse ». (*Longs applaudissements.— Acclamations répétées.*) Les acclamations accompagnèrent Gramont jusqu'à son banc.

Cette déclaration est irréprochable, et je la relis, après tant d'années, avec satisfaction. Sans doute, elle est catégorique et renferme un ultimatum pour le cas où l'on n'en tiendrait pas compte. C'était la condition même de son efficacité. Du reste, contenue, exempte de tournures de défi, elle ne va pas au delà de la fermeté, et se garde de toutes récriminations. Elle se réduit strictement à l'affaire espagnole, sans allusion aux événements de 1866, au Luxembourg et aux nombreux froissements déjà subis. Pas un seul de ses mots ne vise à être désagréable au Roi ou à son ministre, encore moins à leur peuple. Qu'on l'accuse, si on le veut, de maladresse (l'effet qu'elle va produire répondra à ce reproche); qu'on ne dise pas que c'est une provocation. S'y fût-il trouvé, ce qui n'est pas, quelque expression hautaine, comme elle n'eût été que la riposte à une provocation incontestable, elle restait un acte de légitime défense : la parade à une attaque et nullement une attaque; elle n'était pas le coup de canon qui commence le combat, c'était le coup de canon d'alarme qui appelle au secours. Cochery ne crut pas que les paroles qu'il avait préparées avec Daru fussent en situation; il s'approcha de Gramont et dit seulement : « Je ne vous interpellerai plus ».

Si notre déclaration avait été pâle, les députés de la gauche eussent crié à la lâcheté; elle était fière : ils lui reprochèrent d'être belliqueuse. Garnier-Pagès, avec sa bonhomie affectée de maquignon, proclama « que les princes peuvent se détester, peuvent désirer la guerre, mais que les peuples s'aiment et veulent la paix ». Raspail jeta quelques interjections probablement injurieuses, qui se perdirent dans le bruit. Glais-Bizoin s'écria: « C'est une déclaration de guerre! — C'est la guerre déclarée, reprit Crémieux. — Non! » m'écriai-je avec force. Alors Crémieux se reprit : « Je sais bien que vous êtes dans l'incertitude, que vous ne voulez ni la paix, ni la guerre ». Donc, ce n'était pas la guerre déclarée. Crémieux n'en conclut pas moins à la nécessité d'interrompre la discussion du budget, alors en cours, jusqu'à de plus amples explications. On aurait ouvert ainsi le débat que le Gouvernement demandait d'ajourner. Emmanuel Arago, qui, tout récemment, avait approuvé les doléances de Kératry sur notre longanimité dans l'affaire du Saint-Gothard, soutint la demande de Crémieux: « Le ministère avait été imprudent : en engageant la France malgré elle! (*Mais non! non!*) Malgré nous, il venait de nommer le roi d'Espagne, puis de déclarer la guerre ».

Chacune de ces assertions avait été interrompue par de violentes et nombreuses protestations. Notre déclaration étant défigurée, j'avais le devoir d'en rétablir la véritable signification. Je le fis : « Je demande à l'Assemblée de ne pas accepter la proposition de l'honorable M. Crémieux, et de reprendre la discussion du budget. (*Très bien! très bien!*) Le Gouvernement désire la paix!... (*Très bien! très bien!*)... Il la désire avec passion (*Exclamations à gauche*), mais avec honneur! (*Très vives marques d'adhésion et d'approbation.*) Je ne puis admettre qu'en exprimant, à haute voix, son sentiment sur une situation qui touche à la sécurité et au prestige de la France, le Gouvernement compromette la paix du monde. Mon opinion est qu'il emploie le seul moyen qui reste de la consolider; car chaque fois que la France se montre ferme sans exagération, dans la défense d'un droit légitime, elle est sûre d'obtenir l'appui moral et l'approbation de l'Europe. (*Très bien! très bien! — Applaudissements.*) Je supplie donc les membres de cette Assemblée d'être bien persuadés qu'ils n'assistent pas aux préparatifs déguisés d'une action vers laquelle nous marchons par des sentiers couverts. Nous disons notre pensée entière : nous ne voulons pas la guerre; nous ne sommes préoccupés que de notre dignité. Si nous croyions un jour la guerre inévitable, nous ne l'engagerions qu'après avoir demandé et obtenu votre concours. (*Très bien! très bien!*) Une discussion aura lieu alors, et si vous n'adoptez pas notre opinion, comme nous vivons sous le régime parlementaire, il ne vous sera pas difficile d'exprimer la vôtre; vous n'aurez qu'à nous renverser par un vote et à confier la conduite des affaires à ceux qui vous paraîtront en mesure de les mener selon vos idées ! (*Rumeurs à gauche.*) Soyez convaincus de l'absolue sincérité de notre langage ; je l'affirme sur l'honneur, il n'y a aucune arrière-pensée dans l'esprit d'aucun de nous, quand nous disons que nous désirons la paix. J'ajoute que nous l'espérons, à une condition : c'est qu'entre nous disparaissent tous les dissentiments de détail et de parti, et que la France et cette Assemblée se montrent unanimes dans leur volonté. » (*Très bien ! très bien ! — Vive approbation.*).

La presse fut, cette fois encore, le reflet fidèle de l'émotion publique. « Si ce dernier affront avait été toléré, s'écriait *le Gaulois*, il n'y aurait plus eu une femme au monde qui eût accepté le bras d'un Français. Maintenant l'honneur est sauf ! » Paul Dalloz, toujours si modéré, était aussi net dans *le Moniteur universel :* « Jamais les torts de ce grave conflit ne pourront être imputés au Gouvernement français. Quant à nous, bien convaincus qu'il a pour lui l'opinion publique, nous ne trouvons rien d'excessif dans la marche qu'il est décidé à suivre et que l'enthousiasme de la Chambre a ratifiée hier. » L'article approbatif du *Figaro* fut d'autant plus remarqué qu'à ce moment il était dans une hostilité presque personnelle contre l'empereur.

L'article le plus frappant fut celui inséré dans le *Correspondant*, par Lavedan. L'effet en fut considérable : « La Prusse n'a aucun intérêt avouable dans la Péninsule et elle ne saurait y intervenir sans faire un acte de véritable provocation. Aussi sommes-nous de ceux qui applaudissent à la ferme attitude adoptée par le Gouvernement. Depuis trop longtemps notre complaisance était au service des agrandissements d'autrui ; nous sommes soulagés de nous sentir enfin redevenus Français ! Toutes les âmes patriotiques ont salué, comme la Chambre, la déclaration du pouvoir en y retrouvant avec joie le vieil accent de la fierté nationale ! »

Louis Veuillot, peu suspect de complaisance envers qui que ce fût, si ce n'est envers le Pape, n'était pas moins explicite dans l'*Univers* : « Cette déclaration était, hier soir, dans les cercles et les lieux publics, l'objet de toutes les conversations. Le ferme langage du Gouvernement était unanimement approuvé et même applaudi. Les agents prussiens pourront donc faire savoir à Sa Majesté Guillaume et à M. de Bismarck que nos ministres ont incontestablement été dans cette circonstance les organes *contenus* de l'opinion générale ». *Les Débats*, jusque-là si favorables au cabinet, s'étaient montrés froids depuis le commencement du conflit ; cependant un des rédacteurs principaux, Saint-Marc Girardin, exprima une approbation : « Quant à nous, nous croyons que le Gouvernement a bien fait de parler, — nous nous trompons, — a bien fait de répondre. Qu'aurait-on dit si le Gouvernement avait gardé un silence que le public aurait trouvé timide et suspect ? On l'aurait accusé de baisser une seconde fois la tête devant le canon de Sadowa. Il fallait savoir que le Gouvernement parlementaire était prêt et décidé à suffire à toutes les nécessités de la grandeur nationale ».

Un grand nombre d'officiers, entre autres Albert de Mun, qui l'a rappelé lui-même, adressèrent leur félicitations à Gramont.

Lyons, dont aucun parti pris ne troublait le clair jugement, écrivit : « Quelque forte qu'elle ait été, la déclaration ne va pas au delà des sentiments du pays. La blessure infligée par Sadowa à l'orgueil français n'avait jamais été complètement fermée ; cependant le temps commençait à réconcilier les esprits avec le fait accompli qu'il fallait accepter tel que ; l'irritation s'apaisait. Maintenant cette malheureuse affaire a réveillé toute l'ancienne animosité. Le Gouvernement et le peuple se sont fait également un point d'honneur d'empêcher l'avènement du prince et sont allés trop loin pour reculer. Je pense cependant *que ni l'Empereur, ni ses ministres ne désirent la guerre, et qu'ils ne l'attendent pas.* Jusqu'à présent, ils espèrent qu'ils parviendront, sans faire la guerre, à empêcher le prince de porter la couronne d'Espagne ». Le même jour, dans une autre dépêche, il disait : « Les sentiments du peuple français ne permettraient pas maintenant au Gouvernement, dans le cas même où il le voudrait, de consentir à l'élévation du prince Léopold au trône d'Espagne ».

La déclaration que la France accueillait, dans son immense majorité, par une adhésion passionnée, ne suscita en Europe, ni surprise, ni révolte, à l'exception de quelques diplomates timorés qu'effraie tout ce qui s'élève au-dessus de leur caquetage habituel; elle y fut parfaitement comprise. Le *Times*, dans son leader article du 8 juillet, jugea sévèrement la politique de la Prusse.

L'organe des conservateurs, le *Standard*, se prononça comme le *Times*. Le *Daily Telegraph*, journal d'une immense publicité, reconnaissait notre bon droit : « Si un Hohenzollern s'établissait une fois solidement sur le trône d'Espagne, par l'appui de la Prusse et en défiance de tous les politiques français, chaque année augmenterait le pouvoir qu'il aurait de jouer une partie meurtrière dans toute lutte qui s'élèverait sur le Rhin. *Humiliation immédiate, péril futur*, voilà ce que le succès du prince prussien signifierait réellement pour la France ». La *Pall Mall Gazette* se moquait de la prétention du roi de Prusse d'être considéré comme étant étranger à l'affaire.

CHAPITRE VIII

LES QUATRE NÉGOCIATIONS PACIFIQUES

Notre déclaration n'avait pas été inspirée par le désir de rendre la rupture inévitable. Elle nous avait paru la dernière chance de sauvegarder la paix par l'ébranlement qu'elle causerait dans les volontés indécises des puissances et par les réflexions salutaires qu'elle inspirerait aux meneurs de l'affaire. Aussi l'assentiment qui nous arrivait de toutes parts, loin de nous enlever le sang-froid, l'accrut. Au lieu de nous jeter aux solutions extrêmes, il nous incita encore plus aux efforts pacifiques, et nous reprîmes les négociations avec d'autant plus d'ardeur qu'elles ne semblaient plus dénuées de succès. Décidés à ne pas nous écarter des règles internationales consacrées, nous ne pouvions pas nous adresser à l'Espagne. Mercier nous avait recommandé cette abstention dès le 24 juin : « Notre opposition aura d'autant plus de poids dans les calculs qu'elle sera directement à l'adresse de la Prusse et qu'elle n'aura, par conséquent, rien de blessant pour la fierté espagnole ».

S'adresser à l'Espagne, c'était tomber dans le

piège que nous tendait Bismarck. Néanmoins, sans entamer une négociation proprement dite, sans note ni ultimatum, nous crûmes que nous devions tenter une fois encore d'amadouer et d'effrayer le Gouvernement espagnol. Gramont télégraphia à Mercier : « Vous direz au maréchal Prim que ce choix est le plus mauvais qu'on pût faire et que la blessure nationale qui en résulte pour la France est très vivement ressentie par Sa Majesté. Ceux qui le proposent et le conseillent à l'Espagne assument une responsabilité bien considérable devant leur pays et devant l'Europe. Vous êtes entré complètement dans la pensée de l'Empereur, maintenez-vous sur le terrain où vous êtes placé. Dites bien que rien n'est plus loin de notre pensée que de vouloir exercer une pression sur la liberté de la nation espagnole, mais que vraiment l'épreuve est trop forte pour nous. Nous avons l'espoir que notre appel sera entendu et que ce Gouvernement ami, que ce grand peuple convaincu des sentiments dont nous avons été constamment animés envers lui, reconnaîtra la légitimité de notre émotion à la pensée qu'il pourrait devenir l'instrument de desseins si contraires à nos intérêts politiques. Et si, malgré nos légitimes représentations, le prince de Hohenzollern était élu, quelle que soit notre amitié pour l'Espagne, nous serions dans la douloureuse nécessité de ne pas le reconnaître ».

Mercier a beau dire, Prim ne l'écoute pas et ne s'arrête pas. Il continue l'organisation de l'élection aussi tranquillement que si nous n'avions rien dit.

« Il ne reste plus qu'à aller en avant », dit-il à un banquier de Madrid. Il écrit à un ami : « Jamais je n'aurais pu croire que la France prendrait cette question si à cœur ; jamais je ne prévoyais qu'elle pût donner lieu à des complications européennes qui me navrent ; mais, au point où nous en sommes arrivés, reculer serait honteux. Il faut avant tout sauver l'honneur national. Je finis donc en disant, la main sur ma conscience et bien convaincu que nous n'avons porté aucune atteinte à la bonne amitié qui nous unit à nos voisins les Français : En avant et vive l'Espagne ! »

Et il nous fait remettre par Olozaga une circulaire de Sagasta, son ministre des Affaires étrangères, qui nous narguait sans aucun ménagement : « Les conditions toutes favorables dans lesquelles se trouve ce prince et le bon accueil que sa désignation a rencontré dans l'opinion publique du pays, donnent au Gouvernement l'agréable espérance que son candidat sera bientôt nommé Roi par les Cortès avec une grande majorité, et qu'ainsi se terminera la glorieuse période constituante commencée en septembre 1868 ». Enfin Prim faisait rééditer par Salazar son opuscule d'octobre 1869, dans lequel il a l'impudence de dire « qu'il est notoire que l'échec de Montpensier et de la République tient au veto de Napoléon. Le Gouvernement prussien n'est pas intervenu dans cette négociation ; le prince a écrit à Ems au Roi sa résolution définitive comme acte de courtoisie ».

Ainsi Prim nous bravait de plus en plus ouvertement, espérant nous faire perdre patience et nous amener à l'acte de violence contre l'Espagne qu'attendait son ami Bismarck. Mais notre résolution de ne pas nous laisser entraîner de ce côté ne fut pas ébranlée, et Gramont, aussi tranquillement que si nous n'avions pas ressenti la pointe de l'aiguillon, télégraphia de nouveau à Mercier : « Malgré la circulaire du maréchal Prim et la communication que vient de me faire M. Olozaga, nous avons trop de confiance dans les sentiments de la nation espagnole pour admettre qu'on persiste à Madrid dans la seule solution qui blesse à la fois nos intérêts et notre dignité. Nous persisterons donc dans notre conduite amicale et continuerons à faire observer, sur la frontière espagnole, la vigilance nécessaire pour en écarter tout ce qui serait de nature à fomenter des troubles dans la péninsule. Nous serons fidèles à nos sympathies jusqu'au dernier moment, nous ne serons certes pas les premiers à rompre des liens qui nous étaient chers et que nous espérions avoir rendus indissolubles ».

Nous n'avions pas plus à espérer du côté de Bismarck, représenté par son serviteur Thile. Gramont voulut constater toutefois combien étaient pitoyables les raisons par lesquelles Thile refusait la conversation. Une dépêche à Lesourd indiqua que nous n'étions pas dupes de ses échappatoires : « On ne fera jamais croire à personne qu'un prince prussien puisse accepter la couronne d'Espagne sans y avoir été autorisé par le Roi, chef de sa famille. Or, si le Roi l'a autorisé, que devient cette soi-disant ignorance officielle du Cabinet de Berlin, derrière laquelle M. de Thile s'est retranché? Le Roi peut, dans le cas présent, ou permettre ou défendre ; s'il n'a pas permis, qu'il défende. Il y a quelques années, dans une circonstance analogue, l'Empereur n'a point hésité. Sa Majesté désavoua hautement et publiquement le prince Murat, posant sa candidature au trône de Naples. Nous regarderions une détermination semblable du roi Guillaume comme un excellent procédé à notre égard, et nous y verrions un puissant gage du désir de la Prusse de resserrer les liens qui nous unissent et d'en assurer la durée ».

Cette réfutation si calme ne produisit pas plus d'effet que nos raisonnements à Prim, et nous dûmes nous convaincre qu'il fallait renoncer définitivement à toute négociation, subir la candidature ou avoir recours à la guerre. Mais nous ne voulions pas plus de la guerre que de la candidature et nous nous obstinions plus que jamais à la volonté de négocier. L'Empereur, sachant la rivalité sourde qui existait entre Prim et Serrano, crut qu'il y avait là un moyen de contre-miner Prim. Serrano était l'ami de la France et entretenait avec Napoléon III d'excellentes relations personnelles. L'Empereur eut l'idée de faire, directement et en secret, un appel à ses bons sentiments. Il manda à Saint-Cloud Bartholdi, l'envoyé de Mercier, et lui donna l'ordre de repartir le lendemain : à son arrivée à Madrid, il se rendrait auprès du

Régent et lui demanderait de sa part, comme un service personnel dont il lui serait toujours obligé, de faire immédiatement une démarche auprès du prince Antoine de Hohenzollern, afin qu'il décidât son fils à renoncer à sa candidature. Bartholdi demanda à l'Empereur s'il ne serait pas plus correct que l'ambassadeur fît lui-même la démarche. « Non, répondit l'Empereur; vous pouvez en parler à Mercier; mais, dès votre arrivée, allez vous-même chez Serrano comme venant spécialement *de ma part*. Cela fera plus d'effet. Insistez, dites au maréchal que je fais appel à ses sentiments d'amitié pour moi. »

Du côté de la Prusse, nous ne renonçâmes pas non plus à tenter un effort suprême. Nous ne pouvions pas songer à aller trouver Bismarck à Varzin; il nous eût fermé sa porte au nez plus rudement encore que Thile ne l'avait fait; il ne nous restait qu'un recours, celui au roi de Prusse alors à Ems. Nous n'avions pas devant nous un roi constitutionnel, se tenant par devoir en dehors des affaires; Guillaume régnait et gouvernait; en toute occasion, il déclarait que ses ministres étaient de simples instruments, que leurs actes n'étaient que l'exécution de ses pensées personnelles. Notre démarche n'avait donc rien d'incorrect, et ce n'était pas la première fois que le Roi traitait directement les affaires avec les souverains ou leurs représentants. Cette manière de négocier n'offrait de péril qu'à nous-mêmes, puisque tout devait y rester confidentiel et verbal, qu'aucune note ne pourrait être échangée qui permit plus tard d'établir, par des témoignages indiscutables, la rectitude et la prévoyance de la conduite. Nous n'ignorions pas qu'il n'est pas conforme à l'étiquette de troubler la cure d'un roi, mais il y avait urgence et point par notre faute, et, comme nous n'avions pas d'autre moyen d'écarter le conflit, nous fûmes obligés de ne pas tenir compte de cette convenance.

Pour donner plus de force à ses démarches auprès de Serrano et du roi Guillaume, Gramont sollicita le concours de toutes les puissances. Il télégraphia à Fleury : « Nous sommes persuadés que le Cabinet russe reconnaîtra l'impossibilité d'accepter une candidature si visiblement dirigée contre la France, et nous serions heureux d'apprendre qu'il veut bien user de son influence à Berlin pour prévenir les complications qui pourraient se produire à ce sujet entre l'Empereur et la Prusse (6 juillet) ». A Malaret, à Florence, il télégraphie : « Demandez à M. Visconti-Venosta que l'agent italien à Madrid emploie ses efforts auprès des hommes politiques, et principalement auprès du Régent, pour le détourner d'une combinaison dont Prim seul a pris l'initiative si contraire à notre dignité et à notre intérêt ». Il pria Metternich de demander à Beust « de vouloir bien faire comprendre à Berlin qu'en face de l'irritation nationale ici, on ferait bien, dans l'intérêt de la paix, d'engager le prince Léopold à refuser cette candidature ».

Gramont se montra particulièrement pressant envers l'Angleterre dont il espérait un concours très efficace. Il indiqua à Lyons, comme une solution, que l'Angleterre pourrait conseiller l'abandon volontaire, par Léopold lui-même, de sa candidature, ce qui serait moins blessant pour la Prusse qu'un abandon exigé ou conseillé par le Roi. « Cette renonciation volontaire de la part du prince, conclut Lyons, serait, dans l'opinion de M. de Gramont, une solution très heureuse de questions difficiles et compliquées, et il prie le gouvernement de Sa Majesté d'user de toute son influence pour l'amener ». Gramont télégraphia directement à La Valette, notre ambassadeur : « J'ai prié lord Lyons de demander à lord Granville que le gouvernement anglais voulût bien insister particulièrement auprès du Régent afin de le déterminer à séparer dans cette question sa cause de celle du maréchal Prim. Si, comme nous l'espérons, les Cabinets usent eux-mêmes de leur influence pour éclairer le maréchal Serrano sur les périls de la combinaison dont le maréchal Prim est le véritable auteur, nous avons la confiance que cette dangereuse intrigue échouera (7 juillet) ». Enfin il revenait encore une fois à la charge le lendemain 8 : « Il y a une nécessité pressante à ce que les puissances, qui sont en mesure de faire entendre au roi Guillaume les conseils de la modération et de la sagesse, interviennent sans retard avant que le vrai caractère de cette affaire n'ait été dénaturé par des susceptibilités nationales. Ni la dignité du peuple espagnol, ni celle du peuple allemand ne sont en cause; mais si la discussion se prolonge pendant quelques jours seulement, les passions populaires ne manqueront pas de l'envenimer en ressuscitant ces rivalités de pays à pays qui seront une difficulté de plus pour le gouvernement attaché au maintien de la paix ».

Il s'adressa même aux États du Sud, afin de bien marquer qu'il n'avait aucune mauvaise arrière-pensée contre l'Allemagne. Il télégraphiait à Saint-Vallier : « Je ne doute pas que les cours allemandes n'emploient auprès du roi Guillaume tous leurs moyens de persuasion pour le détourner de soutenir la candidature du prince de Hohenzollern, et j'ai la confiance que leurs efforts, appuyés par le bon sens patriotique de la nation allemande, ne demeureront pas sans influence sur la conduite de la Prusse dans cette affaire ».

Où trouve-t-on, dans ces instructions d'un ton si noblement pacifique et conciliant, la moindre impatience colérique, le moindre désir d'humilier le roi de Prusse ou de chercher un conflit avec lui? La netteté n'y devient jamais de la rudesse, et le désir d'en finir ne dégénère pas en sommation impertinente. Il n'y a « ni contradiction ni hésitation », comme le disent les rhéteurs, qui ignorent la souplesse d'esprit qu'exigent les fluctuations des affaires. Sans doute, tantôt il parle de conseil, tantôt d'ordre, tantôt de renonciation spontanée, tantôt de renonciation ordonnée, mais le fond de la pensée ne varie pas un instant, c'est toujours la même : obtenir sans guerre la disparition de la candidature.

Enfin, Gramont le furibond, le provocateur, désirait tellement, ainsi que nous tous, éviter la guerre, qu'il eut l'idée de télégraphier à Benedetti « d'aller voir le prince de Hohenzollern, afin de l'engager à se retirer pour conjurer les maux que sa candidature rendait inévitables (8 juillet, une heure du matin) ». L'Empereur, dont la sensibilité avait été blessée au vif par les procédés félons d'une famille aussi affectueusement favorisée par lui, ne permit pas cette démarche. Il avait trouvé tout naturel, comme l'avait demandé Gramont à Lyons et à Metternich, que des neutres, de leur propre initiative, essayassent d'obtenir du prince sa retraite, et il avait lui-même envoyé Bartholdi pour le suggérer à Serrano ; il s'opposa à ce qu'on demandât directement aux Hohenzollern quoi que ce fût en son nom. Dès que la dépêche à Benedetti eut été placée sous ses yeux, il écrivit à Gramont : « Mon cher duc, j'ai reçu vos dépêches. Je ne crois ni utile, ni digne de ma part d'écrire au roi de Prusse, ni aux princes de Hohenzollern. Même je trouve que vous ne deviez pas dire à Benedetti d'aller trouver le prince. C'est à la Prusse, et à elle seule, que nous avons affaire. Il n'est pas de notre dignité d'aller implorer une rétractation du prince. Je vous prie donc de donner à Benedetti contre-ordre à ce sujet. Il ne faut pas que Benedetti croie que la guerre ne serait pas dans le sentiment national ». Gramont télégraphia aussitôt à Benedetti (9 juillet) : « Il ne faut pas voir le prince de Hohenzollern ; l'Empereur ne veut faire aucune démarche auprès de lui ».

Sur ces entrefaites, Olozaga vint spontanément proposer de tenter lui-même auprès des Hohenzollern l'effort que l'Empereur considérait comme interdit à sa dignité, mais qu'il eût été enchanté de voir tenter par d'autres. Olozaga, froissé qu'une négociation aussi capitale eût été suivie sans qu'il y eût été mêlé, ne se résignait pas à ce qu'on réglât les destinées de son pays à son insu ; il avait le désir de prouver qu'il n'était pas aussi facile qu'on le croyait de se passer de son concours et il brûlait de rendre à Prim ce qu'il en avait reçu. De plus, la France et l'Empereur lui inspiraient une sincère sympathie, et il eût été heureux de leur épargner les hasards d'une terrible guerre. Tout en ruminant, il en vint à croire qu'il pourrait, par l'intermédiaire de Strat, agent de Roumanie, homme actif, avisé, intelligent, en crédit auprès de la famille Hohenzollern, amener Léopold à cette renonciation, que toute la diplomatie européenne allait poursuivre probablement en vain. Il le manda d'urgence dans la nuit. Strat le trouva à quatre heures du matin se promenant dans une agitation extrême. « Si la candidature Hohenzollern, lui dit-il, est un prétexte de guerre préparé par Bismarck et souhaité par l'Empereur, il n'y a rien à faire; si, comme c'est possible, elle est surtout un acte d'ambition de la famille Hohenzollern, peut-être pourrait-on obtenir qu'elle n'y persistât point. Vous avez des relations avec cette famille ; consentirez-vous à vous charger d'une démarche auprès d'elle afin d'obtenir la renonciation qui sauverait tout ? » Strat demanda à réfléchir : il n'avait pas le temps de s'adresser à son gouvernement, et il craignait d'en gêner les desseins. — « Enfin, dit Olozaga, vous n'acceptez pas, mais vous ne refusez pas non plus. Je vais aller en causer avec l'Empereur ». Il était, en effet, trop avisé pour se risquer à la légère. Il alla donc demander à l'Empereur s'il voulait ou s'il ne voulait pas la guerre : l'affaire Hohenzollern n'était-elle qu'une occasion de rétablir l'équilibre détruit en 1866 et ne le contrarierait-il point par une intervention inopportune? Si l'Empereur désirait la paix, il croyait pouvoir l'assurer en écartant la candidature ». — Et il lui expliqua comment. L'Empereur répondit sans hésiter qu'il désirait la paix : il n'avait aucun intérêt à la guerre, et n'en cherchait pas le prétexte. Sa seule préoccupation était qu'aucune atteinte ne fût portée à l'intérêt de la France. Cette satisfaction assurée, il ne demanderait pas davantage. Quoique ne croyant pas au succès de la démarche de Strat, il serait content qu'elle fût faite, pourvu que son nom ne s'y trouvât pas mêlé.

Olozaga rappela aussitôt Strat et lui rapporta cette conversation. Comme néanmoins celui-ci hésitait encore, il lui proposa de le conduire chez l'Empereur. Strat y consentit, à la condition que personne ne serait mis dans la confidence de cette entrevue, dont la connaissance divulguée rendrait impossible le succès de la mission qu'on voulait lui confier. Il fut mystérieusement à Saint-Cloud, à deux heures du matin. L'Empereur lui dit combien il désirait qu'il consentît à se charger de la démarche dont Olozaga l'avait entretenu, et renouvela l'expression de ses sentiments pacifiques, de manière que Strat ne douta plus de leur sincérité. Alors Strat dit : « Sire, mon intervention ne sera efficace que si j'ai à offrir quelque chose en retour du sacrifice que je demanderai. Or, il y a ici un groupe de Roumains que M. de Gramont reçoit et qui conspirent contre le prince Charles. Le duc lui-même s'est exprimé très rudement sur le prince qu'il accuse d'être complice de la candidature de son frère et il menace de travailler à son renversement, afin de donner satisfaction à l'opinion, qui a maintes fois reproché à l'Empereur d'avoir mis un Hohenzollern sur le Danube. De plus, l'Autriche est mal disposée, il faut que votre Majesté m'autorise à rassurer le prince Antoine contre cette triple menace et à lui promettre, sans crainte d'être désavoué, que son fils, loin d'avoir à redouter le mauvais vouloir du gouvernement français, peut à l'occasion compter sur son appui ». L'Empereur prit les engagements que demandait Strat, et celui-ci accepta la mission en exigeant que ni Gramont ni personne n'en fût instruit. L'Empereur lui promit le secret et sa plus large bienveillance s'il réussissait, et, remerciant de nouveau Olozaga de son initiative, il lui dit : « C'est la dernière flèche que nous avons à notre arc ; je serais bien étonné qu'elle portât, mais cela me rendrait bien heureux. » Strat se dirigea aussitôt vers Dusseldorff, pour s'y informer du lieu où se trouvaient les princes de Hohenzollern.

Ainsi quatre actions pacifiques, celle auprès de Serrano à Madrid, celle auprès du roi Guillaume à Ems, celle auprès des princes de Hohenzollern à Sigmaringen et celle des Cabinets amis, vont se mêler, se croiser, se seconder, quoique s'ignorant réciproquement, toutes les quatre tendant au même but : la sauvegarde de la paix par le retrait de la candidature ; toutes les quatre conçues, encouragées ou conduites par l'Empereur ou ses ministres, ces soi-disant provocateurs à l'affût d'un prétexte de guerre !

CHAPITRE IX

NÉGOCIATIONS DE GRAMONT AVEC LES PUISSANCES

Quoique nos quatre négociations se soient poursuivies contemporainement, il importe de les isoler afin de les mieux suivre dans leur enchaînement logique, et, comme l'action des Cabinets amis est, en quelque sorte, le cadre dans lequel se meuvent les interventions particulières à Madrid, Ems et Sigmaringen, c'est elle que j'exposerai la première.

Les puissances avaient répondu à notre demande, chacune à sa manière. Gortschakof justifia mal l'espérance que l'Empereur avait mise dans la Russie; il persifla nos susceptibilités. « Lorsqu'un autre prince de Hohenzollern s'est fait proclamer par les Roumains, malgré l'opposition de la Russie, avec l'appui de la France, vous vous êtes bornés, dit-il, à des remontrances, et avez accepté le fait accompli. Faites-en autant. Vous nous demandez notre concours, mais la France est débitrice envers la Russie; il serait nécessaire qu'elle donnât des gages de conciliation sur le terrain d'Orient. Non qu'il s'agisse d'une revision du traité humiliant de

1856 que la Russie subit avec douleur ; elle comprend que la France n'est pas seule et qu'elle ne peut agir que de concert avec l'Angleterre ». Plus tard, avec Fournier, l'attaché à la légation de Pétersbourg, Gortschakof convint de la malveillance de ses sentiments : « La France, dit-il, avait besoin d'une leçon ». Le Tsar, au contraire, se montra touché de la confiance de Napoléon III. Il chargea Fleury de lui faire savoir qu'il avait de fortes raisons de croire que cette trame ourdie par le maréchal Prim n'aboutirait pas. Il écrivit au roi Guillaume des conseils de modération et d'abstention. Quoique Guillaume lui eût répondu qu'il n'était pour rien dans l'offre faite au prince de Hohenzollern et que son gouvernement était étranger à cette négociation, il envoya encore une dépêche qu'il lut à Fleury, où il priait instamment son oncle de donner l'ordre au prince de se désister : « Par cet ordre, le Roi se désintéresserait de cette candidature, qui deviendrait alors purement espagnole, et ne tarderait pas à disparaître dans les discordes devant l'abandon par toute l'Europe ». — « La guerre serait une calamité européenne, dont la Révolution aurait tout le bénéfice, ajouta le Tsar. Je ferai tout ce que je pourrai, dites-le à votre gouvernement, pour l'empêcher dans la limite de mes conseils et de mon influence. Mon bon vouloir pour l'Empereur ne saurait être mis en doute : dernièrement le duc d'Aumale et quelques-uns des siens avaient le projet de venir visiter le grand-duc Constantin et de parcourir la

Russie ; j'ai fait dire aux princes d'Orléans qu'après le récent vote de la Chambre, leur voyage en Russie me paraissait inopportun ».

Beust ne nous refusait jamais ses paroles. Il écrivit à son ambassadeur à Berlin : « La nation française a refoulé les sentiments qu'avait fait naître en elle l'agrandissement de la Prusse en Allemagne ; mais cette méfiance à peine surmontée non seulement serait réveillée, mais s'élèverait jusqu'à une inquiétude sérieuse si une tentative était faite de gagner l'Espagne à l'influence prussienne en mettant sur le trône un membre de la famille royale de Prusse. Votre Excellence ne cachera pas aux hommes d'État de la Prusse que nous voyons le danger de véritables perturbations dans la candidature du prince Léopold, et elle exprimera le ferme désir que l'amour de la paix et la haute intelligence du Roi empêcheront qu'il ne fasse entrer dans la politique européenne un élément de discorde si plein de périls ».

Visconti-Venosta, beaucoup plus circonspect, exprima les mêmes désirs à Berlin et insista davantage à Madrid, bien qu'avec réserve encore. Il enjoignit à son représentant, Cerutti, de faire remarquer que jusqu'à la décision des Cortès, tous les conseils pouvaient se produire : il était donc permis aux gouvernements amis de l'Espagne d'appeler son attention sur l'extrême gravité d'une situation dont le dénouement pacifique dépendait uniquement de la sagesse et de l'esprit politique de ses représentants. Le ministre d'Italie devait insister sur la responsabilité redoutable qu'assumeraient les Cortès en élevant au trône un prince dont l'avènement serait le signal d'une guerre européenne ; il exprimerait au nom de son Gouvernement la crainte qu'une monarchie, fondée sous de pareils auspices, loin de donner à l'Espagne la stabilité et le repos auxquels elle aspire, ne l'exposât à de nouvelles épreuves et à de nouveaux dangers. Il était même autorisé à appuyer l'ambassadeur anglais et à rechercher jusqu'à quel point une action commune pourrait être combinée entre les deux diplomaties.

Les États allemands du Sud ne nous accordèrent pas l'assistance que Gramont attendait d'eux. Ils démontrèrent une fois de plus combien était aveugle la politique qui faisait un dogme de leur défense et ils commencèrent dès lors à nous tourner le dos. La girouette du Wurtemberg, Varnbühler, dont Saint-Vallier partageait trop docilement les impressions, commença à tourner. Quoique hors d'état de juger des motifs impérieux de notre déclaration du 6, il se permit de regretter « que le sentiment de notre bon droit ne nous eût pas conseillé plus de modération dans la forme », et il feignit d'en éprouver un sentiment de stupeur et d'effroi. Bray, avec un sans-façon plus sincère, n'était pas plus encourageant. Il dit à Cadore : « Si la guerre éclatait entre la France et la Prusse, notre position serait très embarrassante, car si, d'une part, il est certain que la question n'intéresse en aucune façon la Bavière, nous ne saurions, d'autre part, rester impassibles à l'invasion d'une armée française sur le territoire allemand, sous prétexte que l'Espagne a appelé un prince prussien pour la gouverner. Je vous avoue franchement que j'aurais préféré que la guerre éclatât sur une autre question. La Prusse décline toute participation à la candidature; elle dit que cette affaire ne la regarde pas, et on commence à croire que, si vous ne vous contentez pas de cette affirmation, c'est que votre Gouvernement veut profiter de cette occasion pour revenir sur les événements de 1866. La ligne de conduite suivie par votre Gouvernement et le langage violent de ses journaux donnent quelque vraisemblance à ces suppositions; vous rendez notre situation fort difficile. J'ai toujours soutenu que les traités d'alliance avaient un caractère défensif ; si la Prusse pouvait, avec quelque apparence de raison, vous accuser d'être les agresseurs, et que vos armées pénétrassent les premières sur le sol allemand, nous serions obligés de marcher contre vous, ce que je regretterais vivement, car la Bavière n'a jamais eu qu'à se louer de la France, et, de tous les États allemands, c'est celui où le sentiment public vous est le plus favorable (13 juillet). »

Le Cabinet anglais ne vit pas l'influence décisive qu'il pouvait exercer. D'un mot, s'il l'eût voulu, il aurait arrêté la guerre, il lui eût suffi de dire : « Une règle internationale, créée par nous en Belgique et subie par nous en Grèce, a interdit à toute grande puissance de placer un de ses membres sur un trône étranger, sans un accord européen préalable. Nous croyons qu'il y a lieu, dans les circonstances qui menacent la paix du monde, de réunir une conférence pour examiner la valeur de cette règle et apprécier l'application qu'il convient d'en faire à la candidature posée en Espagne ». Cette proposition qui, venue de nous, aurait échoué devant un refus sec de la Prusse et de l'Espagne, était, au contraire, assurée de la réussite, si l'Angleterre en avait pris l'initiative. Notre adhésion eût été immédiate, celle de l'Autriche et de l'Italie n'eût pas tardé, non plus que celle de la Russie. Bismarck eût grommelé, mais son Roi ne l'aurait pas écouté : la conférence eût eu lieu et elle aurait arrangé le conflit. Le Cabinet anglais ne sut ni approuver, ni blâmer, ni s'abstenir; sa conduite fut équivoque, mesquine, poltronne; il nous soutint comme si nous avions raison, et il parut contester notre droit comme s'il ne nous avait pas soutenus. Granville accueillit d'un air froid et embarrassé l'appel de Gramont à son concours : il se rendait compte de l'émotion qu'avait dû exciter en France une nouvelle qui ne l'avait pas médiocrement surpris lui-même; il croyait toutefois que nous avions peut-être un peu trop pris à cœur un fait dont les conséquences ne lui semblaient pas avoir la gravité que le Gouvernement impérial lui attribuait; il regrettait que Gramont eût tenu à Werther un langage aussi énergique ; il se demandait si l'attitude que nous avions cru devoir prendre n'était pas faite pour créer précisément des complications plus sérieuses que celles qui résulteraient de l'incident lui-même. Cependant, allant « au plus pressé », il déclara « qu'il était prêt à user de toute son influence auprès de l'Espagne et de la Prusse, non pour leur dicter des résolutions, mais pour les prier instamment de prendre en sérieuse considération tous les côtés graves de la question qui se posait » (7 juillet). Singulier langage! Si les questions dynastiques avaient été de si peu de conséquence en Espagne, pourquoi Palmerston menaçait-il Louis-Philippe de la guerre dans le cas où le duc d'Aumale deviendrait le mari de la Reine, et manifesta-t-il tant de courroux quand Montpensier fut devenu celui de l'Infante? Granville lui-même serait-il resté insensible et muet, si on était venu lui annoncer que le prince Napoléon allait être élu roi d'Espagne?

Gladstone, à qui La Valette exprima son regret de l'attitude peu empressée de Granville, répondit: « Il faut commencer froidement. Nous ne savions rien de l'affaire dont il s'agit et nous n'en connaissons pas encore les détails ». Ils commencèrent, en effet, très froidement, avec force circonlocutions et réserves. Ils chargèrent leurs ambassadeurs à Berlin et à Madrid de donner des conseils de prudence, en évitant de discuter le droit de l'Espagne de choisir son souverain et de paraître exercer une pression sur l'Allemagne, ou d'admettre que l'avènement d'un Hohenzollern justifiât le recours immédiat aux armes dont menaçait la France. « Le Gouvernement de Sa Majesté, écrivait Granville à Loftus, a certainement l'espoir que ce projet qu'il avait ignoré jusque-là n'a reçu aucune sanction du Roi. Il pensait que le Roi découragerait ce projet rempli de dangers pour la Péninsule. Le Roi, dont le règne a procuré un agrandissement si grand à son pays, a maintenant une occasion signalée d'exercer une magnanimité sage et désintéressée, qui aura l'effet certain de rendre un service inestimable à l'Europe pour le maintien de la paix. » Il invita son ambassadeur à Madrid, Layard, « en s'abstenant d'employer un langage de nature à offenser le Gouvernement espagnol, à user de toute pression sur lui, afin qu'il abandonnât le projet de conférer le trône au prince Léopold ».

Ces conseils, en réalité, étaient donnés dans l'intérêt de la Prusse plus que dans le nôtre. Granville, quoique personnellement incliné vers la France, subissait l'influence des prédilections allemandes de la Reine. Quant à Gladstone, ses sentiments étaient absolument prussiens. L'un et l'autre considéraient la grandeur de la Prusse comme un intérêt britannique. Ils redoutaient la guerre par un sentiment de philanthropie sincère, mais aussi parce qu'ils craignaient qu'elle ne nous fût trop favorable. C'est ce que confirme le témoignage de l'ambassadeur prussien Bernstorff. Il entendait dire, dans les cercles anglais les plus aristocratiques et les plus influents, que, tout en accordant beaucoup d'estime au génie et à l'habileté de Bismarck, ainsi qu'à la valeur de l'armée prussienne, les capacités de Napoléon comme homme d'État et la valeur de l'armée française devaient être bien prisées davantage.

Les démarches de la diplomatie amie n'eurent aucune espèce de succès à Berlin. Thile persista dans son mutisme gouailleur et commença, par ses télégrammes à ses agents, la série cynique des impostures prussiennes : « La Prusse ne s'était jamais mêlée du choix d'un monarque en Espagne ; toute discussion confidentielle et détaillée avec la France avait été empêchée par le ton que le ministre français avait pris en parlant publiquement devant les Chambres ». Deux mensonges accolés l'un à l'autre : le ministre français avait parlé devant les Chambres le 6, et la discussion confidentielle et détaillée avait été refusée le 4.

La diplomatie européenne n'eut pas meilleure fortune à Madrid. L'habileté avec laquelle nous avions évité de froisser le sentiment espagnol avait placé Prim dans une situation difficile. Ni Serrano ni Sagasta n'avaient été initiés à sa trame, Sagasta avait même donné de bonne foi sa parole à Mercier qu'il n'y avait eu aucune lettre échangée entre Prim et Bismarck. Prim, ne pouvant leur révéler sa vilaine action, s'établit définitivement dans la berquinade qu'il avait esquissée avec Mercier. Il se donna un rôle d'innocent, surpris de l'émotion qu'il avait produite, consterné des nouvelles reçues de Paris : il n'avait eu aucune mauvaise intention contre la France et contre son Empereur ; il n'avait pas soupçonné que l'un ou l'autre pût s'alarmer d'une combinaison inspirée seulement par l'urgence de sortir d'un intérim désastreux ; le secret n'avait été gardé que pour éviter une discussion prématurée qui eût empêché la solution ; il avait eu si peu l'intention de froisser l'Empereur qu'il comptait, en allant à Vichy, obtenir son adhésion en même temps que le prince Léopold informerait directement Napoléon III de sa candidature. Il donnait une apparence de sérieux à ces faussetés criantes, mais non encore démasquées en ce moment, en feignant de nous aider à sortir de l'embarras où il nous avait plongés « sans le savoir ». — « Comment nous tirer de là ? dit-il à Mercier. Je ne vois qu'un moyen : que le prince me dise rencontrer des obstacles au consentement du Roi ; alors moi, je lui faciliterai la retraite. — Prenez l'initiative... » fait Mercier.

Comment l'aurait-il prise ? Il savait le consentement du Roi accordé, et il ne songeait guère à en obtenir la révocation. Il répondit qu'il ne pouvait et il pria de ne pas divulguer qu'il nous avait ouvert cette issue. Du reste, aucune modification ne se produisit dans sa conduite officielle. Sagasta et lui reçurent amicalement les représentations bénévoles de Layard et des autres agents ; ils répétèrent, autant qu'on le voulut, que le ministère espagnol n'avait jamais eu l'idée de contracter une alliance avec la Prusse, ni de rien faire d'hostile à la France et qu'il était on ne peut plus désireux de sortir de la difficulté où il était tombé sans s'en douter. Mais ils ne firent pas pressentir l'abandon de la candidature; ils s'en tinrent aux échappatoires et ne reculèrent pas d'un jour la convocation des Cortès, toujours fixée au 20 juillet.

Prim et ses acolytes eurent encore la haute fantaisie de s'amuser une fois de nous, en nous endormant par des assurances illusoires. « Pourquoi, dirent-ils à Mercier, tant vous préoccuper de cette date du 20 juillet ? Laissez tranquillement couler les jours sans nous tourmenter et sans vous agiter. L'état des esprits s'est bien modifié; au début, la candidature Hohenzollern paraissait sûre de l'unanimité; aujourd'hui, il est douteux qu'elle obtienne la majorité ; notre armée ne voudra pas se battre pour un prince allemand petit-fils de Murat; ne vous opposez pas à la libre manifestation de la volonté nationale. Il n'y a pas de moyen plus sûr de vous débarrasser du prince Léopold ». Mercier, par politique, parut dupe de ces bourdes. « Mon rôle, qui n'est pas facile, écrit-il à Gramont, est, tout en agissant de mon mieux sur l'opinion, de faciliter aux individus les moyens de se retourner. Veuillez donc, je vous prie, ne pas imputer à faiblesse ce que je pourrai faire dans ce but. Certains ménagements n'ôteront rien à la fermeté de mon attitude et de mon langage. Je suis défiant autant que je le dois, croyez-le bien. » Gramont ne prit pas davantage au sérieux ce qui était si peu sérieux et il ne s'y arrêta pas plus dans ses actes que le Cabinet et l'Empereur.

L'intervention des puissances avait donc échoué à Berlin et à Madrid. Au contraire, la négociation occulte et personnelle de l'Empereur avec Serrano réussit pleinement. Gramont, sachant que Mercier était initié au secret par Bartholdi, crut devoir confirmer, par ses instructions de chef officiel responsable, celles de l'Empereur. Dès le 9, lendemain de la rentrée du Régent à Madrid, il le pria d'aller le voir et de lui dire qu' « au point où en sont les choses, lui seul peut donner la paix à l'Europe en agissant auprès du roi de Prusse et du prince de Hohenzollern. Ajoutez que la France lui en sera reconnaissante avec le monde entier et que le gouvernement de l'Empereur n'oubliera jamais une action aussi magnanime (8 juillet) ». Est-ce là le langage d'un ministre « dont l'intention arrêtée était de précipiter une rupture et de profiter de la querelle au lieu de l'éteindre ? »

Bartholdi arriva à Madrid le 10 juillet au matin. Après avoir communiqué à Mercier ses instructions, il se rendit incontinent auprès de Serrano et lui exposa, avec une insistance habile, le désir de l'Empereur. Serrano, depuis qu'il n'avait pu tenir ses engagements envers Montpensier, s'était désintéressé de la recherche du Roi et avait accepté le Hohenzollern sans objection. Les nouvelles de Paris l'avaient tiré de sa torpeur. Il eût bien voulu reculer, mais attentif à ne pas sortir de son rôle constitutionnel, ayant de plus donné son consentement, il n'osait pas suivre ses impulsions. Il prodiguait les paroles amicales à Mercier, lui donnait des assurances de son bon vouloir : il n'avait pas compris ce qu'il faisait. Il défendait Prim, répétait les sornettes que ce dernier lui avait contées ; il niait même qu'il y eût eu une lettre échangée entre Prim et le prince. Puis, tout ceci dit, il ajoutait avec sa bonhomie avisée : « Répondre après cela qu'il y soit pour rien, non, car on ment beaucoup dans ces sortes d'aventures ». La confiance que l'Empereur lui témoignait le toucha plus que tous les raisonnements de Mercier, de Layard et des diplomates, et le décida à oser ce qui était dans son sentiment personnel. Il promit à Bartholdi d'envoyer quelqu'un au prince Léopold ; ni les ministres ni Olozaga ne devaient être instruits d'une mission à laquelle il se croyait obligé de maintenir un caractère mystérieux et tout privé. Il en informa seulement Prim. Ce complice hypocrite de Bismarck se garda bien de le décourager ; il comptait sur la fermeté de Léopold, sur sa fidélité envers lui et Bismarck, et ne doutait pas que l'envoyé du Régent ne se heurtât à un refus invincible. Alors, se retournant vers Serrano, il lui aurait dit : « Puisque le prince veut aller jusqu'au bout, l'honneur du noble peuple espagnol nous oblige à le suivre ». Mais comme il ne voulait pas donner son assentiment à une tentative dont il souhaitait et prévoyait l'insuccès, il obtint qu'il serait censé l'avoir ignorée. Le 10, à neuf heures du soir, Serrano écrivait à Mercier : « Il est parti à cinq heures et demie. Silence ! » Le messager dont le départ était ainsi annoncé était le secrétaire et le neveu du Régent, le général Lopez Dominguez, officier d'une rare distinction. Il devait aller à Sigmaringen exposer au chef de famille les considérations puissantes qui rendaient nécessaire le retrait de la candidature. Il était en outre, si cela devenait nécessaire, accrédité auprès du roi de Prusse et de Bismarck.

Par ce fait d'accréditer son envoyé auprès du Roi et de Bismarck, aussi bien qu'auprès des Hohenzollern, Serrano confirmait lui aussi ce que nous apprenions de tous les côtés, que l'un et l'autre avaient participé au complot. Cette démarche du Régent était un acte considérable; elle ne deviendrait un acte décisif que si elle n'était pas contrariée par la volonté du roi de Prusse. La négociation que nous avions entreprise avec lui à Ems domine donc les autres faits diplomatiques.

CHAPITRE X

LES NÉGOCIATIONS AVEC LE ROI DE PRUSSE A EMS

L'idée d'une négociation à Ems admise, nous n'hésitâmes point sur le plénipotentiaire à y envoyer. L'opinion publique, dans son affolement furieux, s'attaquait à notre ambassadeur à Madrid comme à celui de Berlin. Il y eut même dans le seul journal qui fût officieux, *le Constitutionnel*, quelques reproches assez vifs contre Benedetti. On nous demandait son rappel et celui de Mercier : on leur reprochait à l'un et à l'autre de n'avoir pas pénétré le complot Hohenzollern, et à Benedetti particulièrement, de nous avoir laissé ignorer les vues ambitieuses de la Prusse, et de n'avoir pas dénoncé son entente avec la Russie. Il était faux que Benedetti ne nous eût pas avertis des vues ambitieuses de Bismarck et du gouvernement prussien ; il l'avait fait souvent et, en particulier, dans sa belle dépêche de janvier 1870 que j'ai analysée en son temps, et il n'avait négligé aucune occasion de nous prévenir que l'entente avec la Russie était un des moyens d'action préparés par cette ambition. Mais, après nous l'avoir dénoncée, il nous avait trop rassurés dans ces derniers temps en nous la présentant comme différée et assoupie. Il était vrai qu'en 1869 il avait instruit son Gouvernement de la candidature Hohenzollern; il n'avait pas eu même grand mérite à cela, puisque la plupart des feuilles allemandes étaient pleines de ce projet. Mais c'est en mars 1870 qu'il eût fallu pénétrer le complot; or, non seulement Benedetti ne l'avait point fait, mais il s'était laissé tromper sur le motif de la présence à Berlin des princes de Hohenzollern, quoiqu'il eût pu être mis en éveil par l'alerte de l'année précédente. Si nous avions obtempéré aux injonctions de l'opinion publique en lui jetant, comme boucs émissaires, les deux ambassadeurs, nous eussions, à l'applaudissement universel, dégagé notre responsabilité propre. Nous n'en eûmes pas même la tentation. Pressés par les événements, n'ayant pas le temps de faire une enquête sur la conduite de Mercier et de Benedetti, nous résolûmes le doute en leur faveur. Nous fîmes cesser les attaques dans *le Constitutionnel*, nous maintînmes Mercier à son poste et nous chargeâmes ce Benedetti, si conspué, d'aller à Ems négocier avec le roi Guillaume. N'était-ce pas le protéger et le couvrir plus efficacement que par une déclaration à la tribune ou dans la presse, dont nous n'avions pas les éléments et qui eût soulevé d'irritantes et inutiles contestations? Il a mal reconnu depuis cette générosité de notre part.

Quelqu'un présente-t-il une difformité physique, c'est la première chose qu'on remarque en lui. Léon XIII avait pour Maître de chambre un Mgr Macchi orné d'un nez démesurément long ; il disait : « *Si vede un naso, poi Macchi.* On voit un nez et puis Macchi ». Il en est de même des imperfections morales ; celle qui frappait d'abord en Benedetti était une préoccupation du soi qui allait jusqu'à la férocité. « Quand il se contemple, disait Gramont, il est ébloui. » Était-il mêlé à une négociation heureuse, le succès n'était dû qu'à lui. La négociation ne réussissait-elle pas, la faute en revenait à quelque autre, et il était inépuisable en rouerie et en sophismes pour dénoncer cet autre. Il appartenait de plus à l'école du mandarin J. M. F. de son ami Rouher, et tout avis, pourvu qu'il fût habilement soutenu, lui paraissait le préférable. Il m'avait dit un jour avec un petit sourire satisfait : « Thouvenel m'a demandé un rapport en faveur de la reconnaissance de l'Italie ; j'en aurais fait tout aussi bien un autre en sens contraire ».

Les diplomates de race prétendaient qu'il lui manquait quelque chose, parce qu'il avait commencé sa carrière par les consulats. Quoi qu'il en soit, il avait vite acquis ce qu'on considérait alors comme la qualité la plus recommandable du diplomate : il savait faire la dépêche. Quand on avait dit : « Il fait la dépêche », c'était le comble de l'éloge. Or, apprenez ce que c'est que faire la dépêche : c'est dire en dix pages ce qui pourrait l'être en dix lignes, allonger les petits faits jusqu'à les écarteler afin qu'ils atteignent à la longueur respectable, noyer les grands faits dans un flot de rhétorique monotone où ils perdent toute couleur et toute arête, se répandre en considérations prudhommesques vides sous un air de profondeur, à côté de l'opinion ou de la prévision exprimée dans la phrase principale, mettre dans une phrase incidente des *mais*, des *si*, des *car*, de façon que, quoi qu'il arrive, on se puisse vanter d'avoir été bon prophète. Chaque fois que, dans mes recherches aux Archives, je tombais sur une de ces interminables dépêches écrites par malheur, non avec cette encre noire solide employée par nos vieux diplomates, sur laquelle le temps n'a rien pu, mais d'une encre pâle déjà à peu près effacée, je poussais un petit soupir, et quand j'avais terminé ma lecture, je me disais : « Comme cette abondance aurait gagné à être réduite de moitié ! » Et si, après cela, je tombais sur le récit d'un Talleyrand, d'un Fleury, d'un Mercier, ne sachant pas « faire la dépêche », racontant rondement des faits ou des propos précis, quelle délectation !

Benedetti était sérieux, appliqué, laborieux, tout à son devoir, mais, à la façon aussi de la plupart des diplomates de ce temps-là, ne sachant pas que le premier soin d'un ambassadeur est d'apprendre, quand il l'ignore, la langue du pays où il va résider. A peine arrivé à Pétersbourg, Bismarck achetait une grammaire et se mettait à étudier le russe ;

il avait fait de même à Paris. Benedetti séjourna plusieurs années à Berlin sans s'imaginer qu'apprendre l'allemand lui serait utile et que les meilleures informations sont celles saisies dans la rue, dans une conversation surprise entre habitants du pays. Il excellait néanmoins à suppléer à ce qui lui manquait de ce côté par une aptitude toute particulière à épier, supposer, deviner; là encore il ne se garantissait pas assez d'un autre penchant que j'appellerai le défaut diplomatique : une crédulité naïve qui faisait succéder aux soupçons la confiance la plus illimitée. Au demeurant, homme distingué, d'une physionomie intelligente, claire, de manières aimables, sans trop d'empressement, d'une conversation captivante, sans fracas, d'un esprit délié, apte à se glisser entre les fissures des événements, versé dans l'art d'exposer, d'argumenter, sachant au besoin dire des choses désagréables sans devenir désagréable lui-même, et, en résumé, bon diplomate auquel on pouvait en toute sécurité confier une mission difficile.

Bismarck n'avait pas été troublé de l'explosion de la colère française; il l'avait prévue et désirée. Notre déclaration chatouilla un peu son amour-propre, mais ne le fit pas sortir de son immobilité. Il ne s'en plaignit pas, ne demanda aucune explication et attendit. Jusqu'à la réunion des Cortès du 20 juillet et à l'élection de Léopold, il ne comptait pas sortir de cette attente. L'envoi de Benedetti à Ems lui appporta sa première inquiétude. Le Roi, éloigné de lui et rapproché de son ennemie, la reine Augusta, en séjour à Coblentz, s'abandonnerait à son aversion pour la guerre : ses soixante-treize ans s'effrayeraient de compromettre les lauriers de 1866; il n'était entré qu'à regret dans l'aventure, il en ignorait les dessous... Ne se montrerait-il pas trop conciliant et ses condescendances n'allaient-elles pas détruire le plan si péniblement échafaudé ? Il écrit aussitôt : « Je prie Votre Majesté de ne pas traiter avec Benedetti, et, s'il devient pressant, de lui répondre : « Mon ministre des Affaires étrangères est à « Varzin ».

En effet, l'affaire Hohenzollern tourmentait beaucoup le Roi. Il avait été fort contrarié de l'incident imprévu qui l'avait fait ébruiter trop tôt. Il écrivait à la Reine le 5 juilllet : « La bombe espagnole a ainsi éclaté d'un seul coup, mais d'une tout autre façon qu'on ne l'avait dit. Nous n'avons pas eu un mot là-dessus du cousin. A Berlin, le chargé d'affaires français en a déjà parlé à Thile, qui lui répondait naturellement que le Gouvernement était complètement étranger à l'affaire, et que ce qui avait été négocié entre Prim et la famille Hohenzollern n'avait pas encore été communiqué ici. A Paris, le ministre a aussi questionné Werther qui a pu lui répondre, avec une conscience très nette, qu'il ne savait absolument rien de cela ».

Le 6 juillet, Guillaume écrit au prince Antoine : « qu'il ne peut pas comprendre que le général Prim ait communiqué à l'ambassadeur de France l'acceptation du prince héréditaire avant que les Cortès eussent été consultées. Je tiens pour possible que l'émotion produite en France puisse encore s'apaiser, mais *regrette cependant qu'on n'ait pas suivi l'avis exprimé d'abord par le prince de Hohenzollern, qu'on devait s'assurer l'assentiment de la France.* On ne l'a pas fait, parce que le général Prim a désiré le secret et que le comte Bismarck a fait valoir que chaque nation est libre de choisir son Roi sans consulter une autre nation ».

Notre déclaration produisit sur le Roi l'effet salutaire que nous en attendions; elle froissa, cela n'est pas douteux ses susceptibilités, mais elle le mit en même temps en présence de la réalité et le convainquit que l'émotion publique en France ne se calmerait que par la retraite du prince Léopold. Les scrupules qui l'avaient arrêté avant de s'engager dans l'entreprise se réveillèrent; sa conscience qui était droite, lorsqu'on ne l'aveuglait point par de fallacieuses apparences, se rendit compte de l'action équivoque à laquelle il avait accordé le laissez-passer. Les observations du Tsar, de la reine Victoria accrurent ces scrupules et ces inquiétudes, et, obéissant à ces divers mobiles, il résolut de faire ce qui serait en lui pour écarter cette candidature dont il voyait clairement les inévitables menaces.

Dans une lettre du 7 à sa femme, il nous approuve d'avoir refusé une interpellation et il explique son point de vue : il considérait la candidature comme purement espagnole; l'honneur de la France n'était pas intéressé, et il supputait les chances de l'élection aux Cortès : « Les Français dépenseront beaucoup de millions pour acheter des voix, nous ne dépenserons pas un thaler; mais leurs violents articles ont irrité l'opinion publique, ce qui aura pour effet de rendre le vote plus favorable au Hohenzollern ». Et cette perspective est loin de l'enchanter : « Entre nous soit dit, je verrais volontiers que Léopold ne soit pas élu ». D'un mot, il pouvait empêcher cette élection. Il lui suffisait de faire savoir au prince que, vu les circonstances, il ferait sagement de se désister; il eût été immédiatement obéi. Mais ce parti résolu répugnait à sa fierté, l'aurait compromis aux yeux de l'Allemagne, de l'Espagne, de sa propre famille et exaspéré Bismarck. Il essaya d'obtenir des princes de Hohenzollern qu'ils le tirassent d'embarras en prenant la responsabilité d'une renonciation. Il le leur insinua, leur fit envisager la gravité des circonstances, les engagea à bien réfléchir aux inconvénients de l'obstination, et sans leur dire : Retirez-vous, il les assura que, s'ils s'y décidaient, ce serait avec plaisir qu'il donnerait à leur renonciation le consentement naguère accordé à l'acceptation. Mais pour les princes de Hohenzollern aussi les considérations de dignité se compliquaient d'une question d'honneur. En acceptant la candidature, ils s'étaient rendus félons envers l'empereur Napoléon; en la retirant, ils le deviendraient vis-à-vis de Prim et de Bismarck avec lesquels ils s'étaient engagés. Ils esquivèrent la nécessité de répondre au Roi en paraissant ne pas comprendre son insinuation. Mais le Roi ne leur permit pas cette ambiguïté et il les pressa de s'expliquer.

Il attendait leur réponse, lorsque arriva Benedetti, le 8 juillet, à onze heures du soir. Aussitôt, il demande une audience. Le Roi la lui accorde pour le lendemain à trois heures, lui faisant savoir qu'il le retiendrait à dîner, et s'excusant, avec bonne grâce, sur les soins de sa santé et sur l'arrivée attendue de la Reine, de ne pouvoir le recevoir plus tôt.

Les instructions à Benedetti étaient contenues dans une lettre officielle du 7 juillet et dans une lettre particulière du même jour, à minuit. A Berlin et à Madrid, on nous affirmait que le Roi de Prusse n'avait pas donné son assentiment à la candidature. Nous étions convaincus du contraire, quoique nous n'en eussions pas alors les preuves. Gramont, obligé provisoirement, à titre d'hypothèse diplomatique, de prendre, comme point de départ, l'affirmation de Thile, disait dans sa lettre officielle : « Si le chef de la famille des Hohenzollern a été jusqu'ici indifférent à cette affaire, nous lui demandons de ne plus l'être et nous le prions d'intervenir, *sinon par ses ordres, du moins par ses conseils*, auprès du prince et de faire disparaître, avec les projets fondés par le maréchal Prim sur cette candidature, les inquiétudes profondes qu'elle a partout suscitées. Nous verrions surtout, dans l'intervention du roi Guillaume pour mettre obstacle à la réalisation de ce projet, les services qu'elle rendrait à la cause de la paix et le gage de l'affermissement de nos bons rapports avec la Prusse. Le Gouvernement de l'Empereur apprécierait un bon procédé, qui, l'on n'en saurait douter, recevrait en même temps l'approbation universelle ». Dans la lettre particulière, écrite le même jour, à minuit, Gramont est plus pressant, parce qu'il a reçu des renseignements nouveaux : « Nous savons par les aveux du prince lui-même qu'il a continué toute l'affaire avec le Gouvernement prussien; et nous ne pouvons pas accepter la réponse évasive avec laquelle M. de Thile cherche à sortir du dilemme qui lui a été posé ; il faut absolument que vous obteniez une réponse catégorique suivie de ses conséquences naturelles. Or, voici la seule qui puisse nous satisfaire et empêcher la guerre : le Gouvernement du Roi n'approuve pas l'acceptation du prince de Hohenzollern et lui donne l'ordre de revenir sur cette détermination prise sans sa permission. Il restera ensuite à me faire savoir si le prince, obéissant à cette injonction, renonce publiquement et officiellement à sa candidature. Nous sommes très pressés, parce qu'il faut prendre les devants dans le cas d'une réponse non satisfaisante et, dès samedi, commencer les mouvements de troupes pour entrer en campagne dans quinze jours. — J'insiste surtout sur la nécessité de ne pas laisser gagner du temps par des réponses évasives ; il faut que nous sachions si nous avons la paix ou si une fin de non-recevoir nous oblige à faire la guerre. Si vous obtenez du

Roi qu'il révoque l'acceptation du prince, ce sera un immense succès et un grand service. Le Roi aura de son côté assuré la paix de l'Europe; sinon, c'est la guerre. »

En style vulgaire, ces deux lettres peuvent se résumer ainsi : « Vous ferez savoir au Roi que nous ne tolérerons pas l'intronisation en Espagne du prince prussien Léopold de Hohenzollern, et, comme ce prince prussien, membre de sa famille, sujet à son autorité, ne peut accepter une couronne sans son autorisation, nous lui demandons de ne pas accorder cette autorisation, si elle n'a pas déjà été obtenue, et de la retirer, si elle est déjà un fait accompli ».

Gramont fit connaître ses instructions à Lyons toujours tenu, presque heure par heure, au courant de nos démarches. Celui-ci paraissant craindre que la candidature ne fût qu'une entrée en matière, il lui précisa de nouveau ce que nous étions décidés à obtenir, ce que nous étions prêts à considérer comme suffisant. Lyons communique fidèlement ces déclarations à Granville : « Gramont m'a dit que je pouvais annoncer à Votre Seigneurie que si le prince de Hohenzollern, sur le conseil du roi de Prusse, consentait à retirer son acceptation de la couronne d'Espagne, toute l'affaire serait finie ».

Dans la matinée du 9, à Ems, Werther vint aux renseignements auprès de Benedetti, afin que le Roi, instruit de ce que celui-ci allait lui demander, ne fût pas surpris. Notre ambassadeur lui fit connaître nos sentiments, nos prétentions, notre désir d'une solution immédiate. Werther ne dissimula pas que « Sa Majesté, ayant été consultée par le prince de Hohenzollern, n'avait pas cru pouvoir mettre obstacle à son désir d'accepter la couronne d'Espagne, et qu'il lui était maintenant bien difficile, sinon impossible, de l'inviter à y renoncer. » Benedetti alla ensuite exposer au Roi, avec beaucoup de tact et de respect, dans une forme très ferme et très mesurée, l'objet de sa mission; il fit appel à la sagesse et au cœur de Guillaume, et le supplia de conseiller au prince Léopold de revenir sur son acceptation. Il lui décrivit l'émotion que cette candidature avait causée en France, émotion partagée dans d'autres pays, en Angleterre notamment, où les organes de la presse étaient unanimes à déplorer une combinaison également funeste au repos de l'Espagne et au maintien des bonnes relations entre les grandes puissances; il l'assura que le Gouvernement de l'Empereur n'avait aucun autre désir que de mettre un terme à cette émotion; il conjura le Roi de donner à l'Europe un témoignage de ses sentiments généreux : le Gouvernement de l'Empereur y verrait une garantie de la consolidation de ses bons rapports avec le Gouvernement de Sa Majesté, et se féliciterait beaucoup de cette résolution qui serait accueillie partout avec non moins de gratitude que de satisfaction.

Le Roi développa, avec une décision calme et courtoise, le système très médité qu'il entendait opposer à nos réclamations et dont il ne s'est jamais départi : le Gouvernement prussien était resté étranger à la négociation ; s'appropriant le langage de Thile, il n'admit pas qu'on interpellât le Cabinet de Berlin sur une affaire qu'il n'avait pas connue et dont il n'était pas plus responsable que tout autre Cabinet européen. Cependant, il reconnut que son premier ministre avait été tenu au courant des divers incidents de la question. Son intervention personnelle, ainsi avouée, il prétendit n'être intervenu que comme chef de famille, non comme souverain : même comme chef de famille, son rôle avait été en quelque sorte passif : il n'avait pas pris part à la négociation, il avait refusé de recevoir un envoyé du Cabinet espagnol porteur d'une lettre de Prim ; il n'avait pas encouragé le prince Léopold à accepter les ouvertures espagnoles, il s'était contenté de ne pas le lui interdire lorsque le prince, décidé à acquiescer, avait sollicité son consentement, à son arrivée à Ems. Il jugeait incompatible avec sa dignité souveraine d'exiger du prince qu'il renonçât à la couronne, après ne lui avoir pas interdit de l'accepter ; si, spontanément, le prince retirait sa candidature, il s'abstiendrait de l'en détourner : il entendait lui laisser, après comme avant son acceptation, la plus entière liberté : lui-même s'était mis en communication avec le prince Antoine, qui se trouvait à Sigmaringen, et l'avait interpellé pour savoir l'influence que l'émotion causée en France exercerait sur son esprit et sur celui de son fils ; il subordonnerait ses résolutions à sa réponse ; il croyait inutile jusque-là de continuer l'entretien ; il espérait être renseigné bientôt ; cependant, quelque temps serait nécessaire, car il ne pouvait faire usage du télégraphe, ne possédant pas à Ems un chiffre pour conférer par cette voie.

Puis il s'expliqua sur nos actes : il approuvait la première partie de notre déclaration, mais il avait vivement ressenti la seconde ; partant de cette idée que la Prusse n'avait aucune part à cette candidature, il voyait une appréciation mal fondée, presque une provocation, dans nos paroles sur « les vues d'une puissance étrangère » ; notre émotion ne lui paraissait pas justifiée ; nous exagérions la portée qu'aurait l'établissement d'un prince de sa famille sur le trône d'Espagne, ce que pour sa part il n'avait jamais désiré ; le gouvernement actuel de l'Espagne était souverain, reconnu par toutes les puissances, et il n'imaginait pas comment nous pouvions le mettre en tutelle et nous opposer au choix d'un souverain librement élu par la représentation du pays ; il n'y avait qu'à attendre la réunion des Cortès : « C'est à Madrid et non auprès de moi, dit-il, que vous devriez agir. Vous n'avez qu'à employer votre influence à décider le gouvernement du Régent à renoncer à son projet ; l'honneur de la France n'a été ni ne saurait être atteint par la résolution du prince de Hohenzollern ; elle a été précédée par des négociations que le Cabinet de Madrid a librement ouvertes, et auxquelles aucun gouvernement n'a pris part ; il ne peut donc y avoir un sujet de dissentiment ni de conflit, et la guerre ne peut sortir d'un incident dans lequel nulle puissance n'est intervenue ».

En résumé, le Roi refusait de donner un ordre ou un conseil aux Hohenzollern : il les avait interrogés sur leurs intentions et attendait leur réponse. Il rendit compte à sa femme de l'audience : « Hier, après ton départ, Benedetti était chez moi ; il était calme et tranquille, excepté en parlant des journaux « qui demandent sa tête et un tribunal pour le juger ».

Le récit de cette audience, qui nous parvint le 10 juillet, ne diminua ni nos perplexités ni nos alarmes. Le Roi y avait fait des aveux significatifs prouvant sa participation, et cela même donnait plus d'importance à son refus de faire disparaître, par l'ordre ou par le conseil (l'un ou l'autre revenait au même), le projet qu'il avait connu et approuvé. Il reprenait, en lui donnant des développements plus amples, la thèse inacceptable de Thile que le Gouvernement prussien aurait tout ignoré, quoique le Roi et Bismarck eussent tout su. Le Gouvernement prussien était-ce Thile? n'était-ce pas Bismarck et le Roi? Supposez Louis XIII disant à un gouvernement étranger : « Je savais, le cardinal de Richelieu était instruit, mais du reste l'affaire était inconnue à mon gouvernement? » — « N'était-ce pas une pensée trop subtile, a dit Scherr, que celle qui prêtait aux hommes en général, et aux Français en particulier, la naïveté de croire à cette « connaissance non officielle » que l'on avait de la candidature, et à la

« non-connaissance officielle », dans laquelle on restait à cet égard ?

C'est précisément cette façon de jongler sur les mots qui devait contribuer à répandre, en France et ailleurs, l'opinion que la candidature Hohenzollern était, « depuis a jusqu'à z, une ruse inventée à dessein par le gouvernement prussien ». Cette ruse était particulièrement transparente en Prusse où Roi et État c'est tout un.

Roi et État, nous dit-on, sont en effet la même chose quand le Roi agit en qualité de roi. Mais dans le Roi il y a un chef de famille qui en est distinct, et quand c'est le chef de famille qui agit, l'État n'est pas identifié avec lui. Scherr, dont le livre sur la guerre n'est d'un bout à l'autre qu'un pamphlet furibond contre la France et contre l'Empire, convient qu'il « faut dire maintenant à l'honneur de la vérité que l'on ne peut savoir mauvais gré aux Français si la distinction entre le roi Guillaume comme chef de la maison Hohenzollern et le roi Guillaume comme roi de Prusse était trop fine, fine comme un cheveu, pour qu'ils y prissent garde ». L'Allemand se trompe; cela ne nous paraissait pas trop fin et nous comprenions la distinction, mais nous la jugions divertissante. Cela nous rappelait le maître Jacques de notre Molière, tantôt cuisinier, tantôt cocher, selon le costume qu'il revêtait et disant à Harpagon : « Est-ce à votre cocher, Monsieur, ou bien à votre cuisinier que vous voulez parler? car je suis l'un et l'autre. — C'est à tous les deux », répond Harpagon. Nous aussi nous disions au maître Jacques royal, tantôt chef de famille, tantôt roi : « C'est à tous les deux que nous voulons parler. » En effet, le Roi n'était chef de famille que parce qu'il était roi de Prusse. Mais ne considérât-on que le chef de famille, cela ne le soustrayait pas à notre action. Un chef de famille ne peut pas valablement donner à un prince, son subordonné, l'autorisation d'accepter une couronne, si lui-même n'y est pas autorisé par les grandes puissances. Et si cette autorisation n'a pas été obtenue, son devoir strict, en tant que membre de la grande famille européenne, est d'interdire au prince une brigue qui devient une cause de perturbation. C'est ce que nous demandions au roi de Prusse. Ottokar Lorenz ne conteste pas, comme l'avait fait à tort Sybel, que le Roi eût le pouvoir d'interdire, « mais, dit-il, il était impossible qu'une telle défense fût faite sur l'injonction d'une puissance étrangère ». Et pourquoi donc? Est-ce la première fois qu'il en serait ainsi advenu? N'était-ce pas sur l'injonction publique de l'Angleterre que Louis-Philippe avait refusé aux Belges son fils Nemours pour roi, et aux Espagnols son fils d'Aumale pour époux de leur reine? N'était-ce pas sur l'injonction de la Russie et de la France que la reine d'Angleterre avait décliné l'offre de la couronne de Grèce pour son fils Alfred? En quoi offense-t-on ou humilie-t-on quelqu'un en lui demandant de se soumettre à une règle générale de droit international, à laquelle avant lui tout le monde s'est soumis et qu'il a lui-même contribué à établir?

Que devions-nous penser de la démarche du Roi auprès des princes de Hohenzollern? Était-elle sincère ou était-ce une ruse nouvelle? Nous étions bien embarrassés de le savoir en lisant les appréciations de Benedetti; elles nous troublaient par leurs louvoiements : « Faut-il conclure du langage que m'a tenu le Roi qu'il est résolu de se conformer à nos vœux, en laissant au prince de Hohenzollern l'initiative au lieu de la lui conseiller, afin d'éviter de faire personnellement une concession qui pourrait être sévèrement appréciée en Allemagne? ou bien ne veut-il que gagner du temps pour prendre, avant nous, des dispositions militaires, et laisser en même temps approcher la convocation des Cortès, afin de soutenir ensuite qu'il convient d'attendre le vote de cette assemblée? En ne considérant que son attitude et ce que j'ai recueilli dans son entourage, j'inclinerais peut-être à apprécier comme plus vraisemblable la première de ces deux hypothèses, si nous n'étions autorisés à nous montrer incrédules ou au moins défiants ». Dans une lettre particulière du même jour, il ajoutait : « Je ne sais ce qu'il faut attendre de la sagesse de Sa Majesté, et je ne puis vous cacher qu'il nous faut peut-être compter davantage avec son habileté et son habitude de recourir aux expédients ».

Notre impression fut que le Roi nous amusait. Nous sentant au milieu de menteurs, craignant à chaque instant d'être surpris par une nouvelle perfidie, hantés par cette date du 20 juillet présente devant nos yeux comme un épouvantail, nous ne pouvions croire à la véracité d'aucune parole des auteurs du guet-apens que nous essayions de déjouer. Et cette démarche du Roi, qui était sincère et dont l'intention était certainement pacifique, nous parut un épisode de plus de la comédie de duplicité dont nous avions été enveloppés : la réponse des princes consultés serait qu'ils persistaient dans leur compétition, de telle sorte que le Roi ne s'adressait à eux que pour abriter sa responsabilité derrière la leur. Nous jugeâmes la négociation close virtuellement et toute espérance de paix évanouie. Je retrouve ce sentiment dans un petit billet de moi adressé à Gramont (9-10 juillet) après lecture de la dépêche de Benedetti qu'il m'avait communiquée : « Mon cher ami, je convoque tous nos collègues chez vous aujourd'hui à deux heures. La dépêche de Benedetti est fort claire; elle confirme tous mes pressentiments, et dès maintenant la guerre me paraît imposée : il n'y a plus qu'à s'y résoudre intrépidement et vivement. — A vous. »

Nos collègues jugèrent la situation comme nous et, en attendant les résolutions à adopter le lendemain, dans le Conseil, sous la présidence de l'Empereur, nous priâmes Gramont d'écrire et de télégraphier à Benedetti que nous étions de plus en plus débordés par l'opinion publique, que nous comptions les heures et qu'il fallait absolument insister pour obtenir une réponse du Roi, qu'il la fallait pour le lendemain. Le surlendemain serait trop tard.

L'Empereur, de son côté, arrêtait avec Le Bœuf une mesure très grave. Il envoya le colonel d'état-major Gresley à Alger, porter à Mac-Mahon l'ordre d'embarquer le plus tôt possible les troupes d'Afrique destinées à opérer sur le continent, en lui annonçant qu'il était appelé à prendre le commandement d'une armée; les troupes les plus éloignées devaient être arrivées à Alger le 18 juillet. En outre, des généraux de l'artillerie et du génie furent chargés d'une inspection confidentielle, c'est-à-dire en habits bourgeois, dans les places du Nord-Est, afin d'être mis en mesure de suppléer aux manquants qui seraient signalés; tous les généraux de brigade reçurent l'ordre de vérifier si les bureaux de recrutement étaient en mesure d'expédier tout de suite les ordres de rappel; l'intendant général Blondeau, directeur de l'administration de la Guerre, fut autorisé à dépasser d'un million les crédits alloués pour les services administratifs.

Le 10 juillet, on se croyait généralement placé, par les atermoiements suspects du roi de Prusse, entre une résignation déshonorante et la bataille. Cette conviction inspira à Thiers une démarche grandement honorable. Il assistait aux séances de la Chambre, très attentif, mais silencieux, recommandant la prudence, sans cependant repousser l'hypothèse de la guerre, car il connaissait trop bien nos intérêts en Espagne pour qu'on y laissât tranquillement s'introniser un prince prussien.

Cette éventualité se rapprochant, il eut l'idée patriotique d'offrir son assistance à l'Empereur. Il aurait pu me confier cette bonne pensée, et je l'aurais immédiatement introduit à Saint-Cloud. Mais cela lui eût paru trop compromettant. Il eut recours à un biais. Il se rendait tous les dimanches rue de Morny, chez Mme Roger, belle-sœur de Philippe de Massa, jeune officier d'un esprit brillant, d'une charmante distinction de manières et de caractère, écuyer de l'Empereur, bien vu aux Tuileries, en relations intimes avec le duc et la duchesse de Mouchy. Le dimanche 10 juillet, il envoya Massa chez la duchesse pour l'engager à faire savoir à l'Impératrice que, si on ne réussissait pas à éviter la guerre, l'Empereur pouvait compter sur son patriotisme : il appuierait à la tribune la demande des crédits militaires, afin qu'ils fussent, comme cela était désirable, votés à l'unanimité, et il s'associerait à tous les efforts du Gouvernement. Ce n'était pas une demande formelle d'être reçu, mais une indication très claire qu'il serait bien aise qu'on l'appelât. Une telle démarche était des plus naturelles. C'est l'Empereur qui avait fait les premières avances en envoyant à Thiers par Le Bœuf la prière de défendre le contingent, et Thiers, fort galamment, offrait de compléter le service qu'on lui avait demandé par un service encore plus considérable qu'on ne lui demandait pas.

Massa se rendit boulevard de Courcelles, chez la duchesse de Mouchy. Elle estima qu'un pareil message devait être communiqué sans retard, et partit aussitôt pour Saint-Cloud. Au lieu de s'adresser à l'Impératrice, elle alla à l'Empereur qui, morne et préoccupé, se promenait dans le parc. Elle lui répéta ce qu'elle venait d'entendre. Et comme l'Empereur accueillait cette communication sans empressement, avec froideur même, elle insista, s'appuyant sur la force qu'un tel concours donnerait : « Sans doute, répondit Napoléon III, M. Thiers connaît très bien les questions militaires ; mais c'est un démolisseur, il a démoli tous ceux qui se sont confiés à lui. D'ailleurs, nous n'en sommes pas là, et ce n'est pas le moment de faire des changements dans le Gouvernement. Faites-lui répondre que, sur les bancs de l'opposition aussi bien qu'au ministère, l'Empereur compte sur le patriotisme de l'historien du *Consulat et de l'Empire.* » La duchesse transmit ces paroles à Massa, qui vint la chercher chez elle à cinq heures. La réponse n'était pas heureuse. Ce n'était pas le cas de caractériser la conduite générale de Thiers : le seul de ses actes qu'il y avait lieu de se rappeler, c'était son discours du 30 juin, dans lequel il avait si admirablement défendu l'armée contre ses amis et rendu justice à la politique nouvelle de l'Empereur, discours pour lequel on lui devait une gratitude qu'on ne lui avait pas encore manifestée. Un compliment bien fait n'était pas l'accueil dû à cette bonne volonté. « Remerciez, aurait dû dire l'Empereur, remerciez M. Thiers, et dites-lui que je serais enchanté de causer avec lui tel jour, à telle heure. » N'avoir pas appelé Thiers à ce moment est aussi incompréhensible que de n'avoir pas donné autrefois le portefeuille de l'Instruction publique à Victor Hugo. Une antipathie personnelle invincible peut seule expliquer cette faute d'un souverain si habituellement attentif à ne pas blesser. Je la lui eusse épargnée, s'il m'avait raconté le fait. Malheureusement il avait profondément gravée dans l'esprit la funeste recommandation de son oncle : « N'accordez complètement votre confiance à personne ». Il avait pourtant conservé le souvenir de cette ambassade de la duchesse de Mouchy lorsqu'en partant pour l'armée, il dit à Le Bœuf : « Thiers pourrait être votre successeur ». Thiers s'en souvint aussi, mais autrement.

Le 11, nous arrivâmes au Conseil avec l'intention de prendre des mesures militaires. Gramont lut deux télégrammes parvenus le matin qui modifièrent notre manière de voir. Dans l'un, Benedetti racontait que le Roi l'ayant rencontré la veille, à la fin de la promenade, l'avait abordé, lui avait dit qu'il n'avait aucune réponse du prince, et sur sa prière, lui avait accordé une nouvelle audience. Dans un second télégramme, il disait : « Vous me permettrez d'ajouter qu'à mon sens, la guerre deviendrait inévitable, si nous commencions ostensiblement des préparatifs militaires ». Comme, tout en envisageant avec fermeté la possibilité d'une guerre, nous ne tenions nullement à la rendre inévitable, nous décidâmes d'ajourner toute mesure compromettante : nous ignorions celle prise par l'Empereur avec Le Bœuf et dont les effets auraient pu être sérieux si la négociation n'avait été terminée avant qu'elle fût exécutée. Nous n'autorisâmes que la création des 4es bataillons et le rappel des permissionnaires. L'amiral Rigault, qui, en général, assistait à nos délibérations sans mot dire, demanda alors l'autorisation de rappeler six mille marins. Le Conseil refusa, craignant de brusquer les événements; alors l'amiral prenant son portefeuille dans ses mains, dit : « C'est à prendre ou à laisser ». Et devant cet ultimatum, nous revînmes de fort mauvaise grâce sur notre refus.

L'audience accordée par le Roi le 11 juillet à Benedetti eut encore un caractère dilatoire. Le Roi avait, en effet, reçu la veille une lettre du prince Antoine qui ne l'avait pas satisfait : « Le cousin, écrit le Roi, est très impressionné de la tournure que prennent les choses à Paris, mais il croit qu'il ne peut pas reculer, et que c'est moi qui dois rompre. J'ai répondu que je ne pouvais rien faire dans cette affaire, mais que j'approuverais une rupture de son côté (avec joie) ». Il trouve les cousins bien durs à comprendre, et il envoie un second messager à Sigmaringen, le colonel Strantz, chargé d'une lettre qui disait : « Il est visible que la France veut la guerre, mais, dans le cas où le prince Antoine aurait décidé la renonciation du prince héréditaire à la candidature espagnole, le Roi, comme chef de la maison, serait d'accord avec lui, comme lorsqu'il avait exprimé quelques semaines auparavant son assentiment à l'acceptation ». Et le Roi écrivait encore à la Reine : « Dieu veuille que les Hohenzollern aient une bonne compréhension ». Inquiet de notre insistance comme nous l'étions nous-mêmes de ses ajournements, il avait télégraphié à Roon rentré à Berlin : « Les nouvelles de Paris qui ont été communiquées à Votre Excellence par l'Office des Affaires étrangères exigent que vous prépariez les mesures nécessaires pour la sûreté de la province du Rhin, de Mayence et de Saarbrück ». Roon avait répondu, après avoir délibéré avec les ministres et les généraux présents, qu'aucune mesure spéciale n'était immédiatement nécessaire, que Saarbrück pouvait être mis en vingt-quatre heures, et Mayence en quarante-huit, en état de défense. Si la guerre paraissait indispensable, il conseillerait la mobilisation de l'armée d'un seul coup.

La seconde audience du 11 à midi n'améliora donc pas l'état des choses ; elle l'empira plutôt. Le Roi, ne pouvant raconter ses pourparlers jusque-là inutiles avec les cousins de Sigmaringen, inventa une fable : « Le prince Léopold comptant que, selon le programme de Prim, les Cortès ne seraient convoquées que dans trois mois et qu'alors seulement la combinaison serait rendue publique, avait cru pouvoir s'éloigner sans inconvénient. Mais il avait dû maintenant rejoindre son père et l'on pouvait espérer une réponse définitive de lui le soir ou le lendemain ». Il faut remarquer ici que ce que le Roi attend ce n'est pas la décision du prince Antoine, au nom de son fils, c'est celle du prince lui-même. C'était le prince qui avait sollicité son assentiment et c'était lui et non son père qui devait renoncer s'il y avait lieu.

Benedetti lui disant qu'à Paris on ne croirait pas à l'absence du prince héritier, le Roi répondit : « Si vous dites la complète vérité comme je vous la dis, on doit vous croire, et si néanmoins on ne vous croit pas, c'est qu'on aurait un motif pour cela et je crois bien connaître ce motif par les déclarations de Gramont : c'est qu'il veut la guerre, et les armements en France me sont bien connus. Je ne dois pas vous cacher que je prends moi-même mes précautions pour n'être pas surpris ». Il comprit aussitôt l'imprudence d'un tel aveu, et il essaya de le reprendre ou au moins de l'atténuer : « Il avait encore confiance dans le maintien de la paix : elle ne serait pas troublée si l'on voulait attendre à Paris qu'il fût en mesure d'y contribuer en lui laissant le temps nécessaire ». Toujours aimable, il invita encore Benedetti à dîner pour le lendemain.

Benedetti fit part au Roi de l'impatience du Sénat et du Corps législatif, de l'obligation où se trouvait le gouvernement de l'Empereur d'y satisfaire et du péril de cet état de choses accru par chaque jour de retard. Et il rétorqua les arguments repris par le Roi sur la distinction entre le Roi et le chef de famille. Ce fut en vain. Le Roi demeura inébranlable dans son système : « Je n'ordonnerai ni ne conseillerai à mes parents, que j'ai autorisés à accepter, de revenir sur leur résolution, mais si, spontanément, ils y reviennent eux-mêmes, j'approuverai leur renonciation comme j'ai approuvé leur acceptation ». Et il demanda instamment de télégraphier en son nom, sans perdre un instant, qu'il croyait recevoir « ce soir ou demain une communication du prince Léopold ». Il s'empresserait alors de donner une réponse définitive.

Dans l'après-midi de ce même jour, le 11, nous étions nous-mêmes aux prises avec l'opposition intraitable de la Chambre. Quoique nous n'eussions rien à annoncer, nous crûmes ne pas devoir refuser quelques paroles aux exigences publiques. Gramont monta à la tribune et dit : « Le Gouvernement fit appel au patriotisme et au sens politique de la Chambre et lui demanda d'attendre la réponse du Roi d'où dépendent les résolutions du Gouvernement. »

Nonobstant cette invite, Emmanuel Arago, dominant de sa voix tonitruante tous les murmures, demanda « si les questions adressées à la Prusse n'ont trait qu'à l'incident spécial, qu'à l'offre faite par le maréchal Prim à un prince prussien; s'il en est ainsi, dit-il, je crois qu'on doit espérer une réponse satisfaisante, une assurance de paix; mais, si les questions sont complexes et de nature à soulever d'autres discussions que l'incident Hohenzollern, nous serions malheureusement obligés de les considérer comme offrant d'autres prétextes à une déclaration de guerre ». Notre déclaration du 6 juillet, uniquement relative à l'incident spécial, *n'était donc pas une déclaration de guerre*, comme l'avait hurlé tout d'abord le même orateur.

Gramont se leva dans l'intention d'affirmer que nous n'avions soulevé aucune question étrangère à la candidature espagnole et que nous n'en soulèverions aucune autre. Une tempête véritable, venue de la Droite, ne lui permit pas de proférer une parole, et il fut malgré lui condamné, par le vote de la clôture, à un silence dont triompha la mauvaise foi des opposants : « On tirera du silence du ministre telle conséquence que de raison », dirent-ils. Lyons, présent à la séance, tira de l'incident la seule conséquence qu'on en devait honnêtement tirer : « Il est vrai que le pays est excessivement impatient et que plus le temps marche, plus le parti de la guerre devient exigeant. Il a, en effet, déjà proclamé que le règlement de la question Hohenzollern n'était plus suffisant et que la France doit exiger une satisfaction au sujet du traité de Prague ».

Mon interprétation ne fut pas différente de celle de l'ambassadeur anglais. Au sortir de la séance, j'écrivis à l'Empereur à Saint-Cloud (11 juillet, 6 heures du soir) : « Sire, il se produit en ce moment au Corps législatif un mouvement qu'il importe que je signale à Votre Majesté. Lorsque, après la déclaration très bien accueillie de Gramont, Emmanuel Arago a demandé au ministère : « Avez-vous soulevé d'autres questions que celle du prince de Hohenzollern ? » Gramont s'étant levé pour répondre, la Droite, avec une ardeur singulière, s'y est opposée. Cette attitude s'explique par le patriotisme, sans doute, mais aussi par les idées qui se manifestent dans les couloirs. La Droite déclare tout haut que l'affaire Hohenzollern ne doit être considérée que comme un incident, que, la solution fût-elle favorable, il faut ne pas s'arrêter, soulever la question du traité de Prague, et placer résolument la Prusse entre un Congrès accepté et la guerre. Ce langage était tenu à la fois par MM. Gambetta, Montpayroux dans la Gauche, Jérôme David et Pinard du côté de la Droite, et les uns et les autres annonçaient tout haut l'intention d'attaquer le Cabinet s'il s'arrêtait après le dénouement de l'affaire Hohenzollern. M. Thiers s'exprimait avec une extrême vivacité dans le sens contraire ; il estime que la reculade prussienne, à laquelle il croit plus que moi, serait une satisfaction dont il faudrait se contenter ».

Cependant les excitations ne nous amenèrent pas à élargir le débat comme on nous le demandait et nous le maintînmes strictement dans les termes où nous l'avions engagé : la candidature Hohenzollern et rien au delà. Le Roi avait été satisfait du langage que nous avions tenu dans la séance du 11. Il écrivit à sa femme : « Le discours calme de Gramont est probablement la suite du télégramme de Benedetti après notre entretien d'hier à dix heures du matin, que je t'ai écrit ». Le Roi se méprenait : ce qui avait rendu calme Gramont, c'était notre décision personnelle de ne pas cesser de l'être, non le récit de la seconde audience de Benedetti qui, au contraire, nous avait fort peu rassurés. Nous ne pouvions nous décider à croire qu'en effet le prince avait entrepris un voyage dans le Tyrol, alors qu'à chaque instant une députation espagnole pouvait venir lui offrir la couronne. Cette invraisemblance nous faisait craindre que ce ne fût que pour gagner du temps et se rapprocher du 20 juillet que ce prétendu voyage avait été imaginé.

Gramont exprima à Benedetti la disposition d'esprit dans laquelle nous mettait la perpétuelle échappatoire du Roi : « Au point où nous en sommes, je ne dois pas vous laisser ignorer que votre langage ne répond plus comme fermeté à la position prise par le Gouvernement de l'Empereur. Il faut aujourd'hui l'accentuer davantage. Nous ne pouvons pas admettre la distinction entre le Roi et son Gouvernement qui vous a été exposée. Nous demandons que le Roi défende au prince de persister dans sa candidature. » Jusque-là, la négociation de Benedetti avec le Roi en était restée exactement au même point. Elle avait consisté à conjuguer le verbe attendre. « J'attends une lettre des princes, avait dit Guillaume. — Votre Majesté a-t-elle reçu la lettre qu'elle attend? » C'est à quoi s'était réduit le dialogue entre l'ambassadeur et le Roi.

Benedetti écrivait à Gramont : « Je ne ménage ni mon temps, ni ma peine et je me désole de ne pouvoir réussir. » Depuis, dans un écrit apologétique et sophistique contre Gramont, il a prétendu que s'il n'avait pas obtenu du Roi une intervention directe, par ordre ou conseil, auprès des princes de Hohenzollern, il l'avait amené par son habileté à faire le sacrifice des vues politiques de ses conseillers et l'avait conduit à déclarer qu'il ne mettrait aucun obstacle à la renonciation de Léopold. Or, il résulte des lettres du Roi à la Reine et des messages envoyés à Sigmaringen qu'avant l'arrivée de Benedetti à Ems, Guillaume avait fait le sacrifice d'une candidature dont il n'avait jamais été fort partisan ; que sans en ordonner ou en conseiller le retrait, il avait insinué, d'une manière transparente, qu'il serait enchanté que ses parents en prissent l'initiative et que, dans ce cas, il approuverait immédiatement leur résolution. Dès sa première audience, il avait informé Benedetti de son interrogation à Sigmaringen. Benedetti n'avait donc pas eu à gagner ce qui lui était concédé d'avance dans l'esprit du Roi.

Cette vanterie inutile n'accroît pas le mérite de sa négociation, mérite, d'ailleurs, très réel. Faire accepter, sans le blesser, des paroles dures, par un roi très chatouilleux, être ferme sans être obséquieux ou mou, c'est ce que Benedetti a su faire, et, ne serait-ce que par là, il s'est montré à la hauteur des diplomates les plus remarquables. Mais il a eu d'autres mérites. Harcelés par l'opinion et par nos propres inquiétudes, nous l'avions éperonné, pressé d'être énergique, et il avait su résister à nos impatiences, ne compromettre par aucune imprudence le but qu'il poursuivait. Il avait ainsi obtenu de négocier, ce qui était considérable après la prohibition de Bismarck, puis arraché au Roi des aveux précieux. « S'il avait posé un ultimatum, il nous aurait fait perdre les avantages que nous assurait la conduite déloyale tenue à notre égard à Berlin et à Madrid. » Il ne se contenta pas de rester prudent lui-même, il nous mit en garde contre les entraînements. Il sut, non seulement exécuter avec tact ses instructions, mais aussi ne pas suivre celles qu'il jugeait imprudentes. Ainsi, Gramont lui en ayant envoyé de nouvelles sur les dispositions de Serrano, il avait pris sur lui de ne pas s'en servir et de redresser la distraction de son ministre : « Vous savez que le Roi prétend que nous sommes uniquement fondés à demander au Gouvernement espagnol de revenir lui-même sur la combinaison qu'il a conçue, et Sa Majesté n'aurait pas manqué de prendre prétexte de ce que je lui aurais dit pour insister dans ce sens. »

Cette première partie de la négociation d'Ems restera comme une des bonnes pages de notre histoire diplomatique. Elle eut une conclusion fort désagréable pour Bismarck : l'envoi par le Roi de Werther à Paris. Le Roi, malgré les insistances de son ministre, avait traité avec Benedetti dans deux audiences; on pouvait dire, en subtilisant, que c'était en sa qualité de chef de famille et non en celle de roi. En envoyant son ambassadeur s'expliquer avec nous, il agissait en roi et non plus en chef de famille, et faisait de la question une affaire d'État. Nous fûmes donc satisfaits de la résolution royale, d'autant plus que, le débat étant transporté à Paris, entre un ambassadeur et des ministres, il prenait une allure plus libre.

Dans une note que je laissai chez Gramont, le 11 au soir, je lui recommandai de ne plus garder avec Werther les atténuations auxquelles Benedetti avait été obligé envers le Roi, d'insister sur le double caractère de menace et d'offense qu'avait la candidature et sur la réparation qui nous était due, de presser Werther, d'opposer des ripostes résolues aux finasseries déjà percées à jour, de contraindre à sortir de l'équivoque que nous ne pouvions plus prolonger, à nous tirer enfin de la période des arguties et à nous mettre en présence d'un *oui* ou d'un *non*. Nous avions été assez joués : il était temps d'en perdre l'habitude.

CHAPITRE XI

LA NÉGOCIATION AVEC LE PRINCE ANTOINE. LA RENONCIATION

Avant même que Gramont et Werther se fussent abouchés, un coup de théâtre subit renversait toutes les prévisions. La mission de Strat à Sigmaringen avait encore mieux réussi que celle de Bartholdi à Madrid et l'affaire prenait un aspect nouveau.

Strat s'était dirigé d'abord vers Dusseldorff, afin d'apprendre en quel lieu se trouvaient le prince Antoine et le prince Léopold. Il avait su par de vieux serviteurs, en familiarité avec lui, que le prince Antoine était en son château à Sigmaringen et que le prince Léopold, après avoir voyagé en Tyrol, était revenu se cacher aux environs de Sigmaringen, prêt à s'embarquer à Gênes dès que le vote des Cortès lui aurait été apporté. Ainsi orienté, Strat se rendit à Sigmaringen (8 juillet); il y trouva le prince Antoine, à la fois troublé et irrité de notre déclaration. Aux premières ouvertures de Strat, il répondit par un refus emporté : son fils n'était plus maître de ses résolutions, il était engagé, il avait donné sa parole ; il ne pouvait reculer sans déshonneur. D'ailleurs, à quoi servirait cette reculade déshonorante ? L'Empereur ne cherchait qu'un prétexte de guerre ; celui-ci écarté, il en ferait surgir un autre. Strat démontra que le prince se trompait sur les intentions de Napoléon III ; ces arrière-pensées de guerre n'existaient pas, et le désir d'un arrangement pacifique était sérieux et sincère. Puis, sans se perdre en sentimentalités inutiles sur les malheurs de la guerre et la terrible responsabilité de celui qui en est cause, il alla droit aux arguments pratiques. Il peignit, sous les plus sombres couleurs, la situation dans laquelle le prince Léopold allait se précipiter : il aurait à se débattre contre les complots des Alphonsistes et des Carlistes favorisés par la France, contre les intrigues des compétiteurs évincés et surtout de Montpensier, contre les révoltes républicaines ; à l'annonce de sa candidature, il y avait eu une immense majorité en sa faveur dans les Cortès, mais, chaque jour, sous l'action de la crainte ou de la haine, cette majorité s'affaiblissait, et le mieux qui pût survenir était qu'elle restât suffisante pour imposer le devoir d'arriver et insuffisante pour assurer la force de se maintenir. Il n'aurait probablement pas le temps de s'asseoir sur ce trône aux pieds boiteux ; il serait culbuté en y montant ; bien heureux s'il se tirait de l'aventure la vie sauve ; on l'appelait à une catastrophe, non à un règne. Strat attira ensuite l'attention du prince sur la situation en Roumanie de son fils Charles, objet de sa sollicitude : une conspiration redoutable était ourdie contre lui ; les fils en étaient à Paris ; il dépendait de l'Empereur de les couper ou de les faire mouvoir ; il les couperait, si Léopold renonçait ; il les ferait mouvoir, s'il s'obstinait ; était-il sage de compromettre un trône assuré pour un trône problématique ?

Nonobstant ces considérations, le prince ne se laissa pas fléchir. Mais la mère assistait à ces entretiens poignants : elle fut troublée, émue, terrifiée, convaincue. Alors, entraînée par sa double inquiétude maternelle, elle vint en aide à Strat, et elle s'employa à vaincre la résistance de son mari. Malgré ses larmes, elle n'y réussit pas pendant deux jours, et le prince répondit à la première lettre interrogative venue d'Ems qu'il était prêt à obéir, mais que volontairement il ne retirerait pas la candidature de son fils. La mère ne se laissa pas décourager. Le troisième jour enfin (11 juillet), elle l'emporta, et le père fit taire le Prussien et l'ambitieux. « Cette résolution, m'a répété plusieurs fois énergiquement Strat, a été un acte vraiment spontané, le coup d'un cœur paternel, qu'aucune influence extérieure ne détermina. Personne avant moi n'avait conseillé ou demandé le retrait de la candidature, et pendant mon séjour au château de Hohenzollern, personne non plus n'est venu ni directement, ni indirectement à mon aide. Le Roi Guillaume a été véridique en affirmant maintes fois qu'il était resté complètement étranger à la renonciation ; qu'elle avait eu lieu en dehors de toute pression de sa part; qu'il ne l'avait ni ordonnée, ni conseillée; j'ignorais même alors qu'il l'eût souhaitée. »

Lorsque le prince Antoine annonça sa résolution à son fils, celui-ci refusa de l'adopter : les mêmes scrupules honorables qui l'avaient fait hésiter si longtemps à accepter à cause de ses rapports avec Napoléon III, le rendaient rétif à renoncer à cause de ses engagements avec Prim et Bismarck. Convaincre le prince eût demandé du temps et l'on était pressé. Strat obtint du père qu'il fît acte d'autorité et prît sur lui de renoncer au nom de son fils, sachant que Léopold n'oserait le démentir publiquement. Et voilà comment la renonciation, au lieu d'être faite comme l'acceptation, par Léopold, le fut par le prince Antoine. Le prince Antoine eût du moins voulu, avant d'informer les Espagnols et le public, avertir le chef de la famille conformément au statut familial, mais cette démarche exigeait encore du retard, et Strat, ignorant les vraies dispositions du Roi, redoutait que de là ne vînt quelque opposition. Il obtint que la publicité ne fût pas différée. Le prince Antoine y consentit d'autant plus volontiers, que connaissant, lui, les désirs secrets du Roi, il était certain que le chef de la famille ne lui en voudrait pas de cette infraction à la discipline familiale.

Strat, sans perdre une minute, expédia le soir même du 11 un télégramme chiffré à Olozaga lui annonçant l'heureux résultat, télégramme qui parvint à Paris tard dans cette soirée du 11. Ce télégramme venait de partir lorsque arriva l'envoyé du Roi, le colonel Strantz, retardé par un accident de voiture. Le prince Antoine le mit au courant, et celui-ci immédiatement télégraphia à son maître la résolution déjà communiquée à Olozaga. Le 12 au matin, trois télégrammes en clair furent expédiés par le prince Antoine. Le premier : « Au maréchal Prim, Madrid : — Vu la complication que paraît rencontrer la candidature de mon fils Léopold au trône d'Espagne, et la situation pénible que les derniers événements ont créée au peuple espagnol, en le mettant dans une alternative où il ne saurait prendre conseil que du sentiment de son indépendance, convaincu qu'en pareilles circonstances, son suffrage ne saurait avoir la sincérité et la spontanéité sur lesquelles mon fils a compté en acceptant la candidature, je la retire en son nom ». Le second adressé à Olozaga : « A Monsieur l'ambassadeur d'Espagne à Paris : — Je crois de mon devoir de vous informer, comme représentant d'Espagne à Paris, que je viens d'expédier à Madrid, au maréchal Prim, le télégramme suivant (suivait le texte donné plus haut) ». Le troisième télégramme était adressé aux principaux journaux de Berlin et d'Allemagne, notamment à la *Gazette d'Augsbourg*, à la *Gazette de Cologne* et aux agences télégraphiques allemandes : « Le prince héritier de Hohenzollern, pour rendre à l'Espagne la liberté de son initiative, renonce à la candidature au trône d'Espagne, fermement résolu à ne pas laisser sortir une question de guerre d'une question de famille, secondaire à ses yeux. — Par l'ordre du prince, le conseiller de la Chambre : LESSER ».

Le télégramme à Prim revint de Madrid à Paris le soir vers cinq heures. La dépêche à Olozaga arriva à Paris à 1 h. 40. Celle aux journaux allemands parvint dans l'après-midi, assez tôt pour que les agences pussent, avant le soir, en expédier la nouvelle à leurs correspondants, cercles, banquiers, journaux, etc. La *Gazette de Cologne*, la *Gazette d'Augsbourg*, et autres journaux l'insérèrent dans leur édition du soir. Ainsi la nouvelle ne parvint pas de Madrid à Paris : elle arriva simultanément à Paris et à Madrid et, peu après, directement aussi, dans tous les centres importants d'Europe.

En même temps que les télégrammes volaient vers Paris et Madrid, Strat et le colonel Strantz quittaient Sigmaringen, l'un rentrant à Ems avec une lettre du prince Antoine expliquant les motifs de sa résolution spontanée, l'autre apportant à Olozaga l'original même de la renonciation.

Il restait encore à Sigmaringen un personnage qui, comme tout le monde dans cette période, attendait. C'était l'amiral Polo de Bernabé. Depuis plusieurs jours déjà il était arrivé portant la lettre officielle de Prim, qui offrait la couronne au prince Léopold. Le prince Antoine, délibérant encore, lui avait dit, comme le roi de Prusse le disait à Benedetti, que le prince voyageait dans le Tyrol. Et l'amiral attendait son retour. La renonciation décidée, le prince Antoine l'en instruisit, lui disant que, maintenant, il devait considérer sa mission comme terminée et rentrer à Madrid. L'amiral lui objecta que, malgré cette assurance, sa mission ne prendrait fin que lorsque, le pli dont il était porteur ayant été remis au prince Léopold, celui-ci lui aurait donné sa réponse officielle. Il fallait donc tirer le prince de sa cachette, l'exhiber à l'amiral espagnol et en obtenir une lettre de renonciation officielle. Le prince refusa. Alors se passèrent entre le père et le fils des scènes pénibles. Ces princes de Hohenzollern, sous des formes charmantes, cachaient un fond de dureté tyrannique; autour d'eux, tout pliait sous une discipline de fer. Le jeune prince finit par se soumettre et remit à l'amiral sa renonciation. Quand le général Lopez Dominguez survint, l'amiral lui fit savoir qu'il n'avait plus qu'à retourner avec lui à Madrid, que tout était terminé.

La manière dont Bismarck apprit l'effondrement de son plan est presque tragique. De la solitude où il était allé attendre l'explosion de sa mine, tenu heure par heure au courant par Abeken, il suivait d'une attention de plus en plus inquiète, puis irritée, ce qui se passait à Ems entre Benedetti et le Roi. Il avait été furieux que le Roi eût reçu notre ambassadeur avant d'avoir eu réparation de ce qu'il appelait les injures de Gramont; qu'il lui eût avoué sa participation à la candidature et les négociations avec le prince Antoine et lui eût promis, si Léopold se décidait à la retraite, de l'en instruire. C'étaient des concessions, et il devait n'en accorder aucune, éconduire le négociateur au premier mot, non se prêter à une discussion quelconque. Le Roi allait-il, sous l'influence pacificatrice de la reine Augusta, incliner les princes à abandonner la partie ? Bismarck voulut couper court aux compromissions et arrêter Guillaume sur la pente où il glissait. Il lui écrivit que, sa santé lui permettant de voyager, il était prêt à se rendre à Ems sur l'ordre de Sa Majesté. Le Roi lui envoya cet ordre et Bismarck se mit en route le 12 au matin, ayant Keudell dans sa berline de voyage. Il avait laissé Lothar Bucher à Varzin auprès de sa femme. « Il était, dit Keudell, plus taciturne qu'à l'ordinaire, bien que sa mine fût riante. » En passant à Wussow, son ami, le vieux pasteur Mullert, le salue amicalement, debout devant la porte de son presbytère; du fond de sa calèche découverte, il lui répond par un geste qui esquissait un coup de tierce et de quarte indiquant qu'il allait au combat. Il pensait, après avoir conféré quelques instants avec Roon, arrivé de son côté à Berlin, poursuivre jusqu'à Ems; là, il mettrait fin aux compliments, aux courtoisies, aux condescendances ; il montrerait l'honneur du pays sacrifié et obtiendrait de notifier péremptoirement, et peut-être avec insolence, un refus des princes et du Roi; il reprendrait d'un ton brutal les raisonnements de Thile ; il n'admettrait pas que le Roi s'expliquât plus longtemps avec nous sur ses actes de chef de famille ; enfin il congédierait Benedetti, et proposerait la convocation du Reichstag en vue d'une mobilisation. Comme préliminaire à ces mesures, sentant la signification conciliante de l'envoi de Werther à Paris, il télégraphia de le retenir, mais celui-ci était déjà en route.

Bismarck arriva à Berlin à six heures du soir, comptant prendre à huit heures trente le train d'Ems. En suivant les Tilleuls, il croisa le prince Gortschakoff; tous deux s'arrêtèrent et se serrèrent les mains. Dans la cour de son hôtel, avant même d'être descendu de voiture, parmi les dépêches qu'on lui remet, il en trouve une de Paris annonçant la renonciation du prince Antoine. Il demeure pétrifié. Il ne suppose pas qu'un prince aussi discipliné ait pris sur lui d'accomplir, sans l'autorisation ou plutôt sans l'encouragement du Roi, un acte qui, émanant de sa propre initiative, constituerait une trahison : un prince prussien, un ami, un confident, pouvait-il se permettre de défaire seul, par un coup de tête, sans entente préalable, ce qui avait été si laborieusement organisé en commun ? Dans un éclair, il entrevit toutes les conséquences lamentables pour lui de l'événement. Il était déçu, battu, humilié, abandonné par son Roi, par son candidat ; il allait devenir la fable de l'Allemagne et de l'Europe, son édifice de ruse croulait sur sa tête. Qu'un Allemand apprenne à nos historiens l'étendue de cet effondrement :

« Cette renonciation, dit Lenz, était la paix. Son voyage était devenu inutile, inutile le soulèvement de la nation, qu'il avait provoqué de toutes ses forces, inutile sa tentative ourdie avec une ruse savante pour préparer une contre-mine aux efforts français. S'il pouvait encore maintenir sa position pour la forme, la partie était perdue. Au lieu de surprendre la France, comme il l'avait espéré, il voyait, à partir de là, sa route barrée par elle. Le moment de reculer était arrivé ; pour la première fois de sa vie, le grand homme d'État avait subi une défaite. »

Ce résultat écrasant était dû en grande partie à notre déclaration du 6 juillet. Olozaga et Strat n'auraient pas réussi dans leur tentative, et n'en eussent même pas conçu l'idée sans les facilités que leur donna notre ultimatum courageux. Nigra l'a reconnu : « La renonciation du prince doit être attribuée principalement à son désir d'épargner une conflagration à l'Europe, *ainsi qu'à l'attitude décidée du Gouvernement français.* » La déclaration avait secoué l'apathie des Cabinets en leur montrant le péril, réveillé les scrupules de conscience engourdis du Roi, inspiré au prince Antoine une crainte salutaire ; elle n'avait pas fermé la porte à la négociation, elle l'avait ouverte à deux battants. Grâce à la souplesse avec laquelle nous l'avions utilisée, elle nous avait obtenu ce que la mollesse du langage ou le trainant des pourparlers craintifs ne nous eût pas donné. Nous avions dit : « Nous ne tolérerons pas une candidature Hohenzollern », et la candidature Hohenzollern avait disparu. Nous n'étions pas tombés dans le précipice que Bismarck avait creusé sous nos pas, nous l'y avions jeté lui-même. En l'apprenant, Guizot s'écria : « Ces gens-là ont un bonheur insolent : c'est la plus belle victoire diplomatique que j'ai vue de ma vie. » Et Thiers : « Avoir forcé la Prusse à reculer dans une entreprise que le monde croyait très intentionnelle de sa part, cet avantage restait immense... Nous sortions d'embarras par un triomphe! Sadowa était presque réparé. »

Quoique Bismarck fût un de ces vaillants qu'un incident malheureux ne jette pas dans le désarroi, son échec était tel qu'il eut un moment de prostration. Il l'a raconté dans ses *Souvenirs* : « Ma première pensée fut de donner ma démission. Après toutes les provocations offensantes qui s'étaient déjà produites, je voyais, dans ce recul auquel on nous forçait, une humiliation pour l'Allemagne, et je ne voulais pas en prendre la responsabilité officielle. L'impression de l'honneur national blessé par cette retraite imposée me dominait tellement que j'étais déjà décidé à envoyer à Ems ma démission. Je considérais cette humiliation devant la France et ses manifestations fanfaronnes comme pire que celle d'Olmütz. Le fait d'Olmütz pourra toujours trouver son excuse dans l'histoire antérieure à laquelle nous avions été mêlés et dans l'impossibilité où nous nous trouvions alors de commencer une guerre. J'estimai que la France escompterait le renoncement du prince comme une satisfaction qui lui était accordée. J'étais très abattu. Ce mal envahissant qu'une politique timide me faisait redouter pour notre position nationale, je ne voyais pas le moyen de le guérir sans nous engager maladroitement dans la première querelle venue, ou sans en provoquer une artificiellement. *Car je regardais la guerre comme une nécessité à laquelle nous ne pourrions plus nous dérober honorablement.* Je télégraphiai aux miens, à Varzin, de ne pas faire les malles, de ne pas partir; je serais de retour auprès d'eux dans quelques jours. Je croyais à ce moment à la paix. Mais je ne voulais pas assumer la responsabilité de défendre l'attitude par laquelle on aurait acheté cette paix. J'abandonnai donc mon voyage d'Ems et priai le comte Eulenbourg de s'y rendre pour exposer à Sa Majesté mon point de vue. »

Il chargea Eulenbourg de porter le grand coup habituellement efficace de la démission et de dire au Roi « que Bismarck *considérait* la guerre comme *nécessaire* et qu'il retournerait à Varzin si cette guerre était évitée. » Il devança l'arrivée de son messager par un télégramme dans lequel il exprimait déjà sa résolution. « Il passa la nuit sans dormir », ajoute Keudell. On le comprend. Se décider à la guerre était facile, mais il n'était pas un Frédéric disposant à lui seul de l'État. Il lui fallait se découvrir, créer artificiellement une provocation, prendre le rôle d'agresseur, de « chercheur de noise », auquel il avait voulu acculer la France. Mais où aurait-il trouvé cette noise? Eût-ce été dans les termes qu'il prétendait insolents de notre déclaration? Tout cela avait été couvert par la négociation d'Ems et par les concessions que le Roi nous avait accordées. « Après la question principale résolue, revenir en arrière eût été trop maladroit. » Pour ce prétexte, s'il le trouvait, il fallait l'assentiment du Roi, et il était à peu près certain qu'il ne l'aurait pas.

En effet, en recevant dans cette journée du 12 le message du colonel Strantz, le Roi en avait ressenti un véritable soulagement : « Cela m'ôte une pierre du cœur, écrivait-il à la Reine, mais tais-le vis-à-vis de tout le monde, afin que la nouvelle ne vienne pas d'abord de nous, et moi aussi, je n'en dis rien à Benedetti, jusqu'à ce que nous ayions demain, par Strantz, la lettre entre les mains. Il est aussi maintenant d'autant plus important que tu accentues aujourd'hui encore à dessein que je laisse tout aux Hohenzollern en ce qui touche la décision à prendre, comme je l'ai fait pour l'acceptation. » Gramont d'autre part avait, dès le début de ses négociations avec Lyons, promis qu'à défaut d'une renonciation ordonnée ou conseillée par le Roi, nous nous contenterions d'une renonciation spontanée de Léopold, pourvu que le Roi y participât d'une manière quelconque; cette participation n'étant plus douteuse, Benedetti a eu raison de dire que si, le 12, rien n'était conclu encore définitivement, la solution était un fait moralement certain, qu'elle avait à ce moment l'agrément des deux parties, et qu'il ne restait plus qu'à recevoir la déclaration du Roi.

Tout épanoui de n'avoir plus cette « pierre au cœur, » le Roi avait accepté à souper avec le prince Albrecht et quelques amis dans le jardin du Casino. Au moment même où il s'y rendait, Abeken arrivait avec le télégramme comminatoire de Bismarck. Le Roi s'approcha d'un bec de gaz et le lut. Son visage s'anima, il s'écria : « C'est la dépêche la plus importante que j'aie jamais reçue. Dites à mon frère que je n'aurai probablement pas le temps de venir parce qu'il faut que je travaille avec Abeken et qu'il soit entendu que, si j'arrive plus tard, personne ne se lèvera. » Le souper était commencé depuis longtemps lorsque le Roi arriva tout seul. Il fit signe qu'on ne se levât point et s'assit à la place qu'on lui avait réservée entre deux dames. Chappuis, qui remplaçait le maréchal de Cour, lui ayant demandé s'il devait lui verser du champagne, le Roi répondit : « Donnez-moi de l'eau de Seltz, il faut que je conserve mes idées claires. » La nuit du Roi fut sans sommeil, comme celle de Bismarck. L'ultimatum de Bismarck allait-il le rejeter en arrière et l'amener à rétracter les bonnes assurances données à Benedetti ?

Les réflexions de l'insomnie ne furent pas favorables au Chancelier. Bismarck ne disposait de son roi que dans certaines limites, et à condition de ne pas heurter les idées irréductibles qu'il avait adoptées comme règles de conduite. Une de ces règles était de ne jamais prendre l'initiative d'une grande guerre, et Bismarck ne l'y avait entraîné deux fois qu'en lui persuadant qu'il avait été provoqué : or, dans ce cas, c'est la provocation de la Prusse qui eût été évidente. Une autre de ces règles était de permettre tous les conseils avant une résolution, mais, une fois cette résolution prise, de ne tolérer aucune contradiction : or, il avait, depuis plusieurs jours, tellement annoncé ce qu'il ferait après une renonciation de Léopold, qu'il ne pouvait revenir sur un parti aussi bien pris. Il persista donc dans la volonté de clore par la paix une aventure dont il avait hâte de sortir, de ne pas éconduire Benedetti et de lui communiquer lui-même la résolution spontanée des princes qu'il allait recevoir.

Si donc aucun incident nouveau ne surgissait, voici comment les choses se seraient passées. Le Roi, dans la journée du 13, aurait communiqué à Benedetti la renonciation qu'il attendait. Il eût ajouté qu'il l'approuvait et autorisé notre ambassadeur à transmettre cette double assurance à notre gouvernement. Ainsi eussent été obtenues les deux conditions posées par Gramont : l'abandon de la candidature et la participation saisissable du Roi à cet abandon. Notre victoire du 12 au soir eût été complétée le 13 et Bismarck eût été définitivement vaincu. Il se serait retiré au moins quelque temps des affaires, et le nuage gros de calamités que ce barbare de génie promenait sur l'Europe disparaissait de l'horizon européen. Notre ministère, après avoir donné au pays la liberté, lui eût assuré le prestige d'une paix glorieuse.

Que ne puis-je m'arrêter ici! Pourquoi suis-je obligé de continuer? Au moment même où Bismarck essayait de se reconnaître au milieu de la confusion tumultueuse des projets risqués ou impossibles, d'autres travaillaient en France à le tirer d'embarras, à le relever de sa défaite, à lui rendre la position que nous lui avions fait perdre et à ramener la fortune dans son jeu. C'est l'œuvre que va accomplir notre Droite, conduite, quoique composée de gens irréprochables, par deux malfaiteurs, Jérôme David et Clément Duvernois.

CHAPITRE XII

EFFET DE LA RENONCIATION A PARIS

L'Empereur, le 12 au matin, était venu aux Tuileries présider le Conseil des ministres. Nous délibérâmes sur la réponse à faire à la demande d'un délai, qui nous avait été adressée la veille par Benedetti au nom du Roi en termes assez vifs. Nous autorisâmes Gramont à télégraphier à Benedetti que notre dessein n'avait jamais été de provoquer un conflit, mais de défendre l'intérêt légitime de la France; aussi, tout en contestant la justesse des raisonnements du Roi et en maintenant nos prétentions, nous ne refusions pas le délai demandé, mais nous espérions qu'il ne s'étendrait pas au delà d'un jour. Cet incident réglé, nous nous occupions des affaires courantes, lorsqu'un chambellan entre, dit quelques mots à voix basse à l'Empereur, qui aussitôt se lève et sort. Il rentre quelque temps après et s'associe de nouveau à nos conversations d'affaires sans nous rien dire du motif de cette sortie inusitée. Il était allé recevoir Olozaga qui, n'ayant pu lui apporter à Saint-

Cloud, pendant la nuit, le télégramme chiffré de Strat, avait instamment demandé à le voir tout de suite, malgré les usages, afin de lui faire cette information urgente. Le télégramme chiffré annonçait les télégrammes en clair que le prince Antoine avait expédiés le 12 au matin. Olozaga demanda à l'Empereur de tenir sa communication confidentielle jusqu'à l'arrivée de ces télégrammes, qui, seuls, donneraient un caractère irrévocable à la renonciation. Il est regrettable que l'Empereur ait accepté cette obligation d'un secret provisoire vis-à-vis de ses ministres. S'il nous eût raconté alors la négociation occulte que nous ignorions, s'il nous en avait appris l'heureuse issue, nous n'eussions pas été surpris par la nouvelle, comme nous le fûmes quelques heures plus tard. Nous aurions échangé à loisir nos idées, réfléchi, délibéré, et nous n'aurions pas été contradictoires ou embarrassés dans notre attitude devant la Chambre et devant le public.

Vers deux heures, je quittai le ministère pour me rendre à pied à la Chambre, à travers le jardin des Tuileries. J'étais profondément triste : il me paraissait évident que la volonté de la Prusse était de nous imposer la guerre et que nous y étions acculés. Cette perspective me désespérait. J'avais à peine fait quelques pas, absorbé dans mes pénibles réflexions, que je fus comme réveillé en sursaut par la voix d'un employé du ministère de l'Intérieur qui me remit une lettre de Chevandier. Cette lettre contenait la copie de la dépêche en clair expédiée par le prince Antoine à Olozaga, qui venait d'arriver et dans laquelle était inclus le texte de la renonciation de ce prince au nom de son fils. Il existait au ministère de l'Intérieur un service spécial chargé de prendre copie de toutes les dépêches traversant Paris, y arrivant ou en partant, qui, malgré leur caractère privé, étaient de nature à intéresser la paix publique. La dépêche du prince Antoine ayant ce caractère avait été copiée, et Chevandier me l'envoyait en même temps qu'à l'Empereur et à Gramont.

Je revins vivement sur mes pas pour donner la bonne nouvelle à ma femme, et je repris ma route. Quelques doutes m'assaillirent. Que signifiait cette renonciation qui tombait tout à coup du ciel? Était-elle sérieuse? N'était-ce pas une mystification de l'agiotage? Pourquoi Olozaga, avec lequel j'avais des relations journalières, ne me l'avait-il pas fait pressentir? L'Empereur ne paraissait pas s'en douter au Conseil; la connaissait-il? l'ignorait-il? en avait-il parlé à Gramont? J'écartai ces doutes. Il me parut impossible qu'un acte ainsi annoncé fût une mystification; je le considérai comme certain. Je crus alors tout sauvé et telle fut ma joie de la paix ressaisie, telle ma crainte de la perdre de nouveau que les dispositions de combativité que j'avais manifestées dans ma note du 11 au soir fondirent sous la chaleur de la nouvelle inespérée. Il n'y avait plus à se montrer raide, mais accommodant, facile. et qu'à consolider le résultat obtenu au lieu de le compromettre. L'affaire était sûrement finie, si nous ne commettions aucune imprudence et j'en étais si heureux que, par moments, je ne pouvais pas y croire.

Toutefois il me parut que je ne devais pas divulguer le document que je tenais dans mes mains, que je relisais comme si j'allais y trouver le secret de l'événement. C'était un document de police politique, sans caractère officiellement avouable et j'étais tenu à n'en pas révéler l'existence. Je le mis donc dans ma poche qu'il brûlait en quelque sorte. J'avais à peine fait encore quelques pas que je fus rejoint par un autre envoyé, celui-là de mon cabinet, Boissy. Il m'apportait un rapport dans lequel on relatait que, dans le local de la réunion de la Gauche irréconciliable, à la Sourdière, Gambetta venait de prononcer un discours superbe : le thème en était qu'il ne fallait considérer l'affaire Hohenzollern que comme un détail et demander résolument l'exécution du traité de Prague et la démolition des forteresses qui menaçaient notre frontière. « S'il prononçait ce discours à la Chambre, me disait-on, le ministère n'y résisterait pas. »

J'arrive au Corps législatif ; on m'interroge : qu'y a-t-il de nouveau ? Je me garde bien de dire ce que je venais d'apprendre. « Rien encore, dis-je, mais Gramont doit conférer avec Werther dans quelques instants et, à la fin de la journée, nous saurons à quoi nous en tenir définitivement. » A ce moment, Olozaga débouche dans la salle des conférences ; le visage animé, agitant un papier, il se précipite vers moi et m'attire dans un coin. « Gramont est-il là? — Non, il est aux Affaires étrangères en conférence avec Werther. — C'est que j'ai une bonne nouvelle à vous donner. » Et il me lit le télégramme dont j'avais la copie. « La nouvelle est donc sérieuse? lui dis-je. — Oui, oui, n'en doutez pas; tout est terminé ». Et il me quitta pour se rendre auprès de Gramont.

Les députés qui avaient vu l'arrivée d'Olozaga, sa pantomime, le papier tendu, m'entourent dès qu'il m'a quitté : « Il y a quelque chose d'important? » Une délibération rapide comme la pensée eut lieu alors dans mon esprit. Divulguerai-je la dépêche ou la garderai-je pour moi? La copie, saisie au passage, d'une transmission par la haute police d'État, était devenue un texte authentique produit devant de nombreux assistants par l'ambassadeur auquel il était adressé ; une communication ainsi faite n'indiquait pas le désir du secret; le caractère même de la dépêche l'excluait : on n'expédie une dépêche en clair que lorsqu'on veut la rendre publique. Pourquoi aurais-je caché à ces députés, pour faire inutilement l'important, un fait que tout le monde allait connaître par les journaux du soir, que beaucoup connaissaient déjà, au ministère, au télégraphe, dans les ambassades, dans les chancelleries, dans les offices d'agences, dans les bureaux de journaux? Les indignes adversaires avec lesquels j'étais aux prises n'auraient pas manqué d'incriminer ma réserve comme une complaisance aux spéculateurs. Certes, je n'aurais pas hésité à affronter ce risque, quoiqu'il me fût beaucoup plus sensible que d'autres auxquels je m'exposais quotidiennement, si un intérêt public l'eût exigé. Il n'y en avait aucun, car je ne pouvais regarder comme un intérêt public l'espérance vaine d'empêcher une manifestation parlementaire du parti de la guerre, manifestation qui, retardée au lendemain et mieux organisée, n'en eût été que plus violente. Je donnai donc lecture du télégramme à ceux qui m'interrogeaient. Un de mes auditeurs était le célèbre ingénieur Paulin Talabot, le créateur des chemins de fer français, pacifique par doctrine et par intérêt. « La Prusse se moque de vous, » murmura-t-il à mon oreille.

On m'appelle dans la salle des Pas-Perdus. Une cohue roule vers moi et m'interpelle. Je n'avais pas à cacher dans une salle ce que je venais de dire dans l'autre : — « Oui, répondis-je, il y a une dépêche adressée à Olozaga par le prince Antoine annonçant qu'il retire la candidature de son fils. — Et le traité de Prague? s'écrie une voix. — Nous n'en avons jamais parlé à la Prusse; nos pourparlers n'ont porté que sur la candidature. » « Est-ce la paix? » me cria-t-on encore. Je répondis en ouvrant les bras par un geste évasif qui voulait signifier : « Je ne veux pas vous répondre. » Mais si mes lèvres restèrent muettes, l'éclair de joie qui illuminait mon visage disait l'espérance qui remplissait mon cœur. Apercevant, parmi les auditeurs, Léonce Détroyat, le rédacteur en chef de la *Liberté*, j'allai à lui, et lui demandai d'engager son oncle à travailler à prévenir la guerre puisque cela devenait honorablement possible. Girardin, anxieux et trop nerveux pour venir jusqu'à la salle des Pas-Perdus, l'attendait au bout du pont, sur la place de la Concorde. Détroyat courut lui répéter ce que je venais de dire. Girardin le quitta brusquement dès les premiers mots, en haussant les épaules. En même temps débouchait du Palais législatif une bande agitée : c'était à qui envahirait les fiacres de la place, à qui les escaladerait, à qui les prendrait d'assaut. — « A la Bourse! à la Bourse! criaient les hommes d'affaires. Nous doublons le prix de la course, et au triple galop! » Parmi les journalistes, même empressement et concert de même nature. « Aux bureaux de la *Marseillaise!* s'exclamaient les uns. Au *Réveil!* Au *Siècle!* A l'*Opinion nationale!* Au *Rappel!* » commandaient les autres, et, sous le stimulant du fouet, on voyait les haridelles de la place sortir l'une après l'autre de leur repos et s'élancer rapides comme des flèches.

Dans la salle des conférences des députés, Gressier, l'ancien ministre, esprit ferme, judicieux, nullement disposé à la guerre, m'aborde. Je lui exprime ma volonté, si la renonciation est sérieuse, de ne pas me prêter à ce qu'on tente une nouvelle exigence sur l'incident Hohenzollern, pas plus celle du traité de Prague que toute autre. « C'est bien, me répondit-il, vous ferez un acte de courage; mais ne vous y méprenez pas, c'est votre chute; le pays ne se contentera pas de cette satisfaction ». Un grand nombre de députés se forment en groupe autour de moi, m'interpellent. Plus libre d'exprimer ma pensée avec eux que je ne l'avais été quand je me trouvais au milieu de journalistes, je leur répétai ce que je venais de dire à Gressier. De nombreuses protestations s'élevèrent. A droite, ce fut un bouillonnement de colère : « Ollivier dit que tout est terminé. C'est indigne. La Prusse est venue nous chercher; il faut en finir avec elle. » Quelques membres se réunissent en hâte dans un bureau de la Chambre, décident qu'il ne faut pas tarder à protester contre la pusillanimité du Cabinet et rédigent une demande d'interpellation que Duvernois est chargé de porter immédiatement à la tribune.

J'entre dans la salle des séances. Clément Duvernois se lève et, d'un ton menaçant, comme réponse à mes espérances pacifiques, dépose en son nom et au nom de Leusse, l'interpellation suivante : « Nous demandons à interpeller le Cabinet sur les garanties qu'il a stipulées ou qu'il compte stipuler pour éviter le retour de complications successives avec la Prusse. » Il ajouta qu'il n'insistait pas pour la fixation d'un jour et qu'il s'en remettait à la Chambre et au Gouvernement. « Le courant de la guerre, disait la *Gazette de France*, semble l'emporter. A la salle des conférences du Corps législatif, un député vendéen a dit hautement que, si le ministère se contente de la renonciation du prince Antoine, au nom de son fils, l'Extrême-Droite ne s'en contentera pas. En somme, la majorité semble portée à la guerre ; il se pourrait que le ministère fût renversé s'il s'arrêtait maintenant. »

Duvernois venait de s'asseoir ; un huissier m'avertit qu'un aide de camp de l'Empereur désirait me parler. Je sors, et l'aide de camp me remet le billet suivant : « Les Tuileries, 12 juillet 1870. — Mon cher monsieur Émile Ollivier, je voudrais pouvoir causer quelques instants avec vous avant de rentrer à Saint-Cloud. Vous connaissez la dépêche du prince de Hohenzollern au maréchal Prim. Si on annonce la nouvelle à la Chambre, il faut au moins en tirer le meilleur parti et bien faire sentir que c'est sur l'injonction du roi de Prusse que la candidature a été retirée. — Je n'ai pas encore vu Gramont. — Le pays sera désappointé. Mais qu'y faire ? Croyez à ma sincère amitié ». C'était la première note pacifique qui m'arrivait. Je devinai le désir qui se cachait sous le *si on annonce*. Évidemment l'Empereur eût voulu que je montasse à la tribune pour y lire la dépêche, insinuer que le résultat était dû à l'intervention impérative du Roi et que l'incident était clos. Lire la dépêche n'avait plus d'opportunité depuis que tous les députés en avaient connaissance ; quant au public, il l'apprendrait plus vite ou aussi vite par les journaux du soir. Une lecture, comme du reste l'indiquait le billet de l'Empereur, n'aurait de valeur que si elle était accompagnée d'un commentaire ou suivie d'une conclusion. Comment aurais-je pu me permettre un commentaire ou une conclusion sans m'être au préalable concerté avec mes collègues ? Je les cherchais autour de moi : aucun n'était présent, et Gramont conférait avec Werther, venu d'Ems.

On peut juger, par la lettre suivante de Chevandier, de ce qui serait arrivé si j'avais obéi au désir implicite de l'Empereur : « D'après ce que j'ai su de nos collègues du ministère, la Chambre serait très belliqueuse, et cela les impressionne quelque peu. — On se plaint, je vous aime trop pour ne pas vous le dire, de la communication que vous avez faite dans les couloirs d'une dépêche qui ne vous était pas adressée (à cet égard vous seriez couvert par la communication faite par l'ambassadeur d'Espagne) et dont, en tout cas, on trouve la communication prématurée. — Je trouve que vous avez eu tort. — Vous savez que, sans craindre la guerre, je n'en suis pas partisan quand même. *Ne nous jetons pas tête baissée dans la paix.* Elle est le but auquel il faut tendre maintenant, mais il faut bien y arriver ». Ce langage du plus pacifique de mes collègues indique à quel diapason les esprits les plus modérés étaient montés. Que n'eût-il pas dit, que n'eussent pas dit avec lui nos autres collègues, et surtout Gramont, si, contre toutes les convenances, j'avais, de ma propre autorité, déclaré à la Chambre que je considérais le différend comme tranché par une dépêche encore énigmatique ? Je n'en eus pas même la tentation et je me rendis aux Tuileries pour m'en expliquer avec l'Empereur (3 heures). En traversant la salle des conférences, je rencontrai Thiers. « J'aperçois, a-t-il raconté lui-même, M. Ollivier qui accourt vers moi et me dit : « Oui, nous avons réussi ; nous avons obtenu ce que nous désirions, c'est la paix. » — La joie de M. Ollivier était extrême et manifestée sans réserve ». — Je lui fis lire la dépêche. » Il me dit: « Maintenant il faut vous tenir tranquille. — Soyez rassuré, lui répondis-je, nous tenons la paix, nous ne la laisserons pas échapper. »

L'Empereur était dans le salon de service au milieu de ses officiers, causant familièrement avec eux ; il leur disait avec un accent de sincérité qui les impressionnait : « C'est un grand soulagement pour moi. Je suis bien heureux que tout se termine ainsi. Une guerre est toujours une grosse aventure... » L'huissier annonça : « M. Émile Ollivier est aux ordres de Sa Majesté. — Je viens, » dit l'Empereur. Et il sortit. Il me parut, en effet, très satisfait, mais cependant un peu inquiet : satisfait parce qu'il jugeait l'affaire Hohenzollern complètement terminée, inquiet à cause de la déception qu'allait éprouver le pays de ne pas vider définitivement sa querelle avec la Prusse. Je lui exposai les raisons de mon silence à la Chambre et je lui demandai si c'était véritablement sur l'injonction du Roi, malgré tous ses refus à Benedetti, que la renonciation avait été obtenue. Sans entrer dans aucun détail, l'Empereur m'apprit que la renonciation était due à l'initiative d'Olozaga *seul*, agissant de son propre mouvement, à l'insu de Prim, mais autorisé par lui l'Empereur. « Dans ce cas, répondis-je, il serait très risqué de se vanter, même indirectement, d'une soumission du roi de Prusse. La satisfaction que nous donnerions à l'opinion publique par cette assurance erronée ne serait pas de longue durée : Bismarck nous opposerait un démenti brutal, et l'affaire, qui parait terminée, recommencerait. D'ailleurs, si Olozaga a agi sans mandat de son gouvernement, qui sait comment on accueillera son initiative à Madrid ? Qui sait aussi quel sera, en présence de cette surprise, le langage du roi de Prusse qui, jusqu'ici, n'a rien répondu à nos demandes ? »

L'Empereur reconnut la justesse de ces remarques. J'ajoutai que je ne pouvais pas présenter aux Chambres la communication faite par Olozaga comme une communication officielle : Olozaga n'était pas l'ambassadeur du prince Antoine, mais celui du gouvernement espagnol ; il n'y avait d'officiel que ce qu'il communiquait au nom de son gouvernement ; la démarche du prince Antoine n'était, strictement parlant, qu'une démarche privée, dénuée de caractère officiel ; dans cet état de choses, une déclaration était inopportune et pourrait devenir dangereuse. Nous étions entourés d'obscurités ; nous ne nous rendions compte ni des intentions de Berlin, ni de celles de Madrid : l'attente n'était-elle pas le seul parti prudent ? Quelquefois on est tout à coup saisi par un brouillard intense dans un sentier de montagne, le long d'un précipice. Que fait-on ? On s'arrête jusqu'à ce que le brouillard soit dissipé. Gramont, à la suite de sa conférence avec Werther, nous instruirait peut-être des volontés du roi Guillaume; d'heure en heure Olozaga pouvait recevoir des réponses de Madrid : avant d'avoir obtenu et d'avoir pesé ces éléments de décision, il était imprudent de s'expliquer. L'Empereur adopta cette manière de voir, et il fut convenu que *rien* ne serait arrêté avant la réunion du Conseil à Saint-Cloud le lendemain à neuf heures du matin.

Nigra me succéda. L'Empereur l'avait mandé. Il lui tendit la copie du télégramme du prince Antoine à Olozaga. Nigra lut, félicita vivement le souverain. « C'est une grande victoire morale pour la France, d'autant plus précieuse qu'elle est gagnée sans avoir répandu le sang humain, et j'espère que l'Empereur s'en contente et qu'il m'a fait appeler ici pour m'annoncer la paix. — Oui, c'est la paix, répondit l'Empereur, et je vous ai fait venir pour que vous le télégraphiiez à votre gouvernement. Je n'ai pas eu le temps d'écrire au Roi. Je sais bien que l'opinion publique en France, dans l'excitation où elle est, aurait préféré une autre solution, la guerre, mais je reconnais que la renonciation est une solution satisfaisante, et qu'elle ôte tout prétexte de guerre, du moins pour le moment. » L'Empereur paraissait donc résolu à se contenter du retrait pur et simple de la candidature et n'avait fait aucune allusion à des garanties à demander au roi de Prusse. Le Bœuf survenant ensuite, l'Empereur lui tint le même langage, à ce point que, rentré au ministère, le maréchal réunit ses chefs de service, leur annonce qu'on a la paix et leur prescrit d'arrêter les dépenses extraordinaires. Notre attaché militaire à Vienne, le colonel Bouillé, alors en congé, averti de regagner son poste en toute hâte, venant prendre congé du ministre, celui-ci lui dit que l'affaire était arrangée, et qu'il pouvait différer son départ. Enfin Mac-Mahon fut avisé de suspendre l'embarquement des troupes de l'Afrique.

Gramont, enfermé dans son cabinet, ne savait rien de ces agitations, de ces pourparlers, de ces va-et-vient. Prévoyant, d'après les avis reçus, que la candidature allait être retirée spontanément, sans l'ordre et le conseil du Roi, il télégraphie à Benedetti confidentiellement : « Employez votre habileté, je dirai même votre adresse, à constater que la renonciation du prince nous est annoncée, communiquée ou transmise par le roi de Prusse ou son gouvernement. C'est pour nous de la plus haute importance ; la participation du Roi doit à tout prix être consentie par lui ou résulter des faits d'une manière saisissable ». Il n'exigeait plus une participation directe et explicite ; il se contentait d'une participation indirecte et implicite résultant de la communication par le Roi du désistement du prince accompagnée de quelques bonnes paroles (12 juillet, 1 h. 40). Cette participation indirecte du Roi nous était assurée sans qu'il fût nécessaire d'employer ni adresse ni habileté. Cette excellente dépêche qui, restée la dernière expédiée, eût clos la crise à notre gloire, partait à peine que

Gramont recevait lui aussi, de la main d'un envoyé du ministère de l'Intérieur, la copie de la dépêche en clair du prince Antoine à Olozaga. Il n'accueillit pas la nouvelle avec la même joie que moi. Je n'y avais vu que la disparition de la candidature, me préoccupant peu de la manière dont elle avait disparu ; lui s'arrêta surtout à la forme et, dans la notification directe faite par le prince Antoine à Prim, il vit l'escamotage de cette participation indirecte du Roi. A partir de ce moment, cessa l'accord complet qui avait existé entre nous : il continua à attacher une importance majeure à cette participation du Roi, qui devint secondaire à mes yeux.

Ce fait nouveau venait de lui être révélé quand Werther se présenta à son audience (3 heures moins le quart). Au moment de commencer l'entretien, on remit à Gramont un billet d'Olozaga demandant avec insistance d'être reçu immédiatement pour une communication de la plus haute importance. Werther voulut bien passer dans un salon voisin et autoriser Gramont à recevoir Olozaga. L'ambassadeur espagnol, en montrant à Gramont le télégramme du prince Antoine, le félicita de cette solution. Gramont répondit froidement à ces félicitations. Sous cette forme, selon lui, le désistement, loin d'avancer nos affaires, les compliquait : pas un mot de la France, pas un mot de la Prusse, tout se passait entre le prince de Hohenzollern et l'Espagne ; le texte de la dépêche froisserait le sentiment public : il semblait admettre que la France avait porté atteinte par ses réclamations à l'indépendance du peuple espagnol.

Plongé dans ces préoccupations il reprit l'entretien avec Werther. Il essaya d'obtenir de lui l'aveu que le Roi n'avait pas été étranger au désistement : la situation alors se redressait d'elle-même ; il aurait pu faire, sans être contredit, la déclaration dont l'Empereur sentait la nécessité. Mais Werther ne se prêta pas à l'artifice : il soutint, sur un ton qui n'admettait pas de doute, « que la renonciation émanait certainement de la propre initiative du prince Léopold. » Et il recommença cette perpétuelle argutie dont nos lecteurs doivent être excédés, sur la distinction entre le souverain et le chef de famille, sur l'impossibilité pour le Roi de refuser son approbation du moment que le prince acceptait la couronne, sur la conviction du Roi que, eu égard aux liens de famille des Hohenzollern avec Napoléon III, cette candidature ne pouvait être désagréable à la France. Gramont réfuta patiemment les sophismes de la mauvaise foi borusque, rappela les précédents belges, grecs, etc., dit avec vivacité que dans les Hohenzollern l'Empereur ne voyait pas des alliés plus ou moins éloignés, pour lesquels il avait eu des bontés, mais des princes, des sujets, des officiers prussiens, dont on s'était servi pour inquiéter et humilier son pays, et que rappeler cette alliance, c'était le blesser. « Vous dites que le Roi n'a jamais eu l'intention d'être désagréable et de porter ombrage à la France ; je n'en doute pas, puisque vous l'affirmez; mais pourquoi le Roi ne nous le dirait-il pas lui-même? Pourquoi, dans une lettre amicale à l'Empereur, en s'associant à la renonciation du prince, ne dirait-il pas qu'on a mal interprété l'origine et exagéré les conséquences de cette candidature, qu'il attache trop de prix à l'amitié entre nos deux pays pour ne pas désirer qu'avec son abandon disparaisse toute mésintelligence et tout sujet d'ombrages? » Et il formula ses idées dans une note dont les termes, peu médités, n'étaient qu'une esquisse *ad memoriam* et non une note diplomatique à communiquer : « En autorisant le prince Léopold à accepter la couronne d'Espagne, le Roi ne croyait pas porter atteinte aux intérêts ni à la dignité de la nation française. Sa Majesté s'associe à la renonciation du prince et exprime son désir que toute cause de mésintelligence disparaisse désormais entre son gouvernement et celui de l'Empereur ».

En parlant ainsi, Gramont n'avait pas entendu commettre la grossièreté de réclamer une lettre d'excuses. On ne demande pas une lettre d'excuses à un Roi qui est en même temps gentilhomme, quand on est gentilhomme soi-même et qu'on a le sentiment de l'honneur. Il savait bien qu'à une telle impertinence le Roi aurait répondu en faisant conduire à la frontière l'ambassadeur chargé de la lui présenter et en ordonnant la mobilisation de son armée. La sincérité de ses intentions pacifiques, le respect avec lequel il parla du Roi, tout en exprimant avec force ses sentiments, ne permirent pas à Werther de croire un instant que cette suggestion fût blessante. Werther aurait coupé l'entretien, s'il avait eu devant lui un homme préoccupé d'humilier son souverain, car, tout en se montrant animé des dispositions les plus conciliantes, il ne cessa de maintenir le point de vue de son Gouvernement avec une invincible fierté. Gramont ne formula donc aucune demande : il suggéra un expédient à l'appréciation de l'ambassadeur, et cet expédient n'avait rien de nouveau ni d'insolite. L'Empereur lui-même avait donné l'exemple chevaleresque que Gramont eût souhaité de la part du roi de Prusse : après l'insertion au *Journal officiel*, lors de l'attentat Orsini, de l'adresse des colonels, n'avait-il pas autorisé l'ambassadeur anglais Cowley à dire à la reine Victoria qu'il envoyait comme ambassadeur à Londres, Malakoff, le plus grand soldat de l'armée, pour réparer l'offense faite par les adresses de l'armée? En vue de dissiper la défiance excitée partout depuis la guerre d'Italie, n'avait-il pas écrit une lettre apologétique publique à Persigny (20 juillet 1860) et protesté de son désir de vivre dans la meilleure entente possible avec tous ses voisins, et surtout avec l'Allemagne? N'avait-il pas sollicité une entrevue du régent de Prusse et des princes allemands réunis à Bade, et n'avait-il pas fait cette avance, bien autrement grave qu'une lettre amicale, de venir apporter en personne ses explications? Lors de l'affaire de Luxembourg, son ministre n'avait-il pas désavoué à satiété « toute intention d'offenser et d'irriter la Prusse? »

J'arrivai à ce moment au ministère des Affaires étrangères (trois heures et demie). On me dit que l'entretien avec Werther durait encore. Je me fis annoncer. Gramont vint me rejoindre ; nous nous mîmes réciproquement au courant par quelques mots rapides, puis je le suivis dans son cabinet. Alors l'entretien changea de nature. Il cessa d'être officiel, comme il l'avait été jusque-là, et devint une de ces conversations libres que les hommes politiques ont entre eux, quand ils sont en dehors de leur rôle officiel, et dans lesquelles on échange ses idées, sans s'engager soi-même, à plus forte raison son Gouvernement, « conversations qu'on ne saurait supprimer sans rendre impossibles les relations familières qui facilitent la bonne entente entre ministres et gouvernements. » Werther me parut inquiet, agité, attristé. Il lui échappa de dire, ce qu'il s'est bien gardé de rappeler dans son rapport : « Ah ! si j'avais été auprès du Roi, cette malheureuse affaire ne serait pas engagée ! — Bien malheureuse, en effet, répondis-je, par ses conséquences lointaines plus encore que par elle-même, puisqu'elle paraît maintenant finie ou tout au moins en bonne voie d'arrangement. C'est l'état d'esprit qui va persister dans le pays après cette solution qui m'inquiète. L'œuvre d'apaisement à laquelle je travaillais péniblement est compromise : au lieu d'une opinion publique résignée, nous allons être aux prises avec une opinion irritée ; la question Hohenzollern est mise au second plan et on parle d'exiger des garanties de la Prusse pour la fidèle exécution du traité de Prague ; aurons-nous la force d'arrêter ce mouvement? Déjà on nous trouve trop accommodants, et le parti de la guerre se met en mesure de nous ôter la direction des affaires. Comme l'a dit le duc, le roi Guillaume rendrait à nos deux pays et au monde entier un service incomparable si, par la spontanéité d'une démarche amicale, il rétablissait la cordialité des rapports qu'il a lui-même troublés. En fortifiant notre position ministérielle, il nous donnerait le moyen de poursuivre notre œuvre pacifique. »

Ainsi, pas plus après mon arrivée qu'avant, il ne s'agit d'une demande quelconque de nature à changer le caractère de la négociation. Comment me le serais-je permis? Comment n'aurais-je pas arrêté Gramont, s'il l'avait fait, puisque je venais de convenir avec l'Empereur, quelques instants auparavant, que nous ajournerions *toute décision* jusqu'au lendemain neuf heures en Conseil? Il y a des impossibilités logiques et morales qui sont des preuves. J'ai, il est vrai, appuyé la suggestion de Gramont, mais cette suggestion même, n'ayant été approuvée ni par l'Empereur, ni par le Conseil, restait toute personnelle et n'avait aucune espèce de valeur officielle. Il est évident que, si nous avions exigé une lettre d'excuses du Roi, par Werther, nous aurions aussitôt renouvelé notre requête par Benedetti, et celui-ci fût devenu le porte-voix naturel de cette nouvelle exigence, comme il l'était déjà de nos autres réclamations.

Gramont ne communiqua pas cette suggestion à notre agent, même à titre de renseignement, et il n'y eût certes pas manqué, versé comme il l'était dans les procédés diplomatiques, si elle avait eu une réelle importance. Peu m'importe que Werther, esprit honnête mais borné, ait pu mal redire, dans un rapport précipité, ce qu'il a cru comprendre et ce qu'il n'a pas compris. Je n'ai pas à prendre ce rapport en considération. Bismarck l'a dit à maintes reprises, et le bon sens l'a dit avant lui, on ne saurait rendre un ministre responsable des propos, plus ou moins exacts, que lui prête un ambassadeur étranger. Il n'est lié que par ce qu'il a dit ou fait lui-même. Le fait est qu'il n'existe aucune dépêche officielle de notre Gouvernement réclamant du roi une lettre d'excuses. En outre, Gramont a démenti formellement, dans une circulaire, la version de Werther et je corrobore son démenti par le mien. Un Français vraiment patriote préférera-t-il l'affirmation d'un ennemi maintes fois convaincu de fausseté à celle des ministres de son pays dont la véracité n'a jamais été prise en défaut? Avoir transformé une pensée sincère d'apaisement en une machination insolente et provocatrice, avoir fait de la suggestion d'une lettre d'amitié, l'exigence d'une lettre d'excuses, c'est une des plus abominables calomnies de la légende de mensonge créée par les historiens de bas étage. Il n'y a que l'imbécillité haineuse qui puisse persister à parler de lettres d'excuses. Avec des gens de cette espèce on ne discute pas, on s'en tient à la réponse classique : *Mentiris impudentissime.*

Nous quittâmes Werther à quatre heures. Gramont partit pour Saint-Cloud. En nous séparant, il fut entendu, comme il l'avait été déjà avec l'Empereur, que nous ne prendrions de résolution que dans le Conseil du lendemain matin. En rentrant au ministère, je rencontrai, sur le pont, Pessard, le rédacteur du *Gaulois* aux articles si virulents. Je lui dis que je trouvais sa polémique absurde, et je le priai instamment, maintenant qu'il n'y avait plus de candidature, de n'y pas persister. Et je tins le même langage à tous les journalistes que je trouvai sur mon chemin.

CHAPITRE XIII

LA DEMANDE DE GARANTIES

Au sortir des Tuileries, l'Empereur était calme et apaisé. L'aide de camp de service qui l'accompagnait, Bourbaki, lui dit : « Faudra-t-il, Sire, faire seller mes chevaux de guerre ? — Pas si vite, général, répond l'Empereur; supposez qu'une île surgisse tout à coup entre la France et l'Espagne : toutes deux se la disputent; elle disparaît; sur quoi continuerait-on à se quereller ? » Cependant l'Empereur est impressionné par les acclamations exceptionnelles élevées sur son passage et qui sont évidemment une incitation belliqueuse. A Saint-Cloud, il tombe dans un milieu encore plus excité. A la Cour, dominaient la Droite et le parti de la guerre; on n'y entendait de protestations que de la part de l'écuyer Bachon : « Je ne comprends pas, disait-il, qu'on songe à la guerre quand on ne peut plus se tenir à cheval. » L'Impératrice convaincue, elle aussi, que la France était malade depuis Sadowa, s'était mise, après l'abattement passager signalé par le maréchal Vaillant, à écouter volontiers ce parti qui lui donnait des promesses de victoire. Le général Bourbaki, bon juge en matière de bravoure et de combat, connaissant à fond l'armée prussienne, lui prodiguait les assurances encourageantes : « Sur dix chances, lui disait-il, nous en avons huit. » Le plébiscite avait mis hors de toute atteinte la solidité de la dynastie, mais il n'avait pas rétabli la prépondérance de la France. Si la guerre n'était plus un intérêt dynastique, elle restait un intérêt national, et l'Impératrice croyait qu'il était du devoir de l'Empereur de relever notre prestige, d'autant plus qu'on ne pourrait plus le soupçonner d'être mû par une pensée dynastique. A l'arrivée de son mari, elle accourt l'interroger : « Eh bien ! cela paraît fini. » Les visages s'assombrissent. L'Empereur s'explique. On l'écoute avec incrédulité, et on lui répète le mot courant : « Le pays ne sera pas satisfait. » Lorsque la nouvelle se répand dans le personnel du château, le mécontentement éclate comme au Corps législatif : — « L'Empire est perdu ! » s'exclame-t-on de toutes parts. « C'est une honte ! s'écrie l'Impératrice, l'Empire va tomber en quenouille. » Le général Bourbaki, plus excité que les autres, décroche son épée, l'étend sur le billard et dit : « S'il en est ainsi, je refuse de servir. » On apporte le texte de l'interpellation Duvernois. L'Empereur, qui en a deviné la maligne intention, la blâme ; néanmoins, il y voit l'expression d'une exigence publique dont il sera peut-être difficile de ne pas tenir compte. Dans cet état des esprits, Gramont survient. Il raconte les échappatoires excédants de Werther, sa déclaration que le Roi est absolument étranger à la renonciation ; il démontre les défectuosités palpables de l'acte du prince Antoine. Alors l'Empereur oublie que toute résolution a été remise au Conseil du lendemain, « et, dit Gramont, des délibérations consciencieuses s'ouvrent aussitôt ».

Qui prit part à ces délibérations ? Gramont ne le dit pas. Je sais seulement ceux qui n'y furent pas appelés. N'y furent pas appelés : le ministre de la Guerre, qui, rassuré, avait arrêté ses préparatifs, et dont cependant la responsabilité pouvait devenir si lourde; le garde des sceaux, qui supportait presque seul le fardeau de la discussion publique dans les Chambres ; le ministre de l'Intérieur, plus particulièrement informé des mouvements de l'esprit public ; le ministre des Finances, attentif aux perturbations du crédit de l'État ; en un mot, en dehors du ministre des Affaires étrangères, aucun des membres du Cabinet. Le résultat de ces délibérations fut la dépêche suivante à Benedetti que Gramont alla immédiatement expédier (sept heures du soir) : « Nous avons reçu des mains de l'ambassadeur d'Espagne la renonciation du prince Antoine, au nom de son fils Léopold, à sa candidature au trône d'Espagne. Pour que cette renonciation du prince Antoine produise tout son effet, il paraît nécessaire *que le roi de Prusse s'y associe et nous donne l'assurance qu'il n'autoriserait pas de nouveau cette candidature.* Veuillez vous rendre immédiatement auprès du Roi pour lui demander cette déclaration, qu'il ne saurait refuser, s'il n'est véritablement animé d'aucune arrière-pensée. Malgré la renonciation qui est maintenant connue, l'animation des esprits est telle que nous ne savons pas si nous parviendrons à la dominer. Faites de ce télégramme une paraphrase que vous pourrez communiquer au Roi. Répondez le plus promptement possible. » C'est ce qu'on a appelé la demande de garanties.

Il ne s'agissait pas là d'une confirmation par l'Empereur de la prétendue lettre d'excuses que Gramont avait demandée quelques instants auparavant à Werther. Une lettre d'excuses n'eût impliqué qu'un désaveu du passé, tandis que la demande de garanties réclamait un engagement pour l'avenir.

Cette dépêche inconsidérée annulait la sage dépêche de 1 h. 40. Elle ne se contentait plus d'une participation du Roi au fait présent, elle demandait un engagement en vue de faits problématiques de l'avenir et nous rejetait dans les hasards dont, sans elle, nous étions sûrs de sortir heureusement. Quelle nécessité de se précipiter ainsi ? Quel péril était à redouter qu'on ne pût attendre avec patience une réponse de Madrid et de Berlin certaine dans quelques heures, et qui nous eût apporté des satisfactions suffisantes ? Mais la Droite n'entendait pas que l'affaire se terminât pacifiquement. Cette demande de garanties était, comme on l'a vu, par l'interpellation de Duvernois qui l'avait précédée, sa conception. Au début, unissant sa voix à celle qui s'élevait de tous les cœurs français contre la candidature provocatrice, elle supposait que nous ne pourrions pas l'accepter, et que la Prusse ne voudrait pas la retirer. Dès que la perspective d'un retrait fut entrevue, elle changea de langage, et l'on entendit les mêmes personnes, qui avaient estimé la candidature Hohenzollern si menaçante que son succès eût été notre déchéance, affecter de ne la plus considérer que comme un événement secondaire, beaucoup trop grossi, dont on avait eu tort de s'alarmer, si on ne voulait pas y chercher l'occasion favorable de vider notre querelle permanente avec la Prusse. J'avais signalé à l'Empereur ce mouvement lorsqu'il commença à se produire, et je m'y étais opposé avec une intraitable résolution.

La Droite, n'espérant pas venir à bout de ma résistance, me déchirait rageusement. J'étais accusé de manquer de courage, de patriotisme et de clairvoyance. Le *Pays* et le *Public* avaient lancé les insinuations les plus désobligeantes. Mais tout ce déchaînement de colère ne m'ébranlait pas. Gramont, après les engagements pris envers moi et envers Lyons, l'Empereur, après l'assentiment qu'il avait donné à ses promesses, étaient aussi engagés que moi à ne pas élargir le débat. La Droite alors eut l'habileté infernale de ne pas braver en face une résistance dont elle était sûre de ne pas venir à bout; elle renonça à parler du traité de Prague et se mit à envenimer la question Hohenzollern sur laquelle nous ne pouvions pas éluder la discussion. Elle saisit habilement ce qu'il y avait de critiquable dans la renonciation : les journaux anglais en constataient l'étrangeté; elle était faite par le père pour le fils, et le *Standard* trouvait « ce procédé bizarre »; le *Times* s'étonnait de ne voir paraître nulle part le nom du prince Léopold lui-même, « qui est cependant majeur, âgé de trente-cinq ans, et qui a eu une part active dans toute l'affaire. — Reste à savoir, ajoutait-il, jusqu'à quel point le jeune prince se croira lié par le désistement de son père. » « Le père Antoine, disait à son tour la Droite, se joue de nous autant que l'a fait le prince Augustenbourg. » Le 30 novembre 1852, le chef de la famille des Augustenbourg, sur l'honneur et la foi de prince, avait renoncé pour lui et son fils, moyennant un million et demi de doubles rixdales, à tous ses droits dans les duchés; son fils n'en réclama pas moins cette succession, tout en gardant la somme reçue; quand on lui contesta la validité de ses droits, il répondit : « Comment! ils ne valent rien! mais je les ai déjà vendus et ils sont encore bons! » Par bonheur encore, les membres de la Droite ignoraient que le prince Antoine n'avait renoncé au nom de son fils que parce que le prince Léopold avait d'abord refusé de le faire.

Ils invoquaient des considérations historiques très spécieuses; ils rappelaient cette pensée si forte de La Bruyère : « Ne songer qu'au présent, source d'erreur en politique. » C'est pourquoi, concluaient-ils, les hommes d'État sérieux ne sauraient considérer comme terminée une affaire de nature à recommencer tant qu'à la solution présente on n'aurait pas ajouté des mesures préservatrices contre un recommencement futur. — Ils nous accablaient d'exemples d'affaires dont les solutions ont été subordonnées à une garantie pour l'avenir. A la suite d'un soulèvement, les Autrichiens, appelés par le Pape, avaient occupé les Légations; Casimir Périer envoie aussitôt des troupes à Ancône et le Pape se décide à reconnaître cette mainmise sur une ville de son territoire, à la condition qu'elle sera temporaire et que les Français se retireront d'Ancône en même temps que les Autrichiens de Bologne. Nonobstant, Thiers, ministre des Affaires étrangères, subordonne le départ de nos troupes *à des garanties pour l'avenir*, en cas d'une nouvelle intervention autrichienne, motivée par de nouveaux soulèvements. Son successeur, Molé, ayant évacué Ancône, sans avoir obtenu ces garanties, Duchâtel, Thiers, Guizot, Broglie le lui reprochent au Parlement. Palmerston subordonna la fin de la guerre de Crimée à l'obtention des « *garanties pour l'avenir* contre les nouvelles entreprises possibles de la Russie. » La Prusse et l'Allemagne ne cessèrent de réclamer du Gouvernement danois des *garanties pour l'avenir* en faveur des Allemands établis dans les Duchés. En 1869, lorsqu'on parla de la candidature Hohenzollern une première fois, si l'Empereur, fidèle aux exemples des politiques sérieux, n'avait pas regardé seulement au présent, s'il avait pris des sûretés pour l'avenir, il n'aurait pas été surpris par le guet-apens prusso-espagnol : on lui reprochait cette imprévoyance. Devait-il la commettre de nouveau, laisser ouverte la possibilité d'une troisième alerte ? Il fallait donc assurer l'avenir en demandant au roi de Prusse, non seulement l'approbation du retrait de la candidature, mais une garantie formelle qu'il n'autoriserait pas les princes à la renouveler.

Ces raisonnements, en thèse, n'étaient pas dépourvus de vérité. Il est incontestable que, quand une affaire s'assoupit momentanément, il est prudent de prévoir par des garanties un recommencement possible. Mais tel n'était point le cas. L'aventure avait eu des conséquences si pénibles pour tous ceux qui y avaient été mêlés qu'on ne pouvait leur supposer la tentation de la recommencer, et le roi de Prusse, qui s'y était engagé à contre-cœur, ne voudrait certes plus en entendre parler. De plus, quand on délibère si l'on doit ou non accomplir un acte, il ne suffit pas de le considérer en lui-même : il faut tenir compte des circonstances au milieu desquelles il se produira. L'acquiescement du Roi à la demande de l'Empereur eût produit des conséquences déplorables pour lui. Si à la renonciation qui, malgré tous les démentis, lui était attribuée, il avait ajouté un engagement quelconque, une clameur universelle se fût élevée contre son humiliation : c'était précisément la perfidie de la Droite d'avoir soulevé une exigence à laquelle il était impossible que notre adversaire fît droit. La demande de garanties ne pouvait être interprétée que comme une volonté d'amener la guerre.

La plupart des meneurs de la Droite (il convient toujours de faire une part aux sincères), se souciaient peu et de l'Espagne, et des Hohenzollern, et de l'avenir : le présent seul les occupait. Se flattant de la victoire que les généraux leur promettaient, ils voulaient d'une guerre dont nous ne voulions pas, afin de nous débusquer du Gouvernement, de le reprendre et de jeter au ruisseau, comme une loque, le régime libéral. Ils attendaient de la mauvaise humeur du roi de Prusse le rejet de la demande de garanties : ils supposaient que ce refus aigrirait les esprits, que la querelle envenimée de part et d'autre les amènerait, par cette voie détournée, à la guerre.

Entre la poussée belliqueuse de la Droite et la politique pacifique du ministère, l'Empereur oscillait, se laissant tour à tour aller à l'une ou à l'autre de ces impulsions. La paix paraissait-elle assurée, il regrettait les satisfactions que la guerre eût données au pays et ressentait une secousse guerrière. La guerre semblait-elle imminente, il reculait et retombait sur son fond pacifique. Cette fois, en adoptant la demande de garanties de la Droite, il semblait bien qu'il eût pris parti pour la guerre, et, comme il était certain que pour cette politique il n'obtiendrait ni mon concours ni celui du Cabinet, il l'imposait par un acte de pouvoir personnel au seul de ses ministres qui pût se prêter à un tel oubli des règles protectrices du régime parlementaire. Gramont n'était pas imbu des exigences de ce régime ; il restait l'ambassadeur habitué à obéir à tous les ordres de son souverain ; de très bonne foi, il n'eut pas l'idée que ce n'était pas correct, et, ministre parlementaire, il s'associa à un acte destructif du pouvoir parlementaire. De sa part, ce n'était qu'obéissance et non préméditation belliqueuse ; de la part de l'Empereur, j'en suis sûr, ce n'était que condescendance de faiblesse, non volonté décidée de guerre. Mon habitude des procédés de son esprit et de la facilité avec laquelle, sans se laisser arrêter par des considérations d'amour-propre, il revenait sur ses pas s'il s'était trop avancé, me donne la conviction qu'une arrière-pensée le décida à passer de la sage résolution des Tuileries à la folle improvisation de Saint-Cloud : il se dit qu'après tout cette demande de garanties, à laquelle il n'avait pas donné la forme d'un ultimatum public, n'était pas d'une telle nature qu'elle ne pût être abandonnée, si elle devait conduire à la guerre. Il oubliait que, dans des situations aiguës, certains actes produisent des effets immédiats et irrévocables et entraînent où l'on ne voulait pas aller.

Gramont put se convaincre, dès son retour au ministère, de la façon dont on interpréterait sa dépêche de Saint-Cloud. Lyons étant venu le voir, il ne lui dissimula pas ses objections sur le caractère insuffisant de l'acte du prince Antoine et l'impossibilité, en présence de l'excitation de l'esprit public, de clore l'incident, sans avoir obtenu une satisfaction quelconque du roi de Prusse. Lyons exprima sa surprise. Il représenta que la situation était complètement modifiée : « Si la guerre survenait maintenant, toute l'Europe dirait que c'est le fait de la France, qu'elle s'est jetée dans une querelle sans cause sérieuse, par orgueil et par ressentiment. Peut-être, au premier moment, la Chambre et le pays exprimeraient quelque désappointement d'une résolution pacifique ; mais le ministère est dans une meilleure situation s'il se contente de son triomphe diplomatique que s'il plonge le pays dans une guerre pour laquelle n'existe aucun motif avouable ». Il insista surtout sur les assurances qu'il avait été formellement autorisé à donner au Gouvernement de la Reine, que, *si le prince retirait sa candidature, tout serait terminé*. C'était le langage même de la raison et de l'amitié. Gramont reconnut qu'il l'avait en effet autorisé à donner ces assurances, à la condition toutefois, que Lyons oubliait, que le prince Léopold retirerait sa candidature *sur le conseil* du roi de Prusse : ce conseil impliquait la garantie tacite que la candidature ne serait pas reprise; le roi de Prusse avait refusé de le donner et il nous faisait déclarer par son ambassadeur qu'il était étranger à la résolution toute spontanée du prince Antoine; dès lors, la garantie sur laquelle nous comptions, à laquelle nous avions subordonné la fin de l'affaire, n'avait pas été obtenue. En raisonnant de la sorte, Gramont oubliait sa dépêche de 1 h. 40, dans laquelle, supposant une renonciation sans l'ordre ou le conseil du Roi, il se contentait d'une participation indirecte à une renonciation spontanée, et il n'avait aucune raison de croire, lorsqu'il consentit à lancer sa dépêche, que cette participation ne se produirait pas. Cependant, frappé des observations de l'ambassadeur, voulant, peut-être, se préparer une retraite, il dit à Lyons que la résolution définitive serait arrêtée dans le Conseil du lendemain et annoncée aussitôt après aux Chambres.

CHAPITRE XIV

LA LETTRE DE L'EMPEREUR A GRAMONT SUR LA DEMANDE DE GARANTIES

Je n'étais pas préoccupé de ce qui pouvait arriver de Berlin ou d'Ems. Je l'étais, au contraire, beaucoup de ce qui surviendrait de Madrid, et je redoutais toujours quelque nouvelle noirceur de Prim. Selon l'observation très juste de Gramont, le texte de la dépêche du prince Antoine était conçu de manière à soulever le sentiment public espagnol ; on y remarquait comme une certaine affectation à admettre que la France portait atteinte à l'indépendance de ce peuple ; on eût dit qu'il voulait établir une solidarité entre la candidature de son fils et la fierté nationale de l'Espagne. Il disait en effet : « Si je ne retirais pas la candidature de mon fils, le peuple espagnol ne pourrait prendre conseil que du sentiment de son indépendance, et l'élection serait assurée. Je la retire pour ne pas exposer l'Espagne à la nécessité de défendre ses droits. » Le Gouvernement espagnol, excité sous main par Prim, à l'exemple des Grecs après la renonciation du prince Alfred, ne se déciderait-il pas à passer outre et à proclamer roi le prince Léopold, à titre d'affirmation de son indépendance nationale? Le prince, qui, personnellement, n'avait pas renoncé, imitant la conduite de son frère Charles en Roumanie, ne débarquerait-il pas, à l'improviste, sur les côtes espagnoles? Une correspondance étrangère l'annonçait.

Dans la soirée, ayant ma femme à mon bras, je me dirigeai vers le quai d'Orsay où se trouvait alors l'ambassade d'Espagne. Olozaga dînait en ville. Nous l'attendîmes quelque temps en nous promenant sur le quai : il n'avait encore rien reçu de Madrid, mais il me rassura ; il ne doutait pas que son initiative ne fût approuvée ; si on la désavouait, il cesserait aussitôt d'être ambassadeur ; il l'avait notifié, et l'on n'oserait pas s'exposer à cet embarras. Il me confirma ce que l'Empereur m'avait raconté de la manière dont la renonciation avait été amenée. « Malgré l'intimité de nos rapports, me dit-il, je ne vous ai instruit de rien, parce que le secret le plus absolu était la première condition du succès. Sur mon insistance, l'Empereur n'a pas gardé une réserve moindre. » Et il me conta alors sa visite pendant le Conseil du matin aux Tuileries. Il ajouta à ces confidences les avis les plus affectueux et les plus sensés : « Croyez-moi, de notre côté tout est terminé, la renonciation sera acceptée, la candidature ne sera pas reprise ; ne vous inquiétez pas, ne précipitez pas vos résolutions, et cela s'arrangera. »

Quoiqu'il fût tard, onze heures passées, nous

montâmes encore chez Gramont, dont le ministère était à quelques pas, afin de lui redire ce que je venais d'entendre de la bouche d'Olozaga, et de savoir si d'Ems n'était pas venue quelque information. En réponse à ma demande, Gramont me présenta son télégramme de sept heures réclamant des garanties. Je n'en avais pas achevé la lecture qu'on annonça un aide de camp porteur d'une lettre de l'Empereur. Gramont la lut, puis il me la passa. Elle était ainsi conçue : « Palais de Saint-Cloud, le 12 juillet 1870. — Mon cher duc, en réfléchissant à nos conversations d'aujourd'hui et en relisant la dépêche *du père Antoine*, comme l'appelle Cassagnac, je crois qu'il faut se borner à accentuer davantage la dépêche que vous avez dû envoyer à Benedetti en faisant ressortir les faits suivants : — 1° Nous avons eu affaire à la Prusse et non à l'Espagne. — 2° La dépêche du prince Antoine adressée à Prim est un document non officiel pour nous, que personne n'a été chargé en droit de nous communiquer. — 3° Le prince Léopold a accepté la candidature au trône d'Espagne, et c'est le père qui renonce. — 4° Il faut donc que Benedetti insiste comme il en a l'ordre, pour avoir une réponse catégorique, par laquelle le Roi s'engagerait pour l'avenir à ne pas permettre au prince Léopold, qui n'est pas engagé, de suivre l'exemple de son frère et de partir un beau jour pour l'Espagne. — 5° Tant que nous n'aurons pas une communication officielle d'Ems, nous ne sommes pas censés avoir eu de réponse à nos justes demandes. — 6° Tant que nous n'aurons pas eu cette réponse, nous continuerons nos armements. — 7° Il est donc impossible de faire une communication aux Chambres avant d'être mieux renseignés. — Recevez, mon cher duc, l'assurance de ma sincère amitié. »

Voici l'explication de cette lettre. Dans la soirée, quelques membres de la Droite, parmi lesquels Jérôme David et Cassagnac, étaient venus à Saint-Cloud. Il avaient raconté (ce qui était vrai) que la renonciation du père Antoine était la fable de Paris; ils avaient effrayé l'Empereur des périls et du ridicule auxquels il s'exposait en se payant d'une satisfaction dérisoire, lui avaient montré le mécontentement de l'armée, la désaffection du peuple, les ricanements hostiles de l'opposition, notre abaissement définitif en Europe, et ils l'avaient menacé du discours furibond de Gambetta dont il était question dans les couloirs. L'Empereur, sous l'influence de leurs paroles, s'enfonçant dans sa défaillance, avait écrit à Gramont « d'accentuer davantage la dépêche qu'il avait dû envoyer à Benedetti. » La poussée intérieure de Saint-Cloud avait amené le télégramme de sept heures, la poussée extérieure des visiteurs du soir dicta la lettre à Gramont.

Quelque haut qu'on ait placé son âme au-dessus des susceptibilités vulgaires, il est impossible de ne pas ressentir certains procédés. Être demeuré d'accord avec l'Empereur, à trois heures, qu'aucune détermination ne serait prise avant le lendemain au Conseil, et apprendre après onze heures du soir, par hasard, qu'une détermination grave a été adoptée, mise à exécution, sans qu'on ait été ni consulté, ni prévenu; là où l'on arrivait pour une conversation dénouée se trouver en présence d'un fait accompli d'une importance majeure, il y avait de quoi justifier une explosion de rudes paroles. Cependant, je dominai mon sentiment. Cette lettre de l'Empereur, la première traçant une ligne de conduite au ministère qui ne me fût pas adressée, me faisait apparaître la demande de garanties, non comme l'incitation d'un collègue oublieux des devoirs de la solidarité ministérielle, mais comme un acte du pouvoir personnel auquel Gramont s'était prêté par habitude de métier. Ce ne fut pas à lui, ce fut à l'Empereur que je me réservai d'adresser ma plainte. A l'heure actuelle, que faire? Je n'avais pas le pouvoir d'exiger de Gramont qu'il reprit son télégramme de sept heures envoyé en vertu d'un premier ordre, pas davantage celui de lui interdire d'exécuter le second ordre qu'il venait de recevoir. Tout au plus aurais-je pu le prier de se rendre avec moi auprès de l'Empereur, afin de l'amener à rétracter ses injonctions. Si nous eussions été en plein jour, je n'y aurais pas manqué. Mais à minuit je n'y pouvais songer. Aurais-je réussi à aborder l'Empereur, l'aurais-je amené à révoquer ses instructions et à n'y point persister, ces démarches eussent employé une partie de la nuit et un contre-ordre ne serait parvenu à Benedetti qu'après qu'il aurait exécuté l'ordre. Le fait était irrévocablement accompli; je n'avais l'option qu'entre deux partis : ou protester par une démission, ou m'ingénier à annuler les conséquences de ce fait que je ne pouvais plus empêcher.

Quoique très blessé, je crus que je devais d'abord atténuer l'effet d'une démarche que je ne pouvais plus empêcher. Je dis à Gramont d'un ton navré : « On va vous accuser d'avoir prémédité la guerre et de n'avoir vu dans l'incident Hohenzollern qu'un prétexte de la provoquer. N'accentuez pas votre première dépêche comme vous le prescrit l'Empereur, atténuez-la. Benedetti aura déjà accompli sa mission lorsque cette atténuation lui parviendra, mais dans la Chambre vous y trouverez un argument pour établir vos intentions pacifiques ». Alors, je m'assis devant un bureau, et j'écrivis les deux paragraphes suivants : « Afin que nous soyons sûrs que le fils ne désavouera pas le père et qu'il n'arrivera pas en Espagne, comme son frère l'a fait en Roumanie, il est indispensable que le Roi veuille bien nous dire qu'il ne permettra pas au prince de revenir sur la renonciation communiquée par le prince Antoine. Dites bien au Roi que nous n'avons aucune arrière-pensée, que nous ne cherchons pas un prétexte de guerre, et que nous ne demandons qu'à sortir honorablement d'une difficulté que nous n'avons pas créée nous-mêmes ».

La différence entre ce texte et le premier était considérable. C'était une transformation plus qu'une atténuation : indépendamment de l'assurance pacifique qui ne se trouvait pas dans le premier, il contenait un amoindrissement de la demande de garanties; la dépêche de sept heures réclamait une garantie générale en vue de toutes les éventualités de l'avenir, mon texte limitait cette garantie au présent et n'avait en vue que le cas où Léopold ne ratifierait pas la *renonciation actuelle* faite par son père. Attribuât-on faussement à mon conseil amical le caractère d'une collaboration, on n'en saurait conclure que j'approuvais la demande lancée à mon insu. Cette première demande ne pouvait être accueillie par le Roi tandis qu'il était à peu près certain qu'il ne rejetterait pas la seconde.

Ces lignes écrites, je me levai, et comme je n'avais pas encore vu clairement la conduite que devait me conseiller l'acte grave qui venait de m'être révélé, je partis troublé et soucieux. Gramont trouva mon conseil bon, mais il ne le suivit qu'à demi. Il juxtaposa mon texte, qui restreignait la garantie au fait présent, à son texte précédent, qui la réclamait pour l'avenir, et il mit ainsi une contradiction dans la nouvelle dépêche qu'après mon départ il adressa à Benedetti. Du reste, ainsi que je l'avais prévu, cette dépêche expédiée à 11 h. 45 n'arriva à Benedetti que le lendemain à 10 heures et demie, lorsqu'il avait déjà vu le Roi.

Au ministère, je trouvai Robert Mitchell. Il me demanda comment il devait présenter, dans le *Constitutionnel* du lendemain matin, la renonciation du prince Antoine. N'ayant pas encore réfléchi au parti que j'allais prendre, je ne lui parlai pas de la demande de garanties, et ne lui exprimai que ma pensée propre, ce qui était une manière de commencer la lutte avec Saint-Cloud : « Déclarez que nous sommes satisfaits et que tout est fini ». Mitchell, qui soutenait de la verve de son merveilleux esprit, et du courage d'un brave cœur, la cause de la paix, presque seul au milieu des ardeurs guerrières de la plupart des journalistes parisiens, accueillit mes assurances comme une victoire personnelle, et, me félicitant chaudement, partit tout enchanté rédiger sa note pacifique.

Resté seul, je débattis, pendant une longue nuit d'insomnie, la conduite que je devais suivre, et je revins sur tous les incidents de la journée. Mon premier mouvement fut d'envoyer ma démission : « Vous étiez trop surchargé d'affaires, — m'a écrit un de mes collègues qui connaissait la Droite de près depuis longtemps, Parieu, — pour observer tout ce qui se tramait autour de vous. » Sans avoir eu, en effet, le temps d'observer leur trame, je l'avais devinée. Je me sentais trahi, mal servi, de tous les côtés ; il fallait faire une épuration de l'ancien personnel, et je n'avais pas la dureté de cœur de l'opérer. Je me sentais profondément blessé de cette renaissance du pouvoir personnel. J'étais las et désireux de reprendre haleine ; l'idée d'être obligé de donner le signal d'une guerre me bouleversait ; l'occasion de me retenir était opportune, j'eus une violente tentation de la saisir.

En creusant mes pensées, cette retraite me parut un acte d'égoïsme condamnable. C'eût été, comme les Saxons, au milieu de la bataille, passer à l'ennemi, me poser en témoin contre la cause de mon pays, donner raison à Bismarck, augmenter l'arrogance de ses refus, convier l'Europe à se prononcer contre nous, enfin détruire l'unique espérance de paix qui nous restait encore. Je n'avais aucun doute sur ce qui allait advenir. Le roi de Prusse approuverait la renonciation, mais il repousserait toute promesse de garanties. A la suite de ma démission, un ministère de guerre, tout préparé dans la coulisse, me remplacerait et répondrait au refus du Roi par de hautaines insistances dont la guerre serait inévitablement sortie. En demeurant aux affaires, j'avais au contraire l'espérance de faire annuler la demande de garanties et d'obtenir du Conseil et de l'Empereur lui-même qu'ils accepteraient le refus du Roi sans prolonger la crise par d'inutiles insistances. Quand Daru envoya son mémorandum sans consulter le Conseil, je ne m'étais pas retiré, et j'avais réussi à anéantir ce mémorandum; c'était encore la meilleure conduite à suivre. J'étais certain de la majorité dans le Conseil; la Chambre me suivrait-elle et ne succomberais-je pas sous une coalition de Droite et de Gauche? Je ne le croyais pas, tant que l'Empereur serait avec moi. Dans tous les cas, je tomberais noblement, n'ayant pas sacrifié l'intérêt de mon pays à une susceptibilité personnelle, quelque légitime qu'elle fût. Je n'envoyai donc pas ma démission. Par là, il est vrai, je me rendais solidaire officiellement d'un acte que je déplorais. En apparence, je m'y associais, mais comme le paratonnerre s'associe à la foudre pour la conjurer.

CHAPITRE XV

LA MATINÉE DU 13 JUILLET A EMS
LE ROI DE PRUSSE REPOUSSE LA DEMANDE
DE GARANTIES

Dans la nuit du 12 au 13, Benedetti reçut la dépêche de Gramont de sept heures du soir. Il a raconté depuis qu'il jugea inutile, inopportune et dangereuse la demande de garanties exigée par cette dépêche : « Ces garanties étaient-elles indispensables, et quelles raisons avait-on de présumer que le roi de Prusse, sorti de ce conflit, non sans dommage pour son prestige, aurait pu consentir à y rentrer ? Comment admettre que le Roi, après avoir approuvé, dans une communication faite à l'ambassadeur de France, la résolution de son neveu, aurait pu, aurait voulu l'autoriser à reprendre sa candidature ? » Puisque Benedetti pensait ainsi, il devait ne pas faire sans observations une démarche dont il apercevait les conséquences fâcheuses. Y était-il contraint par ses obligations d'ambassadeur ? Un ambassadeur n'est pas simplement un téléphone qui transmet la parole de son Gouvernement. Sans doute, il est cela, mais il est plus encore, un informateur, un conseiller astreint à une initiative éveillée. Benedetti lui-même pratiqua souvent avec à-propos cette règle : il dissuada de demander à l'Italie, en 1860, la garantie du pouvoir pontifical et fit écarter certaines clauses dans le traité relatif à la conquête de la Belgique, en 1866. Il se l'était rappelé dans cette négociation d'Ems même : il avait tenu un langage plus modéré que celui qu'on lui avait prescrit, il n'avait point voulu parler d'ordres, mais de conseils, et avait refusé d'informer le Roi de l'envoi, par Serrano, d'un messager au prince Léopold. Les instructions de Gramont du 12, à sept heures, étaient, j'en conviens, plus impérieuses que les autres, mais elles étaient aussi plus graves, et, loin de dispenser du devoir d'observations, elles l'imposaient d'autant plus que les effets d'une démarche mal inspirée devaient, à son avis, être plus irréparables. « J'étais en dissentiment, a-t-il écrit en 1895, avec le duc de Gramont. » Mais ce n'est pas si tard qu'il fallait, dans des *Essais diplomatiques*, manifester ce dissentiment, c'était le matin du 13 juillet, par une dépêche d'avertissement et d'objection. En ne le faisant pas, il s'est ôté le droit de censurer Gramont et de se considérer comme à l'abri de tout reproche. Non seulement il a accompli sa mission sans envoyer à Paris aucune critique, mais il y mit autant d'insistance que s'il exprimait une conviction personnelle.

Le matin du 13, à la première heure, il se rend

auprès de l'aide de camp de service, Radziwill, et lui demande de solliciter une audience. Le Roi était déjà sorti. Néanmoins, on put l'informer du désir de l'ambassadeur et il répond qu'il le recevra après sa rentrée. En attendant, Benedetti se promenant dans le parc, près des Sources, se trouve brusquement en face du Roi (9 h. 10). Guillaume marchait avec son frère, le prince Albrecht, suivi d'un adjudant, lorsque, sur le bord de la Sahr, près de la maison des bains, il aperçoit Benedetti. L'ambassadeur avait trop de politesse pour aborder le Roi ; ce fut le Roi qui s'avança vers lui. Les promeneurs, ayant aperçu ce mouvement, regardaient avec curiosité, comme pour essayer de pénétrer le sens de cette rencontre. Alors, le prince Albrecht et l'adjudant s'arrêtèrent à quelques pas en arrière, pour contenir la foule, afin qu'elle n'entendit pas la conversation. Le visage du Roi était éclairé par le contentement d'un homme qui va sortir d'une affaire pesante à son cœur. « Le courrier de Sigmaringen, dit-il, n'est pas encore arrivé, mais voyez ici une bonne nouvelle. » Et, en même temps, il lui tend une feuille supplémentaire de la *Gazette de Cologne* contenant le télégramme de Sigmaringen. « Par là, ajouta-t-il gaiement, tous nos soucis et toutes nos peines ont pris fin. » Il s'attendait à des remerciements empressés et satisfaits. Au lieu de cela, Benedetti lui dit d'un ton sérieux : « Un télégramme du duc de Gramont m'annonce la renonciation du prince à la couronne d'Espagne. L'empereur Napoléon a reçu avec satisfaction cette nouvelle et il espère que ce fait mettra fin à l'incident; mais il désire obtenir de Votre Majesté l'assurance que la candidature, qui vient d'être retirée, ne sera pas reproduite à l'avenir. Et je demande à Votre Majesté de me permettre d'annoncer au duc de Gramont qu'Elle interdirait au prince de poser de nouveau sa candidature. »

On comprend ce qui dut se passer dans l'âme du Roi. Décidé à terminer l'affaire pacifiquement, à risquer même une rupture avec le ministre de sa confiance et à s'exposer aux critiques de l'opinion nationale allemande, il recevait pour réponse à cet effort honnête une exigence inutile que, malgré toute sa bonne volonté, il lui était impossible d'accueillir sans se déconsidérer. Il montra une possession de lui-même vraiment royale. Très fermement, mais sans manquer à aucune des formes de sa courtoisie habituelle, il témoigna à l'ambassadeur sa surprise de cette exigence inattendue et lui expliqua pourquoi il la repoussait : « Je ne connais pas encore la détermination du prince Léopold, j'attends à tout moment le message qui doit m'en instruire ; je ne puis donc vous donner aucun éclaircissement, ni vous autoriser à transmettre à votre Gouvernement la déclaration que vous me demandez. » Benedetti insiste, presse le Roi de raisonner par hypothèse et d'admettre comme accomplie la renonciation. Il l'adjure, entrant dans une distinction à laquelle il n'était pas autorisé, d'y consentir comme chef de famille, sinon comme souverain. Le Roi ne s'explique pas sur l'approbation et refuse péremptoirement toute garantie d'avenir. « Je ne veux ni ne puis prendre un pareil engagement; je dois, pour cette éventualité comme pour toute autre, me réserver la faculté de consulter les circonstances. Qu'arriverait-il, en effet, si plus tard Napoléon lui-même admettait la candidature? Je devrais donc alors m'y opposer? Je n'ai aucun dessein caché et *cette affaire m'a donné de trop grandes préoccupations pour ne pas désirer qu'elle soit définitivement écartée.* Cependant, vous pouvez répéter à l'Empereur Votre Souverain ce que je vous affirme ici. Je connais mes cousins, le prince Antoine de Hohenzollern et son fils; ils sont d'honnêtes gens et, s'ils ont retiré la candidature qu'ils avaient acceptée, ils n'ont certes pas agi avec l'arrière-pensée de la reproduire plus tard. » Benedetti revint à la charge une troisième fois : « Je m'expliquerais jusqu'à un certain point que le souverain ou son Gouvernement ne voulussent pas engager l'avenir; mais, en restant sur le terrain où le Roi s'est placé lui-même, je m'adresse au chef de la famille des Hohenzollern, et, en cette qualité, Votre Majesté peut assurément accueillir, sans préjudice d'aucune sorte, la demande que j'ai été chargé de lui présenter. Notre démarche est sans arrière-pensée, nous avons uniquement en vue de conjurer tout nouveau dissentiment et de rendre une confiance entière aux intérêts alarmés. » Cette fois le Roi s'impatiente et trouve l'insistance déplacée.

Sans cesser d'être poli, sur un ton plus sévère, il dit : « Monsieur l'Ambassadeur, je viens de vous donner ma réponse, et, comme je n'ai rien à y ajouter, permettez que je me retire. » Il fait deux pas en arrière, salue, traversant la foule qui s'écarte devant lui, rentre dans son hôtel, plus mécontent qu'il ne l'avait laissé paraître, et, dans le récit qu'il fait à la Reine, il traite Benedetti de *presque impertinent.*

Benedetti communiqua aussitôt télégraphiquement cette réponse à Paris (10 h. et demie). Peu d'instants après, il reçut la seconde dépêche de la nuit de Gramont, qui atténuait et restreignait la première. Il répondit : « J'attends que le Roi me fasse demander pour me donner connaissance du message du prince de Hohenzollern, qui devrait arriver d'un instant à l'autre. Je profiterai de cette occasion pour insister sur ce que j'ai dit ce matin au Roi et me conformer de nouveau aux ordres de l'Empereur. »

CHAPITRE XVI

LA MATINÉE DU 13 JUILLET A PARIS

A Paris, la journée du 13 s'ouvrit par l'article de Robert Mitchell dans le *Constitutionnel* : « La candidature d'un prince allemand au trône d'Espagne est écartée, et la paix de l'Europe n'en sera pas troublée. Les ministres de l'Empereur ont parlé haut et ferme, comme il convient quand on a l'honneur de gouverner un grand pays. Ils ont été écoutés ; on a donné satisfaction à leur juste demande. Nous sommes satisfaits. Le prince Léopold de Hohenzollern avait accepté la couronne d'Espagne ; la France a déclaré qu'elle s'opposerait à une combinaison politique ou à un arrangement de famille qu'elle jugeait menaçants pour ses intérêts, et la candidature est retirée. Le prince de Hohenzollern ne régnera pas en Espagne. Nous n'en demandions pas davantage ; c'est avec orgueil que nous accueillons cette solution pacifique, une grande victoire qui ne coûte pas une larme, pas une goutte de sang. »

Je trouvai l'article conforme à mes vues, excellent dans son tour optimiste, et je me rendis à

Saint-Cloud, au Conseil, à neuf heures du matin, résolu à obtenir de mes collègues la consécration officielle de ce que l'intelligent écrivain avait si vaillamment exprimé. Le Bœuf ignorait comme tous les autres ministres l'envoi de la demande de garanties. Dans l'antichambre de la salle du Conseil, il rencontre le Prince impérial accompagné d'un aide de camp. L'aide de camp lui dit d'un air superbe : « Ce n'est pas fini ! Nous demandons des garanties ; il nous en faut ! » Le Bœuf bondit : « Des garanties ? qu'est-ce que cela signifie ? Que s'est-il passé ? Il y a donc du nouveau ? » Il entre comme un furieux dans la salle du Conseil, se dirige vers Gramont et moi, qu'il aperçoit en conversation debout devant une fenêtre, et nous interpelle d'un accent de colère : « Qu'y a-t-il donc ? Qu'est-ce que ces garanties ? La querelle recommence et je l'ignore ? Mais j'ai arrêté mes préparatifs ! vous ne savez pas quelle terrible responsabilité pèse sur moi. Cela ne peut pas durer, il faut absolument que je sache, ce matin, si c'est la paix ou la guerre. »

Le Bœuf avait jusque-là assisté à nos Conseils muet et sans pousser à la guerre. Même une fois, Chevandier, étant revenu sur notre devoir de ne rien négliger pour préserver la paix, Le Bœuf, qui était son voisin, lui dit, en lui tapant sur la jambe : « Ne craignez pas d'insister, c'est l'avis de l'Empereur. » Ce jour-là, il entra dans la discussion en bourrasque. A peine Gramont a-t-il fini de donner lecture des divers documents reçus ou expédiés depuis la dernière séance et notamment des dépêches de la soirée, que Le Bœuf demande, en termes ardents, le rappel immédiat des réserves : « après quoi, il ne s'opposait pas à ce qu'on fît de la diplomatie autant qu'on le voudrait. Chaque jour que vous me faites perdre, s'écria-t-il, compromet les destinées du pays ». L'appel des réserves qu'il nous demandait, c'était la guerre immédiate, car la Prusse, Benedetti nous en avait prévenus, aurait aussitôt répondu par la mobilisation de son armée. Au moment de l'affaire du Luxembourg, Niel, ayant envoyé Le Bœuf à Metz pour compléter quelques approvisionnements en prévision d'une rupture, avait failli ainsi tout précipiter. L'appel des réserves, c'était donc la guerre certaine. Devions-nous vouloir la guerre? Nous n'avions pas à rechercher s'il convenait ou non de lancer une demande de garanties qui était à cette heure entre les mains du roi de Prusse; nous ne pouvions pas délibérer comme si les télégrammes de la nuit n'avaient pas été envoyés et comme si la question était demeurée entière; nous nous trouvions en présence d'un fait accompli qui s'imposait à nous, dont nous étions obligés de tenir compte, et contre lequel il n'y avait de protestation possible qu'une démission. Personne ne parla de la donner, et aucune récrimination, de la part de qui que ce fût, ne se fit entendre, soit par respect pour l'Empereur, soit à cause de son inutilité. Il n'y avait qu'une chose pratique à faire, c'était, au lieu de perdre son temps à récriminer, d'empêcher la démarche malheureuse de produire les effets belliqueux que ses inspirateurs s'en étaient promis.

On ne s'occupa donc que de la question urgente : celle de savoir les conséquences que nous laisserions produire à cette demande de garanties que nous ne pouvions plus reprendre. Nous ne possédions encore que le télégramme d'Olozaga contenant la renonciation du prince Antoine et nous fûmes unanimes à convenir que nous ne la considérerions pas comme suffisante tant qu'elle ne serait pas ratifiée par le prince Léopold, approuvée par le roi de Prusse et acceptée par l'Espagne. Si, comme c'était probable, le prince Léopold ne désavouait pas son père, si le Roi l'approuvait comme il s'y était engagé, si l'Espagne se résignait à l'abandon de son candidat, nous déclarerions-nous satisfaits lors même que le Roi refuserait de nous donner la garantie de l'avenir? Au contraire, insisterions-nous? Donnerions-nous à cette insistance le caractère d'un ultimatum, et rappellerions-nous nos réserves afin de soutenir nos exigences? C'est uniquement sous cette forme que se posa la question de paix ou de guerre.

Le Conseil se divisa. Mège et Maurice Richard appuyèrent vivement les réclamations de Le Bœuf; la renonciation du père Antoine n'était pas sérieuse; le pays exaspéré nous bafouerait si nous nous en contentions; l'offense était venue du roi de Prusse, c'est de lui que devait venir la réparation; une garantie pour l'avenir était le moins que nous pussions réclamer; il n'en fallait pas démordre, et, pour être prêts à l'exiger si on nous la refusait, il était urgent d'accueillir la demande du maréchal et de décréter le rappel des réserves. L'Empereur adopta cet avis; il reproduisit les divers arguments de sa lettre, et s'échappa à dire amèrement : « Nous avons bien d'autres griefs contre la Prusse que cette affaire Hohenzollern. » A ce moment, la discussion fut interrompue par la remise d'une lettre de Lyons, dont l'Empereur nous donna lecture. Elle contenait un télégramme de Granville, représentant l'immense responsabilité que le gouvernement de l'Empereur encourrait, s'il élargissait le terrain du conflit et ne se déclarait pas satisfait de la renonciation. En arguant de l'appui prompt et énergique qu'il nous avait donné, il nous pressait d'une façon amicale, mais en même temps très urgente, d'accepter la solution advenue comme satisfaisante.

La discussion recommença, élevée, approfondie, ardente. Chacun des membres du Conseil opina nominativement. Je m'opposai au rappel des réserves par les raisons que j'aurais données contre la demande de garanties, si l'on m'avait consulté avant de l'envoyer, et je soutins que, le Roi refusât-il toute garantie, comme c'était à peu près certain, nous devions ne pas insister, déclarer l'affaire finie, ne pas rappeler nos réserves et ne pas nous jeter ainsi dans la guerre au moment où il dépendait de nous d'assurer la paix. Segris et Chevandier me soutinrent, l'un avec sa belle éloquence, l'autre avec son bon sens persuasif. Louvet et Plichon ne furent pas moins pressants. Je repris plusieurs fois la parole, revenant sur les mêmes arguments avec véhémence, presque avec emportement, jusqu'à ce que l'Empereur, qui suivait la discussion sans s'y mêler, ébranlé enfin, se ralliât à ma thèse et entraînât l'adhésion de Gramont. On procéda au vote et mes conclusions furent adoptées par huit voix contre quatre (celles de l'amiral et du maréchal, de Mège et de Maurice Richard), et il fut entendu que nous attendrions sans les troubler le résultat des démarches de Benedetti, mais que, si elles ne réussissaient pas à obtenir les garanties et n'apportaient que l'approbation, nous nous en contenterions. Ainsi, sans retirer la demande de garanties, ce qui n'était pas possible, nous en annulions d'avance les effets. L'intention perverse de ceux qui avaient inspiré cette demande était déjouée, et je m'applaudis de n'avoir pas cédé à ma susceptibilité et d'avoir pu ainsi contribuer à ce succès pacifique. Toutefois, comme nous étions dans l'impossibilité d'exposer et de justifier nos résolutions et d'accepter le débat qu'elles susciteraient avant d'avoir reçu les réponses de Madrid et d'Ems, nous rédigeâmes la déclaration suivante, à lire à la tribune : « L'ambassadeur d'Espagne nous a annoncé officiellement hier la renonciation du prince de Hohenzollern à sa candidature au trône d'Espagne ; les négociations que nous poursuivons avec la Prusse, *et qui n'ont jamais eu d'autre objet*, ne sont pas encore terminées; il nous est donc impossible d'en parler et de soumettre aujourd'hui, à la Chambre et au pays, un exposé général de l'affaire ».

Cette déclaration acceptait comme officielle la communication à laquelle, la veille, l'Empereur avait à bon droit refusé ce caractère. C'est la seule contre-vérité que nous nous soyons permise dans cette crise; elle nous a été inspirée par le désir d'augmenter les chances de la paix en donnant de la consistance à l'acte discuté du prince Antoine. En constatant que les négociations avec la Prusse n'avaient pas d'autre objet que la candidature Hohenzollern, nous écartions les exigences de la Droite et nous dissipions la crainte de Granville que nous n'élargissions le terrain du conflit; en parlant de nos demandes sans les formuler, nous indiquions que nous ne leur avions pas donné le caractère d'un ultimatum; le silence gardé sur la demande de garanties en préparait l'abandon. Admettez que, pendant cette délibération, nous eussions reçu de Benedetti un télégramme formulant les objections que soulevait cette demande, et nous disant qu'il suspendait la démarche jusqu'à ce que nous lui en réitérions l'ordre, le Conseil, au lieu de conjurer les effets d'un fait accompli, l'eût empêché de s'accomplir. Et Benedetti aurait ainsi, sans autre effort que celui d'une franchise obligée, rendu un service capital à son gouvernement et à son pays. On le voit, par le récit véridique du premier grand Conseil que nous tînmes dans ces journées décisives, et on le verra encore mieux bientôt : dans nos délibérations, tout fut réfléchi, méthodique, cohérent, et nos résolutions ne varièrent que parce que les événements varièrent eux-mêmes.

La séance terminée, nous étions presque tous sortis de la salle du Conseil et nous étions rendus au salon, sauf Segris, Maurice Richard et Parieu, qui causaient dans un coin, et l'amiral Rigault qui se tenait dans l'embrasure d'une fenêtre. Le Bœuf, qui avait suivi un instant l'Empereur dans ses appartements, rentre subitement dans la salle du Conseil, agité et soufflant, jette son portefeuille sur un petit meuble en chêne placé près de la porte et s'écrie : « Si ce n'était pas pour l'Empereur, je ne resterais pas cinq minutes membre d'un tel Cabinet, qui, par ses niaiseries, compromet les destinées du pays. » Segris s'arrête stupéfait, Richard s'approche pour le calmer : « Voyons, mon cher collègue... » Le Bœuf ne le laisse pas achever et l'écarte du geste : « Laissez-moi ! » et la figure empourprée, les yeux enflammés, il entre dans le salon où je l'avais précédé, s'approche de Pietri et de Bachon et leur dit : « Le rappel des réserves est repoussé par huit voix contre quatre. C'est une honte, il ne me reste plus qu'à donner ma démission. Je serai l'homme le plus populaire de France. On trahit l'Empereur », et, me montrant : « Voilà l'homme qui le trahit ». Il parlait si haut que Bachon lui dit : « Prenez garde, M. Ollivier va vous entendre ». Mes collègues ont souvent réprouvé cette sortie du maréchal ; je ne me suis pas joint à eux. L'émotion de se sentir rejeté tout à coup, sans avoir été prévenu, sous l'effroyable responsabilité dont il se croyait délivré, explique ces mouvements désordonnés d'une âme militaire.

La nouvelle de notre résolution pacifique s'était répandue dans le salon où l'Impératrice et sa suite nous attendaient pour le déjeuner. Ce fut à qui nous tournerait le dos ou nous ferait la moue. A table, l'Empereur avait à sa droite le Prince impérial, à sa gauche l'Impératrice. J'étais à gauche de l'Impératrice : elle affecta de ne pas m'adresser la parole, et quand je la provoquai à la conversation, elle me répondit à peine, à mots saccadés, saisit un de mes propos sur la renonciation pour se moquer du « père Antoine » et finit par me tourner le dos. A peine fut-elle polie lorsque nous prîmes congé.

De Saint-Cloud, nous nous rendîmes à la Chambre, où nous attendait, sous une forme plus agressive, le mécontement de la Cour. On sentait courir sur les bancs le frémissement sourd et intense, présage des séances passionnées. Dans la salle des conférences, Gambetta aborde Mitchell, le prend par son vêtement et lui dit d'un ton irrité : « Votre satisfaction est scélérate. » Un officier provoque le courageux journaliste en l'accusant de lâcheté. Quand la situation d'un ministre paraît forte, c'est à qui l'abordera, lui serrera la main, lui sourira, en obtiendra un mot ; lorsqu'elle s'affaiblit, c'est à qui l'évitera ; on se borne à le saluer de loin, d'un imperceptible mouvement de tête ; vers lui ne se risquent que quelques fidèles, inquiets et interrogatifs. Ce jour-là, on ne nous saluait que de loin, on passait à côté de nous, sans s'arrêter, d'un pas pressé, et ceux qui ne s'écartaient pas nous serraient la main avec un air de condoléance.

Gramont monte à la tribune et lit notre déclaration. Jérôme David demande de qui émanait la renonciation : il voulait recommencer la querelle sur le « père Antoine. » Gramont répond : « J'ai été informé, par l'ambassadeur d'Espagne, que le prince Léopold de Hohenzollern avait renoncé à sa candidature à la couronne d'Espagne. — Hier, reprend Jérôme David, le bruit a couru que la renonciation venait, non du prince de Hohenzollern, mais de son père. — Je n'ai pas à m'occuper des bruits qui circulent dans les couloirs, riposte sèchement Gramont. — Cette communication, ajoute Jérôme David, a été faite par le Garde des Sceaux publiquement dans les couloirs, non seulement à des députés, mais à des journalistes et à tous ceux qui l'entouraient. » Gramont ne répond plus, Duvernois intervient. Il n'était plus au dépourvu comme la veille. Dans la matinée, il était allé consulter Rouher sur les garanties qu'on devait exiger. Rouher abonda dans son sens et l'engagea à réclamer le désarmement. Il n'y avait pas de moyen plus sûr de mettre le feu à la situation : après l'échec de nos tentatives de janvier, dont Rouher devait être informé par son ami La Valette, reprendre la question de désarmement, c'était aller à la guerre à travers un échange aigu de mauvais propos, aussi rapidement que si nous avions exigé l'exécution du traité de Prague, ou un redressement de frontière vers le Rhin. Ainsi endoctriné, Duvernois prie, d'un ton rogue, la Chambre d'accorder un jour très prochain au développement de son interpellation. Sans attendre notre réponse, Jérôme David, exaspéré de n'avoir pu entraîner Gramont à une discussion sur le « père Antoine », se lève de nouveau, et, d'une voix sifflante, lit un projet d'interpellation, véritable acte d'accusation contre le Cabinet : « Considérant que les déclarations fermes, nettes, patriotiques du ministère à la séance du 6 juillet ont été accueillies avec faveur par la Chambre et par le pays; — considérant que ces déclarations du ministère sont en opposition avec la lenteur dérisoire des négociations avec la Prusse.(*Vives rumeurs sur un grand nombre de bancs.*) Je retire le mot dérisoire, si vous voulez. (*Bruit.*) — Considérant que ces déclarations du ministère sont en opposition avec la lenteur des négociations avec la Prusse, je demande à interpeller le ministère sur les causes de sa conduite à l'extérieur, qui, non seulement jette la perturbation dans les branches diverses de la fortune publique, mais aussi risque de porter atteinte à la dignité nationale. » (*Exclamations et mouvements en sens divers.*)

Jérôme David eut beau retirer le mot dérisoire; sa partie était provisoirement perdue, sous les exclamations et les murmures même de la Droite. On ne peut comprendre, quand on n'a pas siégé dans les assemblées, ces mouvements instantanés qui, aux jours de crise, déplacent la majorité et la rejettent de l'avis qu'elle paraissait avoir adopté avec passion à l'avis diamétralement opposé : toutes les assemblées sont peuple. Gramont, en protestant contre les paroles de Jérôme David, proposa que le jour de la discussion fût fixé au vendredi 15. Clément Duvernois ne contesta pas. Jérôme David ne se risqua plus à intervenir. Seul Kératry, scellant l'union en train de se conclure entre une portion de la Gauche et la Droite, réclama : « Vous aviez adressé un ultimatum au roi de Prusse, en lui donnant trois jours pour répondre. Ces trois jours sont expirés depuis avant-hier; si vous ajournez à vendredi, vous faites le jeu de M. de Bismarck, qui se joue de vous. Comme Français, je proteste au nom du pays. » Kératry n'avait pas tort de croire que Bismarck se jouait de la France, mais je ne sais où il avait pris que nous avions donné trois jours au roi de Prusse pour répondre. — L'Assemblée passa outre, et la discussion fut renvoyée au vendredi. Les visages redevinrent souriants. Quelques-uns furent francs : « Vous devez de la reconnaissance, nous dirent-ils, à la brutalité maladroite de Jérôme David; elle vous a sauvés; sans elle, vous étiez renversés aujourd'hui. » Du reste, Lyons, nonobstant notre victoire, ne se méprit pas sur les dispositions de la majorité : « Il n'y a pas eu de manifestation très violente d'opinion, à la Chambre; mais, écrit-il à Granville au sortir de la séance, il est évident que le parti de la guerre a le dessus. »

Du Corps législatif, Gramont se rendit au Sénat. Il y fut accueilli par des manifestations plus accentuées. C'est à qui exprimerait ses impatiences belliqueuses. « Mais ce n'est rien du tout ! s'écria-t-on de divers côtés après la lecture de sa déclaration. — Cela n'apprend rien sur l'attitude de la Prusse. — Et l'article 5 du traité de Prague ? ajoutait Larrabit. — Votre communication, disait Hubert Delisle, parle bien d'une renonciation, sans dire si elle émane du prince ou de son père ; elle ne dit pas si un assentiment quelconque résulte des négociations engagées avec la Prusse. » Il conclut par la nécessité de donner à la préoccupation publique une sorte d'apaisement. — « Il ne s'agit pas d'apaisement ! s'écrie Bonjean, il s'agit d'une question de dignité nationale. » Brenier était allé plus loin : « Tout en prouvant que l'on ne peut porter atteinte au droit de l'Empereur de déclarer la guerre, je me charge de vous prouver que vous devriez la faire. » Gramont refusa la discussion et se contenta de répondre : « Nous ferons la guerre le jour où vous aurez prouvé qu'elle est nécessaire. » Les anciens, qui devaient être les modérateurs, se montraient les plus ardents. « Mauvaise séance, écrit Vaillant sur son carnet, plus mauvaise encore au Corps législatif. Il y a une irritation extrême contre Émile Ollivier. » Cette irritation provenait de ce qu'on voyait en moi l'obstacle à une guerre qu'on voulait quand même.

CHAPITRE XVII

LA SOIRÉE DU 13 JUILLET A EMS

Bismarck avait été informé immédiatement par Abeken de la démarche de Benedetti. Aussitôt, il télégraphia que « si le Roi recevait une fois encore Benedetti, il donnerait sa démission. » Aucune réponse ne lui ayant été adressée, il télégraphie derechef que « si Sa Majesté reçoit l'ambassadeur une autre fois, il considérera ce fait comme équivalant à l'acceptation de sa démission. » Cette sommation était inutile, car, depuis l'insistance de Benedetti pour soutenir une demande qui, à la réflexion, le révoltait de plus en plus, le Roi était tout à fait décidé à ne plus entrer en conversation avec l'ambassadeur, auquel il avait dit son dernier mot. « *La scène du matin, à la promenade des Sources, dit Sybel, avait changé les dispositions du Roi à l'égard de Benedetti; il résolut de ne plus le recevoir.* » Il persista seulement à ne pas donner à cette interruption des rapports personnels un caractère offensant soit pour la France, soit pour l'ambassadeur. Cette volonté ne fut pas modifiée par un incident qui eût pu entraîner au delà de ce qui était juste, un souverain moins maître de lui-même. A 8 h. 57 était parvenu entre les mains d'Abeken le rapport de Werther sur son entrevue avec Gramont et moi. Abeken, avant d'en parler au Roi, voulut consulter les deux ministres de l'Intérieur et des Finances, Eulenbourg et Camphausen, dont l'arrivée était annoncée pour 11 h. 15. Ils ne furent point d'avis de communiquer le document, jugeant qu'ainsi penserait Bismarck à qui le rapport avait été télégraphié. Ils se rendirent auprès du Roi; ils lui expliquèrent pourquoi le chancelier n'avait pas continué son voyage et appuyèrent le conseil, déjà télégraphié deux fois, de rompre toute relation avec Benedetti, sans quoi, au grand dommage de son prestige en Allemagne, Sa Majesté serait rendue responsable d'une retraite considérée comme une capitulation devant la France, et Bismarck abandonnerait ses fonctions.

Le Roi ayant demandé si on n'avait pas reçu des nouvelles de Werther, Abeken répondit qu'en effet un rapport était arrivé dans la matinée, qu'il l'avait transmis à Berlin, mais que les deux ministres avaient pensé que ce document n'était pas de nature à être communiqué officiellement à Sa Majesté : « Eh bien! dit le Roi, supposez un instant que nous soyons de simples particuliers et donnez-m'en lecture. » Le rapport de Werther, surtout lu et interprété par les agents de Bismarck, produisit sur lui une violente indignation. « A-t-on jamais vu une pareille insolence; écrit-il à la Reine.

Il faut alors que je paraisse devant le monde comme un pécheur repentant dans une affaire que je n'ai pas mise en mouvement, conduite et menée, mais c'est Prim et on le laisse hors du jeu. Malheureusement, Werther n'a pas quitté tout de suite la salle après une pareille prétention, et envoyé ses interlocuteurs au ministre Bismarck. Ils sont même allés si loin qu'ils ont dit qu'ils chargeraient Benedetti de cette affaire. Malheureusement, il faut conclure de ces procédés inexplicables qu'ils ont résolu coûte que coûte de nous provoquer et que l'Empereur, malgré lui, se laisse conduire par ces faiseurs inexpérimentés. »

Le premier mouvement calmé, le Roi fut bien obligé de s'apercevoir qu'il ne s'agissait pas d'une proposition officielle du Gouvernement français, mais simplement d'une indication de deux ministres parlant en leur nom personnel. Il avait pu d'ailleurs constater, le matin même, que Benedetti, dont les instructions étaient postérieures à la conversation avec Werther, n'avait pas, comme l'annonçait à tort celui-ci, reçu l'ordre de demander une lettre d'excuses. Son véritable ressentiment fut alors contre Werther plus que contre nous : en accueillant notre désir, l'ambassadeur avait implicitement admis que son Roi avait quelques torts à réparer, ce qui était en effet dans notre pensée et dans la sienne. « C'est une affaire, avait écrit le Roi, que je n'ai pas mise en mouvement, conduite et menée. » C'était vrai. Mais ce qui ne l'était pas moins, c'est que d'un mot il aurait pu l'arrêter, et il avait eu d'autant plus tort de ne pas le prononcer qu'il se rendait bien compte des conséquences funestes de l'aventure. Il nous devait une réparation, et c'est parce que Werther le pensait comme nous qu'il nous avait écoutés jusqu'au bout. C'est ce qui blessa l'orgueil du Roi. Il écrivit à Abeken : « Il est cependant indispensable de chiffrer à Werther que je suis indigné de l'exigence Gramont-Ollivier et que je me réserve l'ultérieur. » Cet ultérieur ne serait jamais venu, et les « faiseurs inexpérimentés » lui auraient montré qu'ils respectaient trop leur propre dignité pour offenser celle des autres. Les incompréhensions du rapport de Werther ne modifièrent nullement l'attitude du Roi vis-à-vis de Benedetti : n'eussent-elles pas existé, notre ambassadeur n'aurait pas été reçu, car c'est le fait de la demande de garanties qui avait blessé le Roi et changé ses dispositions dès avant le télégramme de Bismarck, l'arrivée des ministres prussiens et le rapport de Werther. Les formes polies de l'aide de camp envoyé à notre ambassadeur furent si peu modifiées, que Benedetti, détail bien significatif, ne soupçonna pas cet incident. La publication des documents diplomatiques lui fit seule connaître plus tard ce rapport qu'il a si peu honorablement exploité.

A deux heures, l'aide de camp Radziwill se rendit auprès de Benedetti, non pour l'appeler auprès du Roi comme celui-ci le lui avait promis la veille, mais pour lui apprendre que la lettre attendue du prince Antoine était arrivée à une heure. C'était un premier refus d'audience. Radziwill fit savoir que la lettre du prince Antoine annonçait à Sa Majesté que le prince Léopold s'était désisté de sa candidature à la couronne d'Espagne : par là Sa Majesté considérait la question comme terminée. En remerciant le Roi de cette communication, Benedetti fit remarquer qu'il avait invariablement sollicité l'autorisation de transmettre, avec le désistement du prince, l'approbation explicite de Sa Majesté ; il dit en outre qu'il avait reçu un nouveau télégramme qui l'obligeait à insister sur le sujet dont il avait eu l'honneur d'entretenir le Roi dans la matinée ; qu'il se voyait dans la nécessité, avant d'adresser à son ministre les informations que Sa Majesté voulait bien lui donner, d'être fixé sur ces deux points, et qu'il sollicitait une audience afin de recommander encore une fois le vœu du Gouvernement français. Le Roi lui fait répondre par son aide de camp (3 heures) qu'il avait donné son approbation au désistement du prince *dans le même esprit et dans le même sens qu'il avait fait* à l'égard de l'acceptation de la candidature, qu'il l'autorisait à transmettre cette déclaration à son Gouvernement ; quant à l'engagement pour l'avenir, il s'en référait à ce qu'il avait lui-même notifié le matin. C'était un second refus d'audience. Malgré ce refus, Benedetti insiste pour en dernier entretien, « ne fût-ce que pour s'entendre répéter par Sa Majesté ce qu'elle lui avait dit. » Et sans attendre une nouvelle réponse du

Roi, il télégraphie à Gramont celle qui venait de lui être apportée (3 h. 45).

Persuadé comme il l'était qu'il n'obtiendrait aucune concession, Benedetti aurait dû comprendre qu'on ne dérange pas un Roi pour l'entendre répéter ce qu'il a dit en termes péremptoires, que toute insistance serait un manque de tact et lui vaudrait des rebuffades désagréables. Sans doute Gramont lui avait envoyé l'instruction d'insister, mais le ministre ne pouvait se rendre un compte exact de l'état d'esprit du Roi, et il n'eût certainement pas réitéré cet ordre s'il eût été sur les lieux. La veille, Benedetti avait résisté aux impulsions trop vives de son ministre : il aurait dû d'autant plus recommencer ce jour-là que la situation s'était aggravée. Les conséquences de l'importunité si peu sagace de notre ambassadeur furent immédiates. Le Roi, fatigué de ses obsessions, après des refus auxquels il avait donné la forme la plus absolue, fit appel à Bismarck. Il ordonna de lui raconter où l'on en était et de mettre l'affaire entre ses mains. Ce fut fait par un télégramme de deux cents mots d'Abeken, qui fut expédié en chiffres à 3 h. 40 à Berlin : « Ems, 13 juillet, 3 h. 40. — Sa
« Majesté m'écrit : Le comte Benedetti m'a arrêté
« à la promenade pour me demander finalement,
« d'une manière très pressante, de l'autoriser à
« télégraphier aussitôt que je m'engageais à ne
« plus donner mon consentement dans l'avenir si
« les Hohenzollern posaient de nouveau leur candidature. J'ai refusé d'une façon assez sérieuse à

« la fin, parce qu'on ne doit pas et qu'on ne peut
« pas prendre de tels engagements à tout jamais.
« Je lui dis, naturellement, que je n'avais encore
« rien reçu, et, puisqu'il était informé avant moi de
« Paris et de Madrid, il voyait bien par là que mon
« gouvernement était de nouveau hors de cause ».
Sa Majesté a reçu depuis lors une lettre du prince
Charles-Antoine. Comme Sa Majesté avait dit au
comte Benedetti qu'elle attendait des nouvelles du
Prince, le Roi a décidé, sur la proposition du comte
Eulenbourg et sur la mienne, de ne plus recevoir
le comte Benedetti en raison de la prétention
exprimée plus haut, et de lui faire dire par son
adjudant que Sa Majesté avait reçu maintenant
du Prince la confirmation de la nouvelle que le
comte avait reçue déjà de Paris, et que Sa Majesté
n'avait rien de plus à dire à l'ambassadeur. Sa
Majesté s'en remet à Votre Excellence *du soin de
décider si la nouvelle prétention du comte Benedetti et
le refus qui lui a été opposé, doivent être communiqués de suite à nos ministres, à l'étranger et à la
presse* ».

Le Roi dîna tranquillement et ensuite en finit
avec Benedetti en lui envoyant une troisième fois
Radziwill (5 h. 30). L'aide de camp lui répéta, toujours très poliment, que le Roi « ne saurait reprendre
avec lui la discussion relative aux assurances qui
devraient être données pour l'avenir; il consentait
à donner son approbation entière et sans réserve
au désistement du Prince; il ne pouvait faire
davantage ». C'était un troisième refus d'audience

dont Benedetti aurait fort bien pu nous épargner le désagrément.

Le télégramme, signé par Abeken, était rédigé d'accord avec Eulenbourg et Camphausen, les instruments de Bismarck. Il constitue une première falsification très grave de la vérité telle qu'elle est constatée par les rapports de Radziwill. J'ai été agréablement surpris de voir cette circonstance capitale, à laquelle n'a point pris garde l'étourderie de nos écrivains français, relevée par la critique historique allemande : « La dépêche d'Abeken ne donne pas du tout l'image exacte des événements, dit Rathlef. Elle apparaît déjà comme une aggravation parce qu'elle ne met pas en lumière ce qu'il y avait de bienveillant dans l'attitude du Roi, parce qu'elle ne dit rien des divers envois de l'adjudant et des diverses propositions qu'il avait eu à soumettre, et surtout parce qu'elle fait supposer que le Roi avait rejeté, en bloc, toutes les demandes de la France, tandis que, sur trois d'entre elles, il en avait admis deux. Il n'avait rejeté que la troisième des demandes, celle de garanties, sans même exclure, toutefois, la possibilité d'une négociation ultérieure à Berlin. » De plus, le télégramme disait faussement que l'ambassadeur avait eu l'inconvenance d'*arrêter* le Roi sur la promenade, c'était le Roi qui était allé vers l'ambassadeur. Cette première falsification de la vérité était le commencement de la manœuvre finale de Bismarck, car elle était conseillée, obtenue, exécutée par ses trois agents ; la falsification était encore aggravée par la faculté donnée à Bismarck de décider *si la nouvelle prétention de Benedetti et le refus qui lui a été opposé devaient être communiqués aux ministres, à l'étranger et à la presse.* Cette autorisation de publicité constitue un acte d'improbité diplomatique. Il est, en effet, d'une règle incontestée, consacrée par une tradition constante, qu'aussi longtemps que dure une négociation, le secret de ses péripéties doit être scrupuleusement gardé. Nous nous étions conformés à cette règle tutélaire : nous n'avions parlé publiquement à la tribune, le 6 juillet, que parce qu'on nous avait refusé la négociation à Berlin et à Madrid; depuis que le Roi nous l'avait accordée à Ems, nous refusions de répondre aux interrogations réitérées qui nous étaient adressées dans les Chambres.

Le Roi avait repoussé la demande de garanties, c'était son droit; il avait refusé de recevoir Benedetti, parce qu'il lui avait déjà dit son dernier mot, c'était encore son droit; il informait par télégramme son ministre de ce qui s'était passé à Ems, c'était encore son droit; mais tout ceci fait, il avait le devoir rigoureux, avant de mettre le public dans sa confidence, d'attendre la réponse que nous ferions à son refus. S'il s'était conformé à ce devoir, nous aurions pris acte de son approbation, et laissé tomber la demande de garanties. C'eût été encore la paix comme le 12 juillet au soir : cette paix n'eût pas été aussi triomphante, car un échec partiel en aurait amoindri l'éclat. Mais, sous un certain rapport ce n'eût pas été sans quelque avantage, car le roi de Prusse, ayant ainsi obtenu un adoucissemeut à son premier déboire, n'eût pas conservé contre nous le même ressentiment d'amour-propre. En divulgant prématurément son refus, il supprimait en fait cette possibilité de la reprise ultérieure de la négociation à Berlin, qu'admettait, selon la juste remarque de Rathlef, le texte même du télégramme. On comprend alors le mot que prête Busch au Roi quand il fait envoyer la dépêche d'Abeken : « Maintenant Bismarck va être content de nous ».

CHAPITRE XVIII

LA SOIRÉE DU 13 JUILLET A BERLIN
SOUFFLET DE BISMARCK

Bismarck avait passé la journée du 13 en plein dans la crise de fureur, d'anxiété, de désespérance dans laquelle il était plongé depuis son arrivée à Berlin, rugissant comme un lion enfermé dans les barreaux d'une cage. Plus il le pesait, plus l'événement lui apparaissait gros de conséquences pénibles à supporter : il avait cru prendre, il était pris; il s'était découvert sans profit, son roi était compromis; il nous avait réveillés en sursaut de notre rêve pacifique, et, désormais, nous allions nous tenir sur nos gardes; l'Europe était édifiée sur la valeur de ses déclarations rassurantes, le prestige de la Prusse en Allemagne était diminué et l'Unité, sous le sabre prussien retardée. Il s'écriait comme son Shakespeare : « France, je suis enflammé d'un courroux brûlant, d'une rage dont l'ardeur a cette particularité que rien ne peut l'apaiser, si ce n'est le sang, le sang, et ce sang français tenu pour le plus précieux. » L'ambassadeur anglais Loftus étant venu le féliciter de la solution de la crise, Bismarck exprima le doute que la renonciation tranchât le différend. A l'en croire, il aurait reçu le matin des dépêches de Brême, Kœnigsberg et autres villes exprimant une forte désapprobation de l'attitude conciliatrice prise par le Roi et demandant que l'honneur du pays fût sauvegardé. L'ambassadeur anglais, habitué à ses façons, devina ce qu'il méditait : « Si quelque conseil opportun, quelque main amie n'intervient pas pour apaiser l'irritation qui existe entre les deux Gouvernements, la brèche, au lieu d'être fermée par la solution de la difficulté espagnole, ne fera probablement que s'élargir. *Il est évident pour moi que le comte Bismarck et le ministère prussien regrettent l'attitude du Roi et ses dispositions à l'égard du comte Benedetti, et que, par égard à l'opinion publique allemande, ils sentent la nécessité de quelque mesure décisive pour sauvegarder l'honneur de la nation.* »

Quelle serait cette mesure décisive ? Tantôt Bismarck pensait à demander des explications sur nos prétendus armements, tantôt il voulait quelque garantie donnée par la France aux puissances, reconnaissant que la solution actuelle de la question espagnole répondait d'une manière satisfaisante à nos demandes et qu'aucune réclamation ne serait soulevée plus tard. « Il nous faut savoir, disait-il, si, la difficulté espagnole écartée, il n'existe pas encore quelque dessein mystérieux qui puisse éclater sur nous comme un coup de tonnerre. » *Risum teneatis*. Enfin il s'arrêta à l'idée de nous adresser une sommation directe à laquelle nous fussions obligés, sous peine d'être déshonorés, de répondre par un cartel, car il lui importait plus que jamais de rejeter sur nous l'initiative diplomatique de la rupture. Il nous eût sommés de rétracter ou d'expliquer le langage de Gramont à la tribune, en y dénonçant « une menace et un affront à la nation et au Roi. » Il ne pouvait plus « entretenir de rapports avec l'ambassadeur de France, après le langage tenu à la Prusse par le ministre des Affaires étrangères de la France à la face de l'Europe. » Ces dispositions agressives ne se manifestèrent pas seulement par des propos. La presse allemande à un signe de lui élevait ou abaissait la voix. Il avait maintenu dans un calme railleur, presque indifférent, les journaux connus pour avoir un caractère officieux, tant qu'il avait compté que nous ne nous débarrasserions pas du Hohenzollern et que nous serions contraints de nous poser en assaillants; lorsqu'il eut été déjoué, il déchaîna la presse et la rendit insultante. Lui-même lança, dans la *Correspondance provinciale*, publication tout à fait officielle, un article menaçant; il se plaignait, comme nous étions seuls recevables à le faire, des traces regrettables que l'attitude offensante de la France laisserait dans les rapports entre les deux pays.

Au milieu de cette effervescence, il reçoit d'Ems le rapport de Werther. Dans la recherche furieuse à laquelle il se livrait du moyen de faire éclater la guerre, s'il avait pu plausiblement considérer notre conversation avec l'ambassadeur prussien comme la demande d'une lettre d'excuses, il eût eu immédiatement sous la main plus qu'un prétexte, une raison légitime, et il ne l'eût point laissé échapper. Malgré sa colère, il était trop homme d'État pour se croire autorisé à trouver, dans un entretien *non authentiqué par celui auquel on l'a prêté*, le motif d'une guerre. Il se rappela sans doute ce qu'il avait écrit lui-même sur l'inexactitude des rapports des ambassadeurs. Il télégraphia à Ems de ne pas communiquer au Roi le rapport et de le considérer comme non avenu. A Werther lui-même il télégraphia : « Le comte de Bismarck est convaincu que M. de Werther a mal interprété *les ouvertures verbales* du ministre français; des ouvertures de ce genre lui paraissant absolument impossibles; quoi qu'il en soit, il se refuse, en sa qualité de ministre responsable, de soumettre ce rapport à Sa Majesté pour *une négociation officielle. Si le Gouvernement français a des communications de cette espèce à faire, il doit les rédiger lui-même et les transmettre par l'ambassadeur de France à Berlin.* » Ainsi, pas plus à Berlin qu'à Ems, le rapport Werther n'a eu la moindre influence sur les négociations et n'a modifié leur tournure. Keudell, qui était à côté de Bismarck, le constate : « *Le rapport n'eut d'autre conséquence que d'attirer à notre représentant, outre son congé immédiat, une réprimande sévère* pour sa complaisance à se faire l'interprète d'une aussi offensante proposition. *Du côté français, il n'a jamais été question de cela vis-*

à-vis de nous. » En effet, Bismarck rappelle Werther, mais non pour nous signifier une rupture, puisque Werther doit expliquer son départ par la nécessité d'une cure d'eau; il le rappelle pour le punir d'avoir, en sa naïveté d'honnête homme, paru, en écoutant nos griefs, en avoir reconnu la justesse. Sentant bien qu'il n'avait rien à attendre de Paris, Bismarck tendait l'oreille du côté d'Ems. C'est de là qu'allait lui venir le moyen d'engager cette guerre qu'il avait décidée. Comment le Roi se serait-il conduit envers Benedetti, après les télégrammes comminatoires dont il l'avait harcelé?

Roon et Moltke étaient à Berlin. Roon y était accouru le 10, Moltke y arriva le 12. Le lendemain 13, Bismarck les avait invités à dîner pour qu'ils reçussent avec lui les nouvelles décisives. La première vint de Paris; c'était le compte rendu de la séance dans laquelle Gramont avait lu notre déclaration du 12. L'interpellation avait été terminée à deux heures et demie, et aussitôt l'ambassade prussienne et les agences diverses en avaient expédié de tous les côtés le compte rendu : comme il était court et en clair, il n'y avait pas eu de temps perdu à chiffrer et à déchiffrer, et il était arrivé très tôt partout dans l'après-midi. Bismarck, avec sa rapide perception, en comprit la portée : nous ne soulèverions aucune question nouvelle, par conséquent, pas de récriminations sur le mépris du traité de Prague, pas de réserves contre l'unité allemande, rien, en un mot, de nature à éveiller la susceptibilité nationale; notre phrase molle sur la négociation en cours, comparée à la vigueur de notre ultimatum du 6 juillet, donnait la certitude que nous étions prêts à nous arranger et à ne pas persister dans la seule de nos demandes de nature à déchaîner le conflit : les garanties pour l'avenir. C'était donc encore la paix comme le 12 au soir. La guerre dont il avait besoin lui échappait une seconde fois. Sa colère devint un accablement morne. C'est ainsi que Moltke et Roon le trouvèrent. Il leur confirma ses dispositions de retraite : il lui paraissait évident que le Roi s'était laissé enguirlander ; la renonciation Hohenzollern allait devenir un fait consacré par Sa Majesté ; il ne pouvait prendre son parti d'un tel recul. Roon et Moltke combattent sa résolution : « Votre position, leur répond-il, n'est pas semblable à la mienne ; ministres spéciaux, vous n'avez pas la responsabilité de ce qui va se passer ; mais moi, ministre des Affaires étrangères, je ne puis assumer la responsabilité d'une paix sans honneur. L'auréole que la Prusse a conquise en 1866 va tomber de son front si l'on peut répandre parmi le peuple l'idée « qu'elle cane ».

On se mit à table tristement. A six heures et demie, arrive la dépêche d'Abeken. Bismarck lit cette dépêche pâteuse qui, certes, n'était pas sans venin, mais qui ne mettait aucune impertinence en relief, et, surtout, laissant entr'ouverte la porte des négociations, n'acculait pas la France à la nécessité de la guerre. Les deux généraux, à cette lecture, furent atterrés au point d'oublier de boire et de manger. Bismarck lut et relut le document, puis se retournant tout à coup vers Moltke : « Avons-nous intérêt à retarder le conflit? — Nous avons tout avantage à le précipiter, répondit Moltke. Quand même tout d'abord nous ne serions pas assez forts pour protéger la rive gauche du Rhin, notre rapidité à entrer en campagne serait bien vite supérieure à celle de la France. » Bismarck alors se lève, se place devant une petite table et arrange ainsi le télégramme d'Abeken : « Quand la nouvelle de la renonciation du prince héréditaire de Hohenzollern fut communiquée par le Gouvernement espagnol au Gouvernement français, l'ambassadeur français demanda à Sa Majesté le Roi, à Ems, de l'autoriser à télégraphier à Paris que Sa Majesté s'engagerait pour le temps à venir à ne jamais plus donner son consentement, si les Hohenzollern revenaient à leur candidature. Là-dessus Sa Majesté refusa de recevoir de nouveau l'ambassadeur français et envoya l'aide de camp de service lui dire que Sa Majesté n'avait rien de plus à lui communiquer. »

Ce texte est la falsification d'un texte qui lui-même était déjà falsifié. La falsification d'Abeken, était bien grave, car elle affirmait, comme l'a observé Rathlef, que Benedetti n'avait fait qu'une seule demande, celle de garanties pour l'avenir, et elle supprimait l'autre demande, celle de l'approbation à la renonciation présente. Sans cette suppression on n'aurait pas pu dire : Le roi a refusé la demande de la France, puisque, des deux qui lui avaient été adressées, il en avait agréé une. Mais le télégramme d'Abeken constatait l'échange des pourparlers ; Bismarck en supprime toute trace : il fait disparaître l'argumentation du Roi, avec Benedetti à la Promenade des Sources, l'annonce faite à l'ambassadeur d'une lettre des Hohenzollern, l'envoi de l'adjudant pour informer de l'arrivée de cette lettre ; il ne reste qu'une demande et un refus brutal sans transition, sans explication, sans discussion. La dépêche embrouillée d'Abeken devient âpre, stridente coupante, arrogante, et selon l'expression heureuse de Nigra, d'un rude laconisme. L'obus envoyé d'Ems n'avait qu'une mèche destinée à éclater sans effet, en fusée, Bismarck l'arme d'une mèche excellente qui le fera retentir en tonnerre dès qu'il aura touché le sol.

La manipulation de Bismarck se fût-elle réduite à ces suppressions et à cette concentration de la forme, l'accusation d'avoir falsifié le texte d'Abeken serait pleinement justifiée. Il a fait plus : dans la dépêche d'Abeken, il était bien question du refus d'audience à Benedetti, mais ce fait n'était pas mis en vedette, il était présenté accessoirement comme la conséquence naturelle d'une discussion épuisée ; Bismarck le jette en avant comme étant l'essentiel ou, pour mieux dire, le tout de la dépêche : l'ambassadeur n'est pas reçu, non parce que, lui ayant tout dit, il ne reste plus rien à lui dire, mais parce qu'on n'a pas voulu lui dire quoi que ce soit. Le texte de Bismarck ne mentait pas en affirmant que le Roi avait refusé de recevoir Benedetti; il interprétait mensongèrement un fait vrai et transformait un acte naturel en préméditation offensante, de telle sorte que le télégramme se résumait en un mot : « Le Roi de Prusse a refusé de recevoir l'ambassadeur de France. »

Enfin il contenait une troisième aggravation plus perverse que les précédentes. Dans la dépêche d'Abeken, le Roi avait autorisé sans le prescrire à rendre public... quoi ? Pesez bien les termes : la nouvelle réclamation de Benedetti, le refus qui y avait répondu; il n'avait nullement autorisé à rendre public le refus de recevoir l'ambassadeur, c'est-à-dire à faire savoir au monde qu'il avait fermé sa porte au représentant d'un de ses frères en royauté; il n'avait pas poussé jusque-là sa soumission aux ordres de son chancelier. Bismarck, lui, va au delà et c'est surtout ce qu'il ne lui était pas permis de révéler qu'il mettra en lumière.

Le télégramme ainsi arrangé, sa publicité décidée, il s'agissait de le lancer, de façon qu'il produisît son effet foudroyant. Bismarck explique à ses convives comment il va procéder : « Le succès dépend avant tout des impressions que l'origine de la guerre provoquera chez nous et chez les autres. *Il est essentiel que nous soyons les attaqués*; la présomption et susceptibilité gauloises nous donneront ce rôle si *nous annonçons publiquement à l'Europe autant que possible sans l'intermédiaire du Reichstag*, que nous acceptons sans crainte les insultes publiques de la France. » Pourquoi attacher tant d'importance à ce que le refus fût notifié, *non dans une discussion du Reichstag*, mais *par une communication exceptionnelle faite à l'Europe?* Parce que la publicité obligée qui résulte des explications inévitables d'un ministre à la tribune n'a pas le caractère provocateur de la publicité volontaire résultant d'une communication insolite.

Il ne suffit pas au chancelier de nous souffleter, il veut que ce soufflet ait un tel retentissement qu'il ne nous soit plus permis de ne pas le rendre. « Si maintenant, dit-il, usant de la permission que me donne Sa Majesté, je l'envoie aussitôt aux journaux, et si, en outre, *je le télégraphie à toutes nos ambassades*, il sera connu à Paris avant minuit; non seulement par ce qu'il dit, *mais aussi par la façon dont il aura été répandu, il produira là-bas, sur le taureau gaulois, l'effet du drapeau rouge.* Il faut nous battre si nous ne voulons pas avoir l'air d'être battus, sans qu'il y ait seulement de combat. » Ces explications dissipent la morosité des deux généraux et leur prêtent une gaieté qui surprend même Bismarck. Ils se remettent à boire et à manger. Roon dit : « Le dieu des anciens jours vit encore et il ne nous laissera pas succomber honteusement. » Moltke s'écrie : « Tout à l'heure, j'avais cru entendre battre la chamade, maintenant c'est une fanfare. » Regardant gaiement le plafond et frappant sa poitrine de sa main : « S'il m'est donné de vivre assez pour conduire nos armées dans une pareille guerre, que le diable emporte cette vieille carcasse. »

Le jugement que les deux généraux portèrent sur la signification, l'intention et l'effet de la dépêche falsifiée a été depuis confirmé par tout ce qu'il y a d'honnête et de sérieux parmi les Allemands. Sybel lui-même cesse un moment d'être invinciblement partial et résume avec l'insolence d'un vainqueur, mais avec la précision d'un historien expert, cette manœuvre bien digne du machinateur d'embûches qui, en 1866, conseillait aux Italiens de se faire attaquer par un corps de Croates acheté : « Par la plus grande concision de la forme et l'omission des circonstances déterminantes, l'impression de la communication était changée d'une manière complète. La publication doublait le poids du refus, sa concision le décuplait, c'était maintenant l'affaire des Français de voir s'ils voulaient avaler l'amère pilule ou mettre leurs menaces à exécution. » — « La dépêche, dit Rathlef, se présente comme un rapport sur ce qui s'est passé à Ems, et comme rapport historique elle est susceptible d'en donner une fausse représentation, ou d'éveiller le soupçon que l'ambassadeur a eu peut-être à subir ce qu'il n'a pas subi, et que le Roi a peut-être agi comme il n'a pas agi, et comme il ne pouvait non plus agir ; elle peut faire considérer ce qui était une réponse courtoise, mais ferme, comme un congé grossier et faire penser que le Roi était homme à répondre à une proposition qui le froisse par une offense, ce qui n'a jamais été. Ce qu'il y a de plus désagréable, et même à mon sentiment de plus pénible pour les Allemands dans la dépêche d'Ems, c'est d'abord la représentation fausse qu'elle évoque. Mais la réponse que donnait la dépêche ne visait pas seulement les provocations d'alors des Français : elle constituait la réponse à tous les froissements que Bismarck avait subis de la part de la France pendant son ministère, la réponse définitive aux actes des Français depuis deux cents ans. Il est tout à fait injuste de méconnaître que la propagation officielle et officieuse d'une semblable nouvelle, qui, précisément parce qu'elle ne donnait pas la physionomie exacte des faits, fut *envisagée et célébrée comme un défi à la France*, constituait par là une offense réelle à ce pays. *Bismarck aurait certainement envisagé une telle façon de procéder à l'égard de l'Allemagne comme une offense.* — Les récits allemands de ces événements omettent complètement de reconnaître ce tort, il sont en cela injustes. » — Karl Bleibtren juge ces faits avec une équité louable ; il déclare sans ambages que le télégramme contient indubitablement « *une offense publique préméditée, un outrage public ;* » il va même jusqu'à dire qu'il constitue indubitablement *une offense impardonnable*. « Cette dépêche, dit Erich Mark, changeait complètement la couleur des événements d'Ems : aucun échange de nouvelles et de déclarations, comme Radziwill les avait transmises, n'y était mentionné, c'était un refus général et d'une concision tranchante. Le Roi faisait, d'après cette dépêche, ce que Bismarck et ses amis auraient fait à sa place ; il passait, sans transition, de la défense à *l'attaque la moins scrupuleuse et la plus irrévocable. Cette dépêche était un soufflet appliqué sur le visage de la France*, et dont les conséquences devaient l'obliger à faire la guerre. » C'est à ce jugement que j'ai emprunté le mot de *soufflet* placé à la tête de ces pages.

Bismarck met aussitôt son plan à exécution. Il envoie le télégramme à son journal officieux, la *Gazette de l'Allemagne du Nord*, pour qu'il le publie immédiatement dans un supplément spécial et qu'il le fasse afficher sur les murs. Dès neuf heures du soir des crieurs en grand nombre se répandirent dans les rues et les lieux les plus fréquentés de Berlin, *distribuant gratis* le supplément qui donnait le télégramme. J'ai sous les yeux le placard qui contenait cette fatale nouvelle et qui fut aussitôt collé aux fenêtres des cafés, lu, commenté par des groupes nombreux. Une foule immense circula jusqu'à minuit dans la grande allée des Tilleuls. « La première impression, dit un témoin oculaire, fut une stupéfaction profonde, une surprise douloureuse, et l'attitude consternée de la foule m'a rappelé cette grande douleur muette dont parle le poète de la *Pharsale : Exstat sine voce dolor.* J'avoue que j'ai trouvé quelque chose de navrant dans le spectacle de ce peuple surpris et atterré par une nouvelle qui présage des luttes sanglantes et d'effroyables catastrophes. »

Un autre témoin fut frappé surtout des impressions martiales de la foule. « L'effet, dit le correspondant du *Times*, que ce bout de papier imprimé produisit sur la ville fut terrible. Il fut salué par les vieux et par les jeunes; il fut le bienvenu pour les pères de famille et pour les adolescents; il fut lu et relu par les dames et par les jeunes filles, et, dans un élan patriotique, repassé finalement aux servantes. Il n'y eut qu'une opinion sur la conduite virile et digne du Roi; il n'y eut qu'une détermination de suivre son exemple et de relever le gant jeté au visage de la nation. A dix heures, la place devant le palais royal fut couverte d'une multitude excitée. Des hurrahs pour le Roi et des cris : *Au Rhin!* se firent entendre de tous côtés. Des démonstrations semblables eurent lieu dans d'autres quartiers de la ville. Ce fut l'explosion d'une colère longtemps contenue. » — « L'émotion fut colossale, dit Sybel, un cri de joie partit des profondeurs du chœur de milliers de voix qui n'en formaient qu'une; les hommes s'embrassaient avec des larmes de joie; les vivats au Roi ébranlaient l'air. » La fanfare qui avait exalté les généraux soulevait Berlin. Les diplomates ne se méprirent pas sur la signification du fait bruyant qui se déroulait devant eux. Bylandt, ministre des Pays-Bas, a raconté à l'un de mes amis qu'après avoir lu le supplément de la *Gazette de l'Allemagne du Nord*, il rentra précipitamment chez lui, le traduisit et l'expédia à son gouvernement avec ces simples paroles : « Guerre désormais certaine. »

A onze heures et demie, ce télégramme affiché fut expédié aux ministres prussiens à Dresde, Hambourg, Munich et Stuttgart et, à deux heures et demie du matin, à Pétersbourg, Florence, Bruxelles et Rome. Le 14 au matin, le *Moniteur prussien* le publiait en tête de sa partie non officielle. Pendant qu'on l'affichait sur les murs, qu'on le criait dans les rues, qu'on l'authentiquait dans la *Gazette officielle*, les agences télégraphiques le jetaient dans toutes les régions où un journal pénètre. Enfin, dans les capitales principales, les ambassadeurs ou ministres de la Confédération du Nord se présentaient chez les ministres des Affaires étrangères et leur en donnaient officiellement connaissance. Dans toutes les langues, dans tous les pays, courait la falsification offensante lancée par Bismarck. L'effet de cette publicité effroyable se produisit d'abord en Allemagne avec autant d'intensité qu'à Berlin. « On accueillit avec joie le congé donné à Benedetti, précisément en raison de ce qu'il paraissait contenir *de dur et d'offensant* pour la France. »

Les journaux faisaient rage. Dans les caricatures, on voyait : au fond la première pièce de l'appartement du Roi à Ems avec une fenêtre ouvrant sur la promenade; au premier plan, Benedetti en grand uniforme, honteux et capot, arrêté par un aide de camp qui lui barrait le passage d'un air narquois; on racontait que le Roi lui aurait brusquement tourné le dos et dit à son adjudant : « Dites à ce monsieur que je ne lui donne aucune réponse; je ne le reverrai plus. » Avant même l'ordre de mobilisation du Roi, le peuple se levait comme un seul homme avec une seule âme. Cette émotion puissante était l'œuvre de la dépêche d'Ems. Cette dépêche a déchaîné le *furor teutonicus*, la sainte colère du « Mich » allemand. Depuis, elle a toujours été en Allemagne le synonyme de soufflet lancé à l'adversaire. Quelques jours après les hostilités, Mommsen consacrait ce sens désormais historique, en conseillant dans une lettre publique aux Italiens d'être sages, car sans cela on tenait toute prête pour eux « une nouvelle réponse d'Ems. »

Le Roi ressentit comme son peuple l'effet de la manœuvre de son chancelier. Il était sur la Promenade des Sources à Ems, le 14 au matin, quand on lui communiqua le télégramme arrangé qui ressemblait si peu à la relation écrite par Radziwill. Il le lut deux fois, très ému, le tendit à Eulenbourg, qui l'accompagnait, et lui dit : « C'est la guerre. » — « C'est la guerre ! » disait encore au même moment le ministre prussien à Berne, comme s'il eût entendu l'exclamation de son Roi. Notre ministre, Comminges-Guitaud, se rendait pour affaires courantes au palais fédéral; à ce moment, le général comte Reder, ministre prussien, sortait de chez le président de la Confédération. Dès que Reder aperçut Comminges-Guitaud, il vint vers lui et lui dit : « Eh bien ! mon cher comte, nous allons donc nous faire la guerre; j'en suis consterné. Donnons-nous une dernière fois la main avant de devenir ennemis. » Comminges stupéfait s'écrie : « La guerre est donc déclarée ? — Mais oui, répondit Reder, d'après un télégramme reçu cette nuit, le Roi a refusé de recevoir le comte Benedetti et lui a fait savoir qu'il rejetait les demandes de la France. » La première parole de Guitaud, dès qu'il fut auprès du président Doubs, fut : « La guerre est donc déclarée? — C'est, lui répondit celui-ci, ce que M. le ministre de Prusse vient de m'apprendre. »

Ainsi, dans la journée du 14, avant que notre presse et notre Gouvernement eussent prononcé un seul mot, d'un bout de l'Allemagne à l'autre, d'instinct, la foule interprétait le télégramme comme signifiant : Guerre. Et ce mot terrible était prononcé par l'Allemagne, alors qu'à Paris le Cabinet luttait avec énergie et non sans espoir pour le maintien de la paix.

CHAPITRE XIX

LA SOIRÉE DU 13 JUILLET A PARIS
LES DÉCISIONS PACIFIQUES L'EMPORTENT

Depuis la séance de la Chambre jusque assez tard dans la nuit, le 13, en l'absence de nouvelles définitives d'Ems et de Berlin, la fermentation des esprits devenait à chaque minute plus violente à Paris. Notre réponse à l'interpellation soulevait une réprobation presque générale. Le *Pays* disait, dans un article qu'on s'arrachait : « Nous sommes dans la situation de ces officiers qui désespèrent de leurs chefs et qui, brisant leur épée, la jettent en morceaux. C'est avec tristesse, presque avec dégoût, que nous consentons encore à prendre notre plume, cette plume impuissante à conjurer la honte qui menace la France. C'est qu'en effet, et dans une naïveté sans égale, M. le premier ministre a cru bien sincèrement que tout peut, que tout devait s'arranger par la dépêche du prince Antoine. Or, que vient faire, dans tout cela, ce vieillard grotesque et cacochyme, ce père Ducantal, ce père Antoine, comme on l'appelle déjà, à qui personne n'adresse la parole, que nul ne connaît et qui n'a rien à dire? Son fils, le prince Léopold est plus que majeur, puisqu'il a trente-cinq ans et n'a que faire des radotages de son père. Il ne l'a pas consulté pour accepter, il n'a pas à le consulter pour refuser. C'est à la Prusse que M. de Gramont s'adresse, et c'est le père Antoine qui répond. Mais rien ne serait plus comique, si toutefois le comique doit se trouver dans l'abaissement de notre pays. Et c'est cette paix-là, sans garantie, sans caution, reposant sur une dépêche d'un vieillard, que l'on voulait offrir à la France soulevée par l'élan national? La Prusse se tait, la Prusse refuse de répondre et garde un dédaigneux silence. Et les avocats qui nous gouvernent, satisfaits de leur plaidoirie de l'autre jour, abandonnent leur client, la France, sans s'inquiéter davantage de son honneur, de sa dignité, de ses intérêts! Oh! si les événements devaient prendre cette tournure définitive, ce serait à rougir d'être Français et à demander d'être nationalisés Prussiens! Mais c'est impossible, et l'Empereur ne peut pas nous laisser plus longtemps le front courbé dans la poussière. Hier soir, les boulevards étaient remplis d'une foule anxieuse, des bandes d'étudiants parcouraient les rues en disant le *Chant du Départ*; voilà cinq jours que la France est décidée à se battre; le peuple murmure et demande si nous allons toujours reculer. La France se révolte contre des ministres qui ne savent ni la défendre, ni la protéger, ni la couvrir, et elle fait un suprême appel à l'Empereur. Qu'il balaie tous ces parleurs, tous ces fabricants de paroles creuses et vaines, et qu'on en vienne donc aux actes! — Paul de Cassagnac. « *Dernière nouvelle.* — Trois heures. — La reculade est consommée. Le ministère par l'organe de M. le duc de Gramont, déclare la France satisfaite par la dépêche du prince Antoine de Hohenzollern. Ce ministère aura désormais un nom : le ministère de la honte! — P. de C. »

Maintenant qu'il est convenu que tout le monde a été opposé à la guerre, je stupéfierais certaines gens, si je leur rappelais leur langage dans cet après-midi. « Vous êtes incompréhensible, me disait-on. Vous êtes le ministre du plébiscite, vous pouvez être celui de la victoire, et vous ne le voulez pas! Lorsque je croirai, répondais-je, la France menacée dans sa dignité et dans son honneur, je pousserai le premier le cri de guerre, et je n'aurais pas hésité à le faire si la candidature n'avait pas été retirée ; mais elle va disparaître, et vous voulez que, profitant d'une émotion momentanée, mon Gouvernement s'engage dans une sanglante entreprise à seule fin de rehausser ma personne ou mon système? Vous vous trompez sur les conséquences de la guerre. La victoire est certaine, je le veux bien ; tous les hommes de guerre, grands et petits, la promettent; mais que ferons-nous de cette victoire? prendrons-nous le Rhin? La conquête, selon notre théorie française des nationalités, n'est plus un juste titre d'acquisition. Croyez-vous que l'Allemagne vous laisserait tranquilles possesseurs de votre proie? Ses enfants séparés ne cesseraient de tendre les mains vers elle, et la guerre renaîtrait tant que leur délivrance n'aurait pas été opérée. Et, à ne s'en tenir qu'aux résultats moraux, quel désastre qu'une guerre entre deux nations aussi civilisées ! Sans doute, il existe une Allemagne barbare, avide de combats et de conquêtes, celle des hobereaux, une Allemagne pharisaïque, inique, celle des pédants inintelligibles dont on nous a trop vanté les creuses élucubrations et les microscopiques recherches. Mais ces deux Allemagnes ne sont pas la grande Allemagne, celle des artistes, des poètes, des penseurs, celle-là est bonne, généreuse, humaine, charmante, pacifique ; elle se peint dans le mot touchant de Gœthe, à qui on demandait d'écrire contre nous et qui répondit qu'il ne pouvait trouver moyen dans son cœur de haïr les Français. Si nous ne nous opposons pas au mouvement naturel de l'Unité allemande, et si nous la laissons s'opérer tranquillement par étapes successives, elle ne donnerait pas la suprématie à l'Allemagne barbare, à l'Allemagne sophistique et l'assurerait à l'Allemagne intellectuelle et civilisatrice. La guerre, au contraire, établirait la domination, pendant une durée impossible à calculer, de l'Allemagne des hobereaux et des pédants, car c'est autour d'elle que se préparerait le retour offensif au Rhin. »

Que de fois, en quelques heures, j'ai répété ces raisonnements jusqu'à m'épuiser, à ceux qui s'empressaient autour de moi, avec l'espérance de me convaincre! Les autres membres du ministère, en communication habituelle avec la presse, bataillaient non moins énergiquement. Seul, Gramont continuait à part son dialogue avec Benedetti, sans tenir compte des résolutions arrêtées le matin par le Cabinet. A huit heures et demie du soir, il télégraphiait : « Ainsi que je vous l'avais annoncé, le sentiment public est tellement surexcité, que c'est à grand'peine que, pour donner des explications, nous avons pu obtenir jusqu'à vendredi. Faites un dernier effort auprès du Roi ; dites-lui que nous nous bornons à lui demander de défendre au prince de Hohenzollern de revenir sur sa renonciation ; qu'il vous dise : « Je le lui défendrai », et vous autorise à nous l'écrire, ou qu'il charge son ministre ou son ambassadeur de me le faire savoir, cela nous suffira. J'ai lieu de croire que les autres Cabinets d'Europe nous trouvent justes et modérés. L'empereur Alexandre nous appuie chaleureusement. Dans tous les cas, partez d'Ems et venez à Paris avec la réponse, affirmative ou négative... »

Quelques instants après la rédaction de cette dépêche, arrivait à Gramont la preuve qu'il s'illusionnait sur les sentiments favorables de l'Europe dont il envoyait l'assurance à Benedetti. A huit heures et demie, il recevait un courageux avertissement de Saint-Vallier. « Toute nouvelle insistance de notre part auprès de la Prusse serait *maintenant* regardée, dans l'Allemagne du Sud, comme une preuve de vues belliqueuses et accréditerait l'opinion qu'on répand que l'affaire Hohenzollern est pour nous un prétexte et que nous voulons la guerre. La renonciation déplace la situation; ceux qui nous approuvaient nous blâment, et notre position devient mauvaise si nous réclamons d'autres garanties. » L'ami Beust lui-même faisait savoir à Gramont « qu'il aurait tort de pousser les choses à l'extrême et que personne, mieux que lui, n'était en mesure de juger des dispositions des États du Sud, et qu'il était convaincu que si la France comptait sur les sympathies de ces États, elle commettrait une grande erreur. » De Pétersbourg, Fleury ne fut pas moins sincère. En l'absence de Gortschakof, il avait vu le Tsar. Avant qu'il eût montré le texte de la demande de garanties, Alexandre entra dans une véritable colère : « Je m'étais donné beaucoup de peine pour éviter la guerre, vous la voulez donc? » Et comme Fleury lui parlait de notre honneur, il riposta vivement : « Votre honneur! et l'honneur des autres? » Quand il eut lu attentivement la dépêche de Gramont, il se calma, mais il refusa d'intervenir de nouveau auprès de son oncle. Persuadé bien à tort que la renonciation était due à son influence personnelle, il ne voulait pas peser davantage sur le roi de Prusse, « dont la fierté était blessée et qui se trouvait, lui aussi, en face du sentiment national déjà froissé par la renonciation du prince Léopold. »

En même temps que ces avertissements salutaires, nous arrivèrent dans la soirée des nouvelles propices. Olozaga vint m'annoncer que son gouvernement lui avait envoyé son approbation, et qu'après l'avoir notifiée au prince Antoine il ne s'occuperait plus de cette candidature. Cependant les choses n'étaient pas, en réalité, aussi avancées. Serrano admettait l'authenticité de la renonciation, mais Sagasta ne comprenait rien à ce qui s'était passé et attendait une confirmation par l'ambassadeur d'Espagne à Berlin; de plus, il ne considérait pas comme sérieuse une renonciation n'émanant pas du prince lui-même. Des hommes d'État tels que Silvela proposaient aux ministres de passer outre malgré la renonciation et de faire proclamer Léopold par les Cortès. « Il renoncera de nouveau si cela lui convient quand il aura été nommé, » disaient-ils. Nous, qui ignorions ces circonstances, nous acceptâmes les assurances de l'ambassadeur et nous considérâmes la question comme close du côté de l'Espagne. Je remerciai chaleureusement Olozaga et je lui dis : « L'approbation du Roi ne nous est point parvenue, mais je n'en doute pas, et j'ai pris mon parti de ne pas obtenir le reste. Nous tenons donc la paix. Demain matin, avant le Conseil, je préparerai une déclaration aux Chambres dans ce sens. J'y parlerai de l'Espagne et de vous et je tiens à ce que vous soyez content de mon langage. Venez donc me voir demain de bonne heure; je vous soumettrai ma rédaction. » Il me promit de venir. J'allai ensuite aux Affaires étrangères chercher, si elle était enfin arrivée, la seule pièce qui me manquât, la réponse du roi de Prusse. Gramont n'y était pas.

Il avait reçu, indépendamment de la communication d'Olozaga, un troisième et un quatrième télégramme de Benedetti, vers les dix heures et demie et onze heures. Le troisième (de 3 h. 45) disait : « Le Roi a reçu la réponse du prince de Hohenzollern : *elle est du prince Antoine* et annonce à Sa Majesté que le prince Léopold, son fils, s'est désisté de sa candidature à la couronne d'Espagne. Le Roi m'autorise à faire savoir au gouvernement de l'Empereur qu'il approuve cette résolution. Le Roi a chargé un de ses aides de camp de me faire cette communication et j'en reproduis exactement les termes. Sa Majesté ne m'ayant rien fait annoncer au sujet des assurances que nous désirons pour l'avenir, j'ai sollicité une dernière audience pour lui soumettre de nouveau et développer les observations que je lui ai présentées ce matin. J'ai de fortes raisons de supposer que je n'obtiendrai aucune concession à cet égard. » Le quatrième télégramme (*d'Ems, sept heures du soir*) disait : « A ma demande d'une nouvelle audience, le Roi me fait répondre qu'il ne saurait consentir à reprendre avec moi la discussion relative aux assurances qui devraient, à notre avis, nous être données pour l'avenir. Sa Majesté me fait déclarer qu'elle s'en réfère à ce sujet aux considérations qu'elle m'a exposées ce matin. Le Roi a consenti, a dit encore son envoyé au nom de Sa Majesté, à donner son approbation entière et sans réserve au désistement du Prince; il ne peut faire davantage. J'attendrai vos ordres avant de quitter Ems. M. de

Bismarck ne viendra pas ici : je remarque l'arrivée des ministres des Finances et de l'Intérieur. » Gramont s'était empressé de porter à l'Empereur, à Saint-Cloud, ces documents importants.

A ma rentrée, après une longue promenade, je trouvai le billet suivant qui m'attendait depuis quelque temps : « Cher ami, je vais à Saint-Cloud. Encore une nouvelle. Il (le Roi) a communiqué la lettre de Hohenzollern et *approuvé*, c'est peu. Le texte des télégrammes de Benedetti n'était pas joint à ce billet. Je répondis immédiatement : « Cher ami, je ne trouve pas que le *approuvé* soit peu, rapproché surtout de la dépêche qu'Olozaga vous a communiquée. Ne vous engagez pas, même vis-à-vis de vous-même, avant discussion entre nous. Tout à vous. » A Saint-Cloud, Gramont s'était heurté à Jérôme David, qui y avait dîné. En vérité, on eût dit qu'il était venu rendre compte d'un mandat et recevoir des félicitations. Gramont fit observer à l'Empereur que ce dîner, quelques heures seulement après la séance de la Chambre, produirait une mauvaise impression, et, en effet, les journaux de la guerre l'annoncèrent le lendemain avec triomphe. L'Empereur répondit que l'invitation venait de l'Impératrice et qu'il n'avait cependant pas pu renvoyer Jérôme David. De retour à Paris, très tard, Gramont s'empressa de m'informer du résultat de sa visite par le billet suivant : « Mon cher ami, je reviens de Saint-Cloud. L'indécision est grande. D'abord la guerre. Ensuite le doute à cause de cette *approbation* du Roi. La dépêche espagnole pourra peut-être faire pencher vers la paix. L'Empereur m'a chargé de vous prier de faire savoir à tous nos collègues qu'il les attend à dîner demain à sept heures, pour tenir un Conseil dans la soirée. Tout à vous. »

Ici encore, Gramont parlait en ambassadeur plus qu'en ministre responsable. Sans doute l'opinion de Saint-Cloud était de quelque importance, mais la mienne et celle de mes collègues ne l'étaient pas moins et, à cette heure et dans cette nuit du 13, il n'y avait dans mon esprit aucune espèce d'incertitude : le roi Guillaume avait répondu avec une netteté qui ne laissait rien à désirer; il nous avait communiqué la renonciation par Benedetti en déclarant qu'il l'approuvait ; Olozaga nous notifiait une adhésion sans réserves; à moins d'être de mauvaise foi, on était obligé de convenir que cette double acceptation de la Prusse et de l'Espagne impliquait une garantie d'avenir plus que suffisante. Nous avions atteint le but que nous nous étions donné. Il n'y avait plus qu'un moyen d'amener la guerre, c'était de sortir de l'affaire désormais réglée à notre gré, et de soulever la querelle de nos griefs généraux contre la Prusse : j'étais résolu à n'y pas consentir.

Aussi lorsque Mitchell, selon sa coutume, vint aux nouvelles, je résumai la situation à la fin de cette journée en deux mots : « Prim et le roi de Prusse acceptent la renonciation, et nous n'insisterons pas sur les garanties, nous ne soulèverons aucune autre question : maintenant, c'est véritablement fini. » Mitchell part sur cette assurance. Il rencontre Paul de Cassagnac. « Eh bien! quoi de nouveau? — Je sors de chez Émile Ollivier, la paix est assurée, grâce à Dieu. — En es-tu bien sûr? Mon père a vu l'Empereur ce matin et, grâce à Dieu, la guerre est décidée. » Le père Cassagnac se trompait. Sans doute l'Impératrice et sa camarilla étaient à la guerre; l'Empereur, on l'a vu par le billet de Gramont, n'en était qu'à l'indécision. Sous la pression des belliqueux il avait paru leur revenir; au Conseil, sous l'influence de ses ministres, il se serait fixé définitivement à notre opinion, et son incertitude momentanée se serait convertie en une résolution pacifique. La Chambre nous suivrait-elle ou nous renverserait-elle? Malgré tout, l'Empereur se prononçant sans réticence, je suis convaincu qu'elle nous aurait suivis. Nous croyant au bout de nos angoisses, je goûtai pour la première fois un sommeil paisible, ne soupçonnant pas le cyclone qui allait fondre sur nous à notre réveil.

CHAPITRE XX

EXASPÉRATION PRODUITE A PARIS PAR LA DÉPÊCHE D'EMS

Le 14 au matin, tranquille enfin, après tant de tourments, je me mis à rédiger la déclaration que j'entendais soumettre le soir à Saint-Cloud, au Conseil des ministres. J'ai gardé ce que j'en avais écrit : « Il y a huit jours, le Gouvernement français déclarait à cette tribune que, quel que fût son désir de conserver la paix du monde, il ne souffrirait pas qu'un prince étranger (reproduire nos paroles du 6...). Aujourd'hui nous avons la certitude qu'un prince étranger ne montera pas sur le trône d'Espagne. Cette victoire nous est d'autant plus précieuse qu'elle n'a été obtenue que par la force de la raison et du droit et qu'elle n'a pas été préparée par de sanglants sacrifices. En présence de l'enthousiasme patriotique que notre attitude avait éveillée, il eût été facile de mêler une question à une autre et de créer quelque prétexte pour entraîner le pays dans une grande guerre. Cette conduite ne nous eût paru digne ni de vous, ni de nous; elle nous eût aliéné les sympathies de l'Europe et, à la longue, celles du pays. Lorsque nous marcherons vers un but, nous ne vous le cacherons pas, nous le montrerons clairement. Nous avons demandé votre concours contre une candidature prussienne au trône d'Espagne. Cette candidature est écartée; il ne nous reste plus qu'à reprendre avec confiance les œuvres de la paix... »

J'allais continuer en parlant du rôle d'Olozaga et de l'Espagne, lorsque la porte s'ouvre et l'huissier annonce : Son Excellence le ministre des Affaires étrangères. A peine le seuil franchi, avant même d'être parvenu au milieu de mon cabinet, Gramont s'écrie : « Mon cher, vous voyez un homme qui vient de recevoir une gifle. » Je me lève : « Je ne vous comprends pas, expliquez-vous ! » Il me tend alors une petite feuille de papier jaune, que je verrai éternellement devant mes yeux. C'était un télégramme de Lesourd, expédié de Berlin le 13 après minuit, ainsi conçu : « Un supplément de la *Gazette de l'Allemagne du Nord* qui a paru à dix heures du soir contient en résumé ce qui suit :
« L'ambassadeur de France ayant demandé, à Ems,
« à S. M. le roi de l'autoriser à télégraphier à
« Paris qu'elle s'engageait pour l'avenir à ne pas
« donner son consentement à la candidature de
« Hohenzollern, si elle venait à se poser de nou-
« veau, le Roi a refusé de recevoir l'ambassadeur
« et lui a fait dire par l'aide de camp de service
« qu'il n'avait plus rien à lui communiquer. » Cette nouvelle, publiée par le journal officieux, jette une vive émotion dans la ville. » — Benedetti ne vous

avait donc pas prévenu ? dis-je à Gramont. — Voici, me répondit-il, ce qu'il m'a télégraphié dans l'après-midi. Ces quatre télégrammes me sont arrivés successivement dans la soirée, et je n'avais pas cru urgent de les joindre à mes deux billets. » Après avoir lu les télégrammes de Benedetti, je relus celui de Lesourd. Je compris l'exclamation de Gramont. On n'échoua jamais plus près du port. Je restai quelques instants silencieux et atterré. « Il n'y a plus d'illusions à se faire, dis-je, ils veulent nous obliger à la guerre. » Nous convînmes que je réunirais tout de suite mes collègues afin de les mettre au courant de ce coup imprévu, tandis qu'il retournerait aux Affaires étrangères où Werther s'était fait annoncer. Survint alors Olozaga, aussi tranquille que je l'étais moi-même quelques instants auparavant, pour entendre la lecture de ma Déclaration pacifique. Je lui donnai connaissance des télégrammes de Benedetti et de celui de Lesourd. Il ne fut pas moins consterné que moi. Serviable et empressé, il m'offrit de courir chez Werther, afin d'obtenir quelques explications si cela était possible. J'acceptai, mais il ne rencontra pas l'ambassadeur prussien. Nos collègues ne tardèrent pas à arriver, très troublés ; ils ne pensèrent pas qu'il fût possible de différer jusqu'au soir un Conseil plénier et me chargèrent de télégraphier à l'Empereur la prière de venir aux Tuileries l'après-midi, pour le présider.

A midi et demi, l'Empereur arrivait aux Tuileries et nous réunissait autour de lui. Il avait traversé, comme nous, une foule impatiente et colère, de laquelle s'élevaient des cris stridents, des excitations désordonnées, des protestations contre les lenteurs diplomatiques. Notre délibération dura près de six heures. Au début de la séance, Gramont, laissant tomber son portefeuille sur la table, dit en s'asseyant : « Après ce qui vient de se passer, un ministre des Affaires étrangères qui ne saurait pas se décider à la guerre ne serait pas digne de conserver son portefeuille. » Le Bœuf ne nous dit pas que l'armée prussienne, mobilisée, marchait sur notre frontière, ainsi que l'ont raconté les nouvellistes : si cette mobilisation eût été ordonnée, nous en aurions été informés par Benedetti et Stoffel. Il dit seulement que, d'après ses renseignements occultes, l'armement était commencé, que l'on achetait des chevaux en Belgique et que, si nous voulions ne pas être prévenus, nous n'avions pas un moment à perdre. Malgré l'impression que nous fit ce langage de nos deux collègues et les raisons indiscutables qui le motivaient, nos perplexités furent longues. Ne nous abandonnant pas à l'impulsion de notre premier mouvement, nous examinâmes le procédé de Bismarck et du Roi en diplomates et en jurisconsultes. Nous recherchâmes d'abord quelle était la nature du document inséré dans la *Gazette de l'Allemagne du Nord*. Si ce n'avait été qu'un entrefilet de journal, nous n'y eussions pas même pris garde; nous n'en eussions pas été plus occupés que de tant d'autres que nous avions laissés passer sans mot dire. C'était un supplément spécial en forme d'affiche blanche à gros caractères (je l'ai sous les yeux), qui pouvait être collé sur les murs et les devantures. L'information qu'il donnait n'était pas dans la forme d'un article de journal, c'était le texte même d'un acte officiel dont la communication n'avait pu être faite que par les ministres qui l'avait rédigé et avec l'intention bien arrêtée de la jeter dans le public. Nous considérâmes donc cette publication comme un affront intentionnel. Et cependant, cette conviction acquise, nous ne savions nous résoudre à la mesure décisive. Nous nous acharnions à la paix, tout en sachant qu'elle n'existait déjà plus. Nous nous débattîmes longtemps ainsi entre deux impossibilités, cherchant des atténuations et les rejetant, reculant devant le parti décisif, puis y étant invinciblement ramenés. Hésitations, ont dit ceux qui n'ont jamais connu les angoisses des lourdes responsabilités : « Non, répond Frédéric, incertitudes qui précèdent tous les grands événements. »

Enfin nous fûmes forcés de nous avouer qu'une résignation serait avilissante, que ce qui s'était passé à Berlin constituait une déclaration de guerre, qu'il ne s'agissait plus que de savoir si nous courberions la tête sous un outrage ou si nous la relèverions en hommes d'honneur. Il ne pouvait pas y avoir un doute, et nous décrétâmes le rappel des réserves (4 heures). Le maréchal se leva aussitôt pour aller au ministère exécuter notre décret. Il avait à peine fermé la porte qu'un scrupule le saisit. Il rentre, et dit : « Messieurs, ce que nous venons de décider est très grave, mais on n'a pas voté. Avant de signer le rappel des réserves, je réclame un vote nominatif. » Il nous interrogea lui-même, l'un après l'autre, en commençant par moi et en finissant par l'Empereur. Notre réponse fut unanime. « Maintenant, dit le maréchal, ce qui va se passer ne m'intéresse plus. » Et il se rendit au ministère où il fit préparer les ordres pour le rappel des réserves (4 h. 40).

Alors j'offris à l'Empereur un moyen suprême de mettre au-dessus de tout soupçon ses intentions pacifiques : « Que Votre Majesté me permette de soutenir au Corps législatif que, malgré tout, l'affaire est terminée et que nous n'attachons pas d'importance à la divulgation prussienne. La cause est mauvaise ; je la défendrai sans conviction et je ne la gagnerai pas ; nous tomberons sous un vote écrasant ; nous aurons du moins complètement couvert Votre Majesté. Obligé par la Chambre de renvoyer un ministère de paix et de prendre un ministère de guerre, vos ennemis ne pourront vous accuser d'avoir cherché la guerre, dans un intérêt personnel. » L'Empereur ne goûta pas ma proposition : « Je ne puis me séparer de vous, dit-il, au moment où vous m'êtes le plus nécessaire. » Et il me pria de ne pas insister. Que d'événements se seraient déroulés autrement si j'avais entraîné l'Empereur à mon avis !

Nous avions commencé à arrêter les termes de notre Déclaration aux Chambres, lorsqu'on vint annoncer à Gramont l'arrivée d'une dépêche chiffrée de Benedetti. Nous suspendîmes notre délibération. La dépêche déchiffrée n'était que la périphrase des derniers télégrammes. Seulement, le langage qu'elle prêtait au Roi, sans cesser d'être négatif, paraissait moins raide. Il n'y avait pas là de quoi nous faire retourner en arrière. Cependant, comme saisis d'effroi devant notre résolution, nous nous raccrochâmes à cette faible espérance, et là-dessus commença une nouvelle discussion, celle-là pusillanime, et surtout niaise. Un barbare venait de nous souffleter d'une telle force que le monde entier en frémissait et que l'Allemagne, la première, avant même l'appel de son Roi, était sur pied, et nous recherchâmes si ce retentissant soufflet ne pourrait pas être effacé de notre joue par une Conférence ! Gramont lance l'idée. Nous l'approuvons, moi comme les autres, et même plus que les autres, car, au dire de mes collègues, il paraît que je m'élevai aux considérations les plus admirables. Louvet et Plichon, profitant d'un instant de répit, conjurent l'Empereur de ne pas remettre la solidité de son trône aux hasards d'une guerre, et tous sans exception nous admettons l'appel au Congrès européen. Je rougis en narrant cet évanouissement de courage, qui nous honore peu, mais je me suis promis d'être absolument sincère. L'expédient du Congrès était bien usé : à chacun de ses embarras, l'Empereur l'avait essayé et toujours en vain. Nous nous efforçâmes de le rendre présentable sans ridicule en le rajeunissant par la forme. Nous essayâmes un grand nombre de rédactions : enfin, en parlant, je trouvai un tour qui parut heureux. « Allez vite écrire cela dans mon cabinet », me dit l'Empereur en me frappant sur le bras. Et, en même temps, deux larmes coulent le long de ses joues. Je revins avec mon projet; nous y fîmes quelques changements et nous l'adoptâmes. L'Empereur eût voulu que nous le lussions immédiatement aux Chambres; mais il était trop tard : ni le Sénat, ni le Corps législatif ne devaient plus être en séance; de plus, nous étions épuisés, hors d'état d'affronter le déchaînement qui nous eût accueillis. Nous remîmes notre communication au lendemain. Néanmoins, avant de quitter les Tuileries, l'Empereur écrivit à Le Bœuf un billet qui, sans contenir l'ordre de ne pas rappeler les réserves, laissait percer quelque doute sur l'urgence de la mesure.

Lorsque je sortis de l'espèce de réclusion dans laquelle nous délibérions depuis de si longues heures, j'éprouvai ce que ressent un homme qui, d'une atmosphère étouffée, revient à l'air libre : les fantômes cérébraux se dissipent et l'esprit reprend la conscience des réalités. Le projet auquel nous nous étions arrêtés m'apparut ce qu'il était, une chimérique défaillance de courage. Je pus me convaincre bien vite de l'interprétation que le public en aurait faite. A mon retour à la Chancellerie, je réunis ma famille et mes secrétaires, et donnai lecture de la Déclaration arrêtée. Mes frères, ma femme, mon secrétaire général Philis, tous jusque-là partisans de la paix, éclatèrent en exclamations indignées. Ce ne fut qu'un *tolle* d'étonnement et de blâme.

Notre appel à l'Europe ne reçut pas à Saint-Cloud meilleur accueil. L'Impératrice dit à l'Empereur : « Eh bien ! il paraît que nous avons la guerre ? — Non, nous sommes arrivés à un terme moyen qui permettra peut-être de l'éviter. — Alors pourquoi, fit l'Impératrice en lui montrant *le Peuple français*, votre journal dit-il que la guerre est déclarée ? — D'abord, réplique l'Empereur, ce n'est pas mon journal comme vous le dites, et je ne suis pour rien dans cette nouvelle. Voici d'ailleurs ce qui a été rédigé en Conseil. » Et il lui donna à lire la Déclaration. « Je doute, fit-elle, que cela réponde au sentiment des Chambres et du pays. » Seulement, elle ne le dit pas avec placidité, comme on le supposerait par ce récit de l'Empereur à Gramont, elle donna à son sentiment une forme impétueuse. Le Bœuf, qui, malgré le billet de l'Empereur, avait expédié les ordres de mobilisation à huit heures quarante du soir, vint à Saint-Cloud après le dîner et pria l'Empereur de réunir le Conseil le soir même, afin de savoir si l'on retirerait ou si l'on maintiendrait le rappel des réserves. L'Empereur me télégraphia de convoquer d'urgence les ministres à Saint-Cloud. Il communiqua ensuite au maréchal notre projet de conférence arrêté après son départ du Conseil. « Eh bien ! qu'en pensez-vous ? » demanda l'Impératrice. Le Bœuf répondit que la guerre eût certainement mieux valu, mais, puisqu'on y renonçait, cette Déclaration lui paraissait ce qu'il y avait de mieux. — « Comment, vous aussi vous approuvez cette lâcheté? s'écria-t-elle. Si vous voulez vous déshonorer, ne déshonorez pas l'Empereur. — Oh! dit l'Empereur, comment pouvez-vous parler ainsi à un homme qui nous a donné tant de preuves de dévouement?» Elle comprit son tort, et aussi chaleureuse dans le regret qu'elle l'avait été dans la rudesse, elle embrassa le maréchal en le priant d'oublier sa vivacité. Elle avait voulu surtout atteindre, par-dessus la tête du maréchal, le parti mitoyen auquel nous étions arrivés. Dans cette mesure, son mot n'était pas trop fort. Ce soir-là, elle sentit, pensa et parla juste. Sa colère était légitime, et elle eut raison d'user de son ascendant pour écarter un expédient qui, sans sauver la paix, eût discrédité l'Empereur à jamais.

Lorsque je me rendis à Saint-Cloud, il faisait une de ces délicieuses soirées comme il y en a à Paris, avant qu'août ait tout à fait brûlé et flétri les feuilles. L'air était chaud sans être pesant; le scintillement des étoiles était moins vif que dans notre Midi, il était plus doux; la Seine coulait mollement d'un flot alangui; le long du quai et dans les allées du bois de Boulogne, où ne se faisait pas sentir l'agitation violente de la ville, régnait une sérénité contagieuse; des promeneurs insoucieux circulaient en riant et en causant; c'était la paix, source de la joie et de la vie, la paix, sœur des Muses et des Grâces; c'était l'aimable et féconde paix, et non la guerre, la moissonneuse terrible, hélas! que la nature conseillait. J'entendis sa voix et j'en fus comme bouleversé. Que j'aurais voulu m'évader du pouvoir et me perdre dans cette foule insoucieuse! Sous l'empire de cette émotion, je repris à fond la question, j'alignai de nouveau les arguments les uns en face des autres, insistant surtout sur les arguments pacifiques. Des gouttes de sueur nées de mes angoisses intérieures me baignaient le front. *Et in agonia ego.* Mais j'avais beau sophistiquer, argumenter, me débattre contre l'évidence, elle m'étreignait, me brisait, me subjuguait, et j'en revenais toujours à la même conclusion : La France vient d'être insultée volontairement, grossièrement, nous serions des gardiens infidèles de son honneur si nous le supportions. Lorsqu'un saint est soufileté, il se met à genoux et tend l'autre joue. Pouvions-nous proposer à la nation de prendre cette attitude? Il y a quelque chose de grand et de victorieux, je le savais, dans une insensibilité courageuse aux injures « par laquelle elles retournent et rejaillissent entières aux injuriants ». Mais ces dédains qui font la vertu des individus ne sont-ils pas la dégradation des peuples?

Enfin ma voiture s'arrêta au perron du château de Saint-Cloud. J'étais le premier arrivé. Je trouvai l'Empereur seul. Il m'exposa en peu de mots le motif de cette convocation imprévue, puis il me dit: « Réflexion faite, je trouve peu satisfaisante la Déclaration que nous avons arrêtée tantôt. — Je pense de même, Sire ; si nous la portions à la Chambre, on jetterait de la boue sur nos voitures et on nous huerait. » Après quelques moments de silence, l'Empereur reprit : « Voyez dans quelle situation un gouvernement peut se trouver parfois ; — n'aurions-nous aucun motif avouable de guerre, nous serions cependant obligés de nous y résoudre pour obéir à la volonté du pays! » Nos collègues arrivèrent successivement, sauf Segris, Louvet et Plichon, que la convocation n'avait pas rejoints. L'Impératrice, pour la première fois, assista au Conseil. Le Bœuf expliqua l'objet de la réunion. Le billet de l'Empereur l'avait inquiété, puis il avait eu connaissance du nouveau parti auquel le Conseil s'était arrêté : il désirait que le Conseil décidât si cette nouvelle politique était conciliable avec le rappel des réserves ; il avait expédié l'ordre à la suite de notre première résolution, mais cela ne devait pas peser sur notre délibération ; si l'on croyait nécessaire de l'annuler, il en prendrait seul la responsabilité devant le pays et il donnerait sa démission. Gramont ne nous laissa pas le temps de discuter cette éventualité. Il mit sous nos yeux des dépêches et télégrammes arrivés depuis que nous avions quitté les Tuileries, ainsi que le rapport de Lesourd sur l'attitude de Bismarck à Berlin pendant la journée du 13, les derniers télégrammes d'Ems, et des télégrammes de Berne et de Munich.

Lesourd nous racontait que, depuis la nouvelle de la renonciation, on s'était départi à Berlin du calme qu'il avait constaté depuis une semaine et que l'irritation avait tout à coup succédé au sang-froid ; il nous racontait les impressions pessimistes que Loftus avait rapportées de son entretien avec Bismarck. Benedetti, d'un ton embarrassé, nous mettait au courant des faits que l'on connaît de la dernière journée d'Ems. Mais bien plus grave et plus significatif était le télégramme de Berne ! Ce télégramme (4 heures et demie) de Comminges-Guitaud, notre ministre, était ainsi conçu : « Le général de Rœder a communiqué ce matin au Président un télégramme du comte de Bismarck annonçant le refus du roi Guillaume de s'engager, comme roi de Prusse, à ne jamais plus donner son consentement à la candidature du prince Hohenzollern, s'il en était de nouveau question, et le refus également du Roi, à la suite de cette demande, de recevoir notre ambassadeur. » Cadore, notre ministre à Munich, disait : « Je crois devoir vous transmettre la copie à peu près textuelle de la dépêche télégraphiée par M. le comte de Bismarck : — « Après que la renonciation du prince Hohenzollern a été communiquée officiellement au Gouvernement français par le Gouvernement espagnol, l'ambassadeur de France a demandé à Sa Majesté le Roi, à Ems, de l'autoriser à télégraphier à Paris que Sa Majesté s'engageait à refuser à tout jamais son consentement, si les princes revenaient sur leur détermination. Sa Majesté a refusé de recevoir de nouveau l'ambassadeur et lui a fait dire par un aide de camp qu'Elle n'avait pas de communication ultérieure à lui faire. » Le caractère *officiel* des deux télégrammes était évident. Comminges-Guitaud et Cadore n'en avaient pas eu connaissance par des confidences de collègues, mais par le récit des Présidents de la Confédération et du Conseil des ministres bavarois, auxquels les ministres prussiens l'avaient communiqué en une audience officielle. Si la communication avait été limitée à Munich, nous aurions pu croire qu'il s'agissait d'une démarche isolée auprès d'un allié intéressé à savoir où en était une affaire commune, mais la communication à Berne, à un gouvernement neutre, ne pouvait s'expliquer que par des instructions générales transmises à toutes les légations du gouvernement de l'Allemagne du Nord.

C'était donc certain autant que peut l'être une vérité diplomatique : le Gouvernement prussien venait d'informer officiellement les cabinets étrangers, du refus du roi de Prusse de recevoir notre ambassadeur et d'examiner nos demandes. Sommes-nous, par précipitation, tombés dans un piège, en attribuant un caractère officiel à ce qui n'était qu'officieux ? Supposition bien étourdie. Nous aurions eu beau réfléchir des jours et des nuits, nous ne serions jamais parvenus à comprendre comment une communication, faite par un agent diplomatique à un ministre étranger, n'est pas un acte officiel. Entre agents diplomatiques et ministres étrangers, tout est officiel. Il ne peut y avoir d'officieux que des conversations, lorsque, chacun d'eux ayant préalablement dépouillé son caractère diplomatique, ils échangent librement leurs idées sans engager ni leur gouvernement ni eux-mêmes. La forme des actes officiels seule est différente : il y a en effet des dépêches dont on laisse copie, d'autres qu'on lit seulement, enfin il en est qu'on résume verbalement sans les lire ni en laisser copie. Parmi ces dernières sont les dépêches dites d'information, qui instruisent les agents diplomatiques d'un fait afin qu'ils en donnent connaissance aux gouvernements auprès desquels ils sont accrédités, sans leur demander de s'en expliquer. Tel était le télégramme communiqué par Bismarck, d'abord à ses journaux officieux, puis à ses agents à l'étranger.

J'étais vaincu dans ma lutte en faveur de la paix. Dans le plus pacifique de mes discours, j'avais dit : « Nous aussi, nous sommes affamés de paix, mais nous voulons la paix dans l'honneur, la paix dans la dignité, la paix dans la force! Si la paix était dans la faiblesse, dans l'humiliation, dans l'abaissement, je dirais sans hésiter : Mille fois plutôt la guerre! » Après ce soufflet de Bismarck, la paix ne pouvait plus être que la paix dans la faiblesse, dans l'humiliation, dans l'abaissement, car « si un soufflet ne fait pas de mal, il tue! » Dès lors, il ne nous était plus permis de perdre notre temps en sentimentalités inutiles et périlleuses; nous n'avions qu'à accepter la rencontre à laquelle on nous obligeait.

Nous maintînmes le rappel des réserves déjà en voie d'exécution depuis 8 h. 40, et il fut convenu que Gramont et moi préparerions un projet de Déclaration, qui serait examiné le lendemain dans un Conseil auquel nul de nos collègues ne manquerait. Dans cette réunion de Saint-Cloud, il n'y avait pas eu de délibération proprement dite, mais plutôt une conversation dans laquelle chacun avait exprimé à peu près les mêmes idées. Seule l'Impératrice écouta sans prononcer une parole. On ne vota pas nominativement et à voix haute, selon notre habitude dans les cas graves. Nous ne pouvions pas, en effet, adopter un parti définitif en l'absence de trois de nos collègues, pour l'opinion desquels nous avions tous une grande déférence. Plichon arriva à la fin de la séance. Nous l'instruisîmes de ce qui venait de se passer entre nous.

A onze heures et demie, nous rentrions à Paris. Ainsi se termina cette soirée qu'on a convertie en une nuit fatale, dans laquelle se serait décidé le sort de la France et de la dynastie, où la paix, après avoir triomphé pendant une demi-heure, aurait été repoussée par la puissance de je ne sais quel sortilège qu'on ne révèle pas. Il y eut un échange d'idées, d'où il résulta que la guerre ne pouvait être évitée, mais il ne s'y décida rien. Aucune résolution définitive ne fut arrêtée, aucun fait irrévocable ne fut accompli. L'appel des réserves fut maintenu, mais il avait été décrété dans l'après-midi au Conseil des Tuileries; une nouvelle déclaration fut jugée nécessaire, mais la rédaction en avait été renvoyée au lendemain. Un ancien ministre, Grivard, a raconté, comme le tenant de

Mac-Mahon, lequel l'aurait appris du chambellan de Piennes, qu'au milieu de notre délibération, l'Empereur aurait été tout à coup pris d'une syncope et se serait retiré précipitamment. L'Impératrice, au lieu de le suivre pour lui donner des soins, serait restée au milieu de nous et aurait profité de l'absence de son mari pour nous retourner, de telle sorte que l'Empereur, revenu de sa défaillance et rentré au Conseil, aurait retrouvé belliqueux les ministres que quelques instants auparavant il avait laissés pacifiques. Si ceux qui n'assistaient pas au Conseil ont vu cette scène, je déclare qu'aucun de ceux qui y assistaient ne l'ont vue.

Dès le matin, Lyons, avec sa perspicacité habituelle, avait prévu l'effet que produirait le soufflet d'Ems, lorsque le public en aurait connaissance. « Le langage des membres influents du Cabinet était plus pacifique, écrit-il à Granville, et l'on regardait comme possible que quelque nouvelle conciliante pût arriver de la Prusse *et permettre au Gouvernement de déclarer toute l'affaire finie.* La publication de l'article de la *Gazette de l'Allemagne du Nord changea complètement le point de vue du Gouvernement français* sur l'état de la question. Quoique la nouvelle de la *Gazette de l'Allemagne du Nord* ne fût pas généralement connue, l'excitation publique était si grande et l'irritation si vive dans l'armée qu'il *devint douteux que le Gouvernement pût résister au cri de guerre, même s'il était en mesure d'annoncer un succès diplomatique décidé.* On sent que lorsque l'article prussien paraîtra dans les journaux du soir à Paris, il sera difficile de retenir la colère du peuple et que le Gouvernement sera obligé d'apaiser l'impatience publique en déclarant formellement son intention d'en tirer vengeance. »

L'explosion du sentiment public dépassa ce qu'avait prévu Lyons. *Clamor belli ascendit ad cœlum ut tuba.* Le cri de guerre retentit de toutes parts. Les journaux pacifiques osèrent à peine risquer quelques mots. Les autres ne gardèrent aucun ménagement. « Tout est à la guerre », écrivait le maréchal Vaillant dans son carnet. Les boulevards présentaient l'aspect des jours de fête publique. Le rapport de police nous disait : « Même affluence, même curiosité, même entrain; la circulation des voitures était impossible, les omnibus durent changer leur itinéraire. De tous les côtés on entendait les cris de : Vive la guerre! A Berlin! Autant la possibilité d'un arrangement avait produit de déception, autant la rupture des négociations était accueillie avec une animation fiévreuse. Chacun respirait comme délivré d'une incertitude oppressive. » *La Liberté*, sous la plume d'Albert Duruy, s'écriait le lendemain avec triomphe : « La Déclaration que le Sénat et le Corps législatif attendaient avec une anxiété patriotique n'a pas eu lieu. Mais en revanche, Paris a fait hier au soir sa déclaration de guerre à la Prusse. Paris a répondu par la *Marseillaise* au nouveau défi de M. de Bismarck. »

Pendant que le *furor teutonicus* et le *furor gallicus* se déchaînaient, Benedetti continuait imperturbablement à quémander des audiences. Le matin du 14 juillet, il avait lu dans la *Gazette de Cologne* le télégramme d'Ems ; il ne s'était mépris ni sur sa provenance ni sur sa portée. Il n'avait rien dit à qui que ce fût des événements de la veille ; la dépêche ne pouvait donc émaner que du Cabinet du Roi ; elle donnait un caractère injurieux aux derniers incidents des négociations ouvertes à Ems. Comme peuples et hommes d'État, il avait entendu le mot de guerre qui sortait de ce télégramme. « Le Gouvernement, dit-il, aurait pu hésiter le 12, il ne le pouvait guère le 15. » Il n'avait donc qu'à rentrer à Paris, où le rappelait Gramont, et, puisqu'on l'avait éconduit, rester éconduit, partir fièrement sans mot dire à personne. Mais il n'avait pas assez des rebuffades de la veille ; il lui en fallait de nouvelles : on les lui accorda libéralement. La première vint du ministre de l'Intérieur Eulenbourg. Il eut l'idée d'aller lui recommander les finasseries pacifiques inventées par Gramont pour se donner l'apparence d'avoir obtenu la participation du Roi : elles étaient bien démodées à l'heure actuelle. Le ministre lui exprima l'intention de les soumettre à Sa Majesté et lui promit même de le revoir, mais il ne tarda pas à lui faire savoir, lui aussi, « qu'il n'avait plus rien à lui apprendre ». Ainsi notre ambassadeur, après avoir eu trois refus d'audience du Roi, complétait sa collection par un refus d'audience du ministre. Cela ne lassa pas les empressements de son humilité.

Le Roi, comprenant que ce n'était plus le temps de continuer une cure, résolut de partir le jour même pour Coblentz afin de gagner Berlin le lendemain et de prendre les dispositions militaires que la situation allait certainement imposer. Benedetti, instruit de ce départ, crut devoir, afin de ne pas manquer aux convenances, prier un aide de camp de dire au Roi son désir de prendre congé de Sa Majesté. Cette démarche lui valut un nouveau refus d'audience. Sa Majesté continua à lui tenir son cabinet fermé ; elle l'admit à le saluer, au passage, dans une gare, c'est-à-dire dans une antichambre. Ne paraissant pas se douter qu'il représente la France et l'Empereur, Benedetti va donc souhaiter bon voyage au souverain qui part pour lancer contre la France et l'Empereur ses armées d'invasion : « Le Roi, a-t-il raconté, s'est borné à me dire qu'il n'avait plus rien à me communiquer, et que les négociations qui pourraient encore être poursuivies seraient continuées par son Gouvernement. » Le memorandum de Radziwil est encore plus sommaire : « Le désir qu'avait le comte Benedetti de prendre congé du Roi au départ de Sa Majesté fut satisfait, puisque, en partant pour Coblentz, le Roi salua le comte en passant, le 14 juillet, dans la gare. »

CHAPITRE XXI

NOTRE RÉPONSE AU SOUFFLET DE BISMARCK : LA DÉCLARATION DU 15 JUILLET

Le vendredi 15 juillet, à neuf heures du matin, le Conseil se réunit à Saint-Cloud. L'Impératrice y assistait ; tous les ministres étaient présents, libres de leur volonté et de leur vote, aucun acte irrévocable public n'ayant été accompli. Même ceux d'entre eux qui, dans la conversation de la veille au soir, avaient cru la guerre inévitable, pouvaient, après la réflexion de la nuit, exprimer un autre sentiment, et, repoussant la Déclaration que nous apportions, revenir soit à l'appel à l'Europe, soit à toute autre solution.

Gramont donna lecture du projet que nous avions rédigé ensemble. J'avais veillé à ce que le motif de notre détermination fût indiqué de manière que personne ne pût se méprendre et qu'il fût constant que, à ce dernier moment comme au premier, nous nous étions obstinément refusés à étendre la discussion au delà de la candidature Hohenzollern ; que nous n'invoquions ni le traité de Prague violé, ni le manque de parole du Luxembourg, ni la constante mauvaise foi, ni l'incessante provocation, ni l'impatience d'en finir et de sortir d'une tension énervante et ruineuse, ni la nécessité d'effacer Sadowa et que, même dans l'affaire Hohenzollern, tout ne nous était pas également à grief; que nous n'invoquions comme raison décisive ni le refus de nous garantir l'avenir par une simple parole, ni le refus de revêtir d'une forme officielle une approbation toute privée, ni même le refus de recevoir et d'entendre notre ambassadeur. Nous nous révoltions contre ce refus d'audience uniquement parce qu'il était devenu un outrage palpable par la divulgation du télégramme affiché dans les rues et communiqué aux légations et aux journaux. En d'autres termes, notre Déclaration n'était qu'une réponse au soufflet de la dépêche d'Ems, réponse que l'Allemagne elle-même semblait nous conseiller en l'attendant comme inévitable.

Aux mots qui la terminaient, l'Empereur battit des mains. Chevandier demanda la parole et dit : « Ayant été jusqu'à ce jour un de ceux qui se sont le plus énergiquement prononcés en faveur de la paix, je demande à exprimer le premier mon avis. Lorsqu'on me donne un soufflet, sans examiner si je sais plus ou moins bien me battre, je le rends. Je vote pour la guerre. » Le tour de Segris venu, il se tourna vers Le Bœuf et lui dit d'une voix altérée par l'émotion : « Maréchal, vous voyez mes angoisses ; je ne vous demande pas si nous sommes prêts, mais si nous avons des chances de vaincre. » Le maréchal répondit que nous étions prêts et que nous ne serions jamais en meilleure situation pour vider notre différend avec la Prusse, que nous pouvions avoir confiance. Personne ne souleva d'objections et ne soutint la possibilité de la paix. Depuis, les écrivains de la Droite ont prétendu que l'Empereur aurait ouvert la délibération en disant que, souverain constitutionnel, il ne voulait peser en rien sur les décisions de son Cabinet, qu'il se serait même abstenu de voter et que la guerre ne fut décidée qu'à une voix de majorité. L'Empereur ne fit pas cette déclaration saugrenue, et la guerre fut votée à l'unanimité, y compris sa voix. Seule, l'Impératrice n'exprima aucune opinion et ne vota pas.

L'Empereur se retrouva, à ce dernier moment de la crise, ce qu'il avait été depuis le commencement : regrettant les gloires de la guerre dès que la paix prévalait et se rejetant vers la paix avec effroi dès que la guerre s'imposait. Tandis que nous nous rendions au Corps législatif, il recevait Witzthum, le ministre autrichien à Bruxelles, en route vers Vienne, et lui demandait d'obtenir de son souverain qu'il prît l'initiative d'un Congrès, afin d'éviter la guerre.

Bien que la Constitution de 1870, ainsi que toutes les Constitutions monarchiques, eût réservé à l'Empereur seul le droit de paix et de guerre, j'avais promis au nom du Cabinet, que si nous croyions un jour la guerre inévitable, nous ne l'engagerions qu'après avoir demandé et obtenu le concours des

Chambres : une discussion aurait lieu alors et, si elles ne partageaient pas notre opinion, il ne leur serait pas difficile de faire prévaloir la leur, en nous renversant. Fidèles à notre promesse, nous ne voulûmes accomplir aucun acte de guerre en dehors du rappel des réserves, mesure facile à contremander, avant que les Chambres eussent discuté et approuvé notre politique. Nous accompagnâmes notre Déclaration d'une demande de crédit de 50 millions, crédit bien insuffisant, mais dont l'adoption ou le rejet permettrait au Corps législatif et au Sénat d'exprimer leur volonté, mieux que par des approbations ou des murmures fugitifs, par un vote solennel dont le témoignage demeurerait. La guerre avait été jusque-là un usage du pouvoir personnel ; nous voulûmes qu'elle fût cette fois un acte libre des représentants de la Nation. A cette demande de 50 millions, nous joignîmes un premier projet de loi autorisant des engagements volontaires limités à la durée de la guerre. Ainsi les jeunes gens qui aimaient le champ de bataille et détestaient la caserne ne seraient pas découragés dans leur élan patriotique par la crainte de rester deux ans sous les drapeaux après la paix. Un second projet de loi appela à l'activité toute la garde mobile. Le maréchal, en vue de ne pas grossir les dépenses et de ne pas compliquer la préparation, avait limité cet appel à la garde mobile des départements plus directement menacés, Plichon insista pour qu'il s'étendît à toute la garde mobile de tous les départements et le Conseil lui donna raison.

Avant d'entrer à la Chambre, je m'arrêtai chez Gramont aux Affaires étrangères. J'y trouvai Benedetti, arrivé le matin. Nous l'interrogeâmes minutieusement ; il ne nous apprit rien de nouveau sur ce qui s'était passé à Ems et confirma, sans y ajouter, les détails circonstanciés de ses dépêches et de ses rapports. Sur ce qui s'était passé à Berlin, sur la machination de Bismarck, il ne savait absolument rien. Différer pour l'entendre en Conseil n'eût donc été d'aucune utilité. Du reste, beaucoup plus que de la guerre, il était préoccupé d'un article du *Constitutionnel*, de Léonce Dupont (Renal), ayant déjà quelques jours de date, qui lui reprochait de n'avoir pas prévenu son Gouvernement de la candidature Hohenzollern. Déjà, au milieu des négociations d'Ems, il avait employé la moitié d'un télégramme à nous demander « de dire en quelques mots qu'il avait plusieurs fois signalé les démarches faites en vue de la candidature ». Nous n'avions pu lui donner satisfaction, car si, en 1869, il nous avait avertis, il n'avait rien deviné, en 1870, au moment décisif et n'avait pas été mis en éveil par la présence à Berlin en mars de la famille Hohenzollern. Sans égard aux pensées qui assiégeaient mon esprit, il revint sur son thème avec une importunité fatigante, et je dus cesser de méditer sur la lutte imminente pour essayer, en me rendant à pied à la Chambre en sa compagnie, de lui faire comprendre que, ne m'occupant pas des attaques dirigées contre moi, — et, certes, ses amis ne me les épargnaient pas, — il ne pouvait exiger que je m'occupasse à réfuter celles, justes ou injustes, dont il était l'objet.

La Chambre était au complet; les tribunes regorgeaient; tous les ambassadeurs étaient présents. Au milieu d'un silence imposant, je lus notre Déclaration : « La manière dont vous avez accueilli notre déclaration du 6 juillet nous ayant donné la certitude que vous approuvez notre politique et que nous pouvons triompher par votre appui, nous avons aussitôt commencé des négociations avec les puissances étrangères, pour obtenir leurs bons offices et avec la Prusse, afin qu'elle reconnût la légitimité de nos griefs. Dans ces négociations, nous n'avons rien demandé à l'Espagne, dont nous ne voulons ni éveiller les susceptibilités, ni froisser l'indépendance. Nous n'avons pas agi auprès du prince de Hohenzollern, que nous considérons comme couvert par le Roi; nous avons également refusé de mêler à notre discussion aucune acrimonie, ou de la faire sortir de l'objet même dans lequel nous avons renfermé le débat. La plupart des puissances étrangères ont été pleines d'empressement à nous répondre, et elles ont, avec plus ou moins de chaleur, admis la justesse de notre réclamation. Le ministre des Affaires étrangères prussien nous a opposé une fin de non-recevoir, en prétendant qu'il ignorait l'affaire et que le Cabinet de Berlin y était resté étranger. (*Rumeurs sur divers bancs.*) — Nous avons dû alors nous adresser au Roi lui-même, et nous

avons donné à notre ambassadeur l'ordre de se
rendre à Ems, auprès de Sa Majesté. Tout en reconnaissant qu'il avait autorisé le prince de Hohenzollern à accepter la candidature qui lui avait été
offerte, le roi de Prusse a soutenu qu'il était resté
étranger aux négociations poursuivies entre le
Gouvernement espagnol et le prince de Hohenzollern; qu'il n'y était intervenu que comme chef de
famille, nullement comme Souverain, et qu'il
n'avait ni réuni, ni consulté le Conseil des ministres.
Sa Majesté a reconnu cependant qu'elle avait
informé le comte de Bismarck de ces divers incidents. Nous ne pouvions considérer cette réponse
comme satisfaisante. Nous ne pouvions admettre
cette distinction subtile entre le Souverain et le
chef de famille, et nous avons insisté pour que le
Roi conseillât et imposât au besoin au prince
Léopold une renonciation à sa candidature. Pendant
que nous discutions avec la Prusse, le désistement
du prince nous vint du côté d'où nous ne l'attendions pas, et nous fut remis, le 12 juillet, par l'ambassade d'Espagne. Le Roi ayant voulu y rester
étranger, nous lui demandâmes de s'y associer, et
de déclarer que si, par un de ces revirements toujours possibles dans un pays sortant d'une révolution, la couronne était de nouveau offerte par
l'Espagne au prince Léopold, il ne l'autoriserait pas
à l'accepter, afin que le débat pût être considéré
comme définitivement clos. Notre demande était
modérée; les termes dans lesquels nous l'expri-
mions ne l'étaient pas moins. « Dites bien au roi,

« écrivions-nous à M. Benedetti, le 12 juillet, à
« minuit, que nous n'avons aucune arrière-pensée,
« que nous ne cherchons pas un prétexte de guerre
« et que nous ne demandons qu'à résoudre hono-
« rablement une difficulté que nous n'avons pas
« créée. » Le Roi consentit à approuver la renonciation du prince Léopold, mais il refusa de déclarer
qu'il n'autoriserait plus à l'avenir le renouvellement de sa candidature. « J'ai demandé au Roi,
« nous écrivait M. Benedetti, le 13 juillet à minuit,
« de vouloir bien me permettre de vous annoncer,
« en son nom, que si le prince de Hohenzollern
« revenait à son projet, Sa Majesté interposerait
« son autorité et y mettrait obstacle. Le Roi a
« absolument refusé de m'autoriser à vous trans-
« mettre une semblable déclaration. J'ai vraiment
« insisté, mais sans réussir à modifier les disposi-
« tions de Sa Majesté. Le Roi a terminé notre
« entretien en disant qu'il ne pouvait, ni ne vou-
« lait prendre un pareil engagement, et qu'il devait
« pour cette éventualité comme pour toute autre,
« se réserver la faculté de consulter les circons-
« tances. » Quoique ce refus nous parût regrettable, notre désir de conserver à l'Europe les bien-
faits de la paix était tel, que nous ne rompîmes
pas nos négociations, et que, malgré notre impatience légitime, craignant qu'une discussion ne nous
entraînât, nous vous avons demandé d'ajourner
nos explications. Aussi notre surprise a été profonde lorsque hier, nous avons appris que le Roi
de Prusse avait notifié par un aide de camp à notre

ambassadeur qu'il ne le recevrait plus, et que, pour donner à ce refus un caractère non équivoque, son Gouvernement l'avait communiqué aux cabinets d'Europe. (*Mouvements.*) Nous apprenions en même temps que le baron de Werther avait reçu l'ordre de prendre un congé et que des armements s'opéraient en Prusse. Dans ces circonstances, tenter davantage pour la conciliation eût été un oubli de dignité et une imprudence. Nous n'avons rien négligé pour éviter une guerre ; nous allons nous préparer à soutenir celle qu'on nous offre en laissant à chacun la part de responsabilité qui lui revient. »

Les dernières phrases furent couvertes par les bravos, les applaudissements répétés, et les cris de : « Vive la France ! vive l'Empereur ! » Puis éclatèrent les cris : « Aux voix ! aux voix ! » On procéda immédiatement au vote. Les députés, en très grande majorité, étaient tellement excités qu'à la contre-épreuve, quelques membres de la Gauche s'étant levés, ils se retournèrent vers eux, les montrant du doigt et criant : « Levez-vous donc ! levez-vous donc ! Ils ne sont que seize ! Ce sont des Prussiens ! » L'urgence votée, Thiers prit la parole de sa place. Après d'interminables radotages personnels, il dit en substance : « Est-il vrai, oui ou non, que sur le fond, c'est-à-dire sur la candidature du prince de Hohenzollern, votre réclamation a été écoutée, et qu'il y a été fait droit ? Est-il vrai que vous rompez sur une question de susceptibilité très honorable, je le veux bien, mais vous rompez sur une question de susceptibilité. (*Mouvements.*) Eh bien, Messieurs, voulez-vous qu'on dise, voulez-vous que l'Europe tout entière dise que le fond était accordé et que, pour une question de forme, vous vous êtes décidés à verser des torrents de sang? (*Réclamations bruyantes.*) — Quant à moi, laissez-moi vous dire en deux mots, pour vous expliquer et ma conduite et mon langage, laissez-moi vous dire que je regarde cette guerre comme souverainement imprudente. Cette déclaration vous blesse, mais j'ai bien le droit d'avoir une opinion sur une question pareille. J'aime mon pays, j'ai été affecté plus douloureusement que personne des événements de 1866, plus que personne, j'en désire la réparation; mais dans ma profonde conviction, et si j'ose le dire, dans mon expérience, l'occasion est mal choisie. (*Interruptions.*) »

Chacune des affirmations de l'orateur blessait tellement les sentiments passionnés de l'Assemblée qu'elles étaient accueillies par de constantes dénégations et par des murmures d'impatience. Cependant le nombre de ceux qui réclamèrent le silence fut de beaucoup plus considérable que celui des interrupteurs. Parmi ces interrupteurs, ses amis de la Gauche furent presque aussi nombreux que ses adversaires de Droite. Dans les interruptions, il n'y eut ni outrage, ni offense personnelle. Les seules apostrophes blessantes furent celles de Piré: or, il était notoire que cet homme d'esprit était dans un état d'exaltation voisin de la démence. Au contraire, toutes les interruptions de la Gauche contre le ministère eurent un caractère insultant, qu'on ne trouve, Piré à part, dans aucune de celles adressées à Thiers. Il n'eut donc pas à déployer de grands efforts d'héroïsme pour se faire entendre.

Si chez nous quelqu'un pouvait être accusé d'avoir amené la guerre, ce serait Thiers. Par sa persistance à parler de l'abaissement de la France, à présenter Sadowa comme une catastrophe nationale, il avait créé cet état d'esprit inquiet, susceptible, ombrageux, emporté, d'où la guerre devait fatalement sortir. J'avais prédit les résultats de son langage provocateur dès 1867 : « Vous acclamez en toute occasion la paix, vous l'affirmez en toute occasion, et en réalité vous votez tous les jours la guerre. Il faut que cette Chambre, que cette nation, non seulement se résignent à ce qui est accompli, mais qu'elles l'acceptent sans arrière-pensée ou qu'elles envisagent d'une manière virile la nécessité d'une guerre tôt ou tard inévitable, d'une guerre sérieuse, d'une guerre terrible avec l'Allemagne. » A la vérité, en gémissant sur notre abaissement, Thiers concluait par des conseils pacifiques. Il ressemblait à un mystificateur qui crierait à un cocher ayant en mains des chevaux fougueux : « Retenez-les, s'ils s'emportent ils vous cassent le cou ! » et qui en même temps placerait sous la queue de ces chevaux des fagots d'épines. J'aurais pu évoquer ce souvenir, profiter de l'émotion de l'Assemblée que, d'un mot provocateur je pouvais entraîner aux résolutions les plus précipitées. Je protestai au contraire contre les manifestations que je n'avais pu empêcher. Je commençai ma réponse en disant : « Plus un courant d'opinion est unanime et violent, plus il y a de grandeur d'âme, quand on le croit erroné, à se mettre en sa présence et à tenter de l'arrêter en disant ce qu'on croit la vérité! » Un assentiment presque général souligna cet hommage à la liberté de la contradiction. Je continuai : « Aussi, après avoir écouté respectueusement l'honorable M. Thiers, selon mon habitude, n'aurais-je pas demandé la parole pour lui répondre, si dans son discours il n'y avait des appréciations que je ne puis accepter. » On avouera que ce langage n'est pas celui d'un ministre qui invite sa majorité à l'intolérance. Je ne me départis pas un instant de cette mesure, et je restai d'autant plus modéré que j'étais plus ardemment sollicité de ne l'être pas. J'avais fait tous mes efforts, pendant qu'il parlait, pour calmer l'Assemblée et obtenir le silence ; n'ayant rien à cacher, j'avais le plus sincère désir de provoquer une discussion approfondie et de faire le jour sur les moindres détails de la négociation, et je sentais qu'en rendant la discussion difficile à Thiers, on me l'interdisait virtuellement. « Nous aussi, continuai-je, nous avons le sentiment de notre devoir, nous aussi nous savons que cette journée est grave et que chacun de ceux qui ont contribué à la décision qui va être adoptée, contractent devant leur pays et devant l'histoire une grave responsabilité. Nous aussi, pendant les six heures de délibération que nous avons eues hier, nous avons constamment pensé à ce qu'il y avait d'amer, de douloureux à donner dans notre siècle le signal d'une rencontre sanglante entre deux grands États civilisés. Nous aussi, nous déclarons coupables ceux qui, obéissant à des passions de partis ou à des mouvements irréfléchis, engagent leur pays dans des aventures. Nous aussi, nous croyons que les guerres inutiles sont des guerres criminelles, et si, l'AME DÉSOLÉE, nous nous décidons à cette guerre, à laquelle la Prusse nous appelle, c'est qu'il n'en fut jamais de plus nécessaire. » (*Vives et nombreuses marques d'approbation.*) J'exposai alors les phases de la négociation et je mis en relief ce fait qu'au milieu même de nos pourparlers, nous avions appris que dans toute l'Europe les représentants prussiens annonçaient et faisaient annoncer dans les journaux que le roi de Prusse avait envoyé un aide de camp à notre ambassadeur pour lui déclarer qu'il refusait de le recevoir. (*Bravos et applaudissements au centre et à droite. — Interruptions à gauche.*) L'honorable M. Thiers a appelé ce sentiment de la susceptibilité. Je n'ai pas reconnu dans cette expression la justesse ordinaire de son langage. Ce n'est pas de la susceptibilité qu'il fallait dire, c'est de l'honneur, et en France, la sauvegarde de l'honneur est le premier des intérêts. (*Vive approbation au centre et à droite.*) — Nous n'avons pas délibéré si le moment était opportun ou inopportun pour assaillir la Prusse ; nous ne voulions assaillir ni l'Allemagne ni la Prusse ; nous nous sommes trouvés en présence d'un affront que nous ne pouvions pas supporter, en présence d'une menace qui, si nous l'avions laissée se réaliser, nous eût fait descendre au dernier rang des États. (*Très bien !*)

Ma démonstration terminée, j'eus une de ces abstractions oratoires que connaissent bien les hommes de tribune. J'oubliai et Thiers et l'Assemblée elle-même, et le temps et le lieu ; je me plaçai en face des braves gens qui allaient tomber sur le champ de bataille, en face de la patrie, de la postérité ; je sentis s'élever au fond de moi-même un cri d'adjuration vers ces héros du devoir, vers la France bien-aimée, vers l'avenir justicier, et, au seuil de la décision tragique, je ne pus retenir une affirmation suprême de la droiture de ma conscience. Je me crus obligé de donner ce témoignage à mes collègues et à moi-même et, cherchant de fortes paroles pour exprimer le sentiment violent qui me secouait, je me rappelai les malédictions bibliques sur les impies aux cœurs pesants. Je les retournai et je dis : « Oui, de ce jour commence, pour les ministres mes collègues et pour moi, une grande responsabilité. Nous l'acceptons le cœur léger ! » La moindre incertitude sur ma pensée était-elle admissible lorsque je venais de dire quelques minutes auparavant que *mon âme était désolée ?* Néanmoins, avant que j'eusse pu terminer ma phrase et lui donner le complément qui n'eût permis aucune équivoque, je fus rappelé dans le triste milieu au-dessus duquel je m'étais élevé, par un glapissement haineux : « Dites attristé ! Vous avez le cœur léger et le sang des nations va couler! » Je repris avec une émotion indignée qui entraîna l'Assemblée : « Oui, d'un cœur léger, et n'équivoquez pas sur cette parole, et ne croyez pas que je veuille dire avec joie; je vous ai dit moi-même mon chagrin d'être condamné à la guerre, *je veux dire d'un cœur que le remords n'alourdit pas, d'un cœur confiant*, parce que la guerre que nous ferons, nous la subissons, parce que nous avons fait tout ce qu'il était humainement et honorablement possible de tenter pour l'éviter, et enfin parce que notre cause est juste et qu'elle est confiée à l'armée française. » (*Vives et nombreuses marques d'approbation. — Nouveaux applaudissements.*)

Combien de fois mes ennemis ne m'ont-ils pas poursuivi, devant la tourbe ignorante d'en haut et d'en bas, de ce mot de cœur léger! C'est devenu un cliché lorsqu'on veut m'attaquer. Fût-il vrai qu'à ce moment, excédé par les angoisses, les fatigues, les insomnies, obligé de répondre seul à des orateurs puissants, n'ayant pas eu le loisir de réfléchir une minute à l'ordonnance et aux termes de mes discours, il me fût échappé une expression impropre, le commentaire que j'en donnai aussitôt ne permettait plus loyalement aucun malentendu sur la véritable portée de mon langage, et personne n'avait plus le droit, sans cesser d'être un honnête homme, d'y relever un aveu révoltant de dureté ou d'insouciance. Tout au plus les juges du talent auraient-ils pu y critiquer une défaillance de l'orateur ou du lettré. Mais mon expression est aussi irréprochable que le sentiment qu'elle manifestait, et sa correction littéraire ne peut pas faire doute plus que sa rectitude morale. Je ne l'efface pas.

Le discours que Thiers me répondit fut un mélange d'erreurs et de vérités. Il nous reprochait de n'avoir pas laissé à l'Europe le temps d'intervenir. Cette médiation de l'Europe avait été tentée le 14 juillet par l'Angleterre et rejetée avec mauvaise humeur par la Prusse. On sollicite une médiation dans un différend d'ordre matériel, on ne prend conseil que de soi lorsque l'honneur est en jeu. Quel patriote nous a enseigné qu'une nation doive régler ses susceptibilités d'après l'avis des étrangers? Ce n'est pas Tocqueville. « On n'a le droit, dit-il, d'exprimer une opinion sur ce qui convient à l'intérêt ou à l'honneur national que quand on parle de son pays. » Si les ministres avaient nourri, comme Thiers, le désir de réparer Sadowa, on eût pu discuter s'ils avaient bien ou mal choisi l'occasion. Mais aucun d'eux ne songeait à réparer Sadowa, qu'ils estimaient irréparable; ils n'avaient souci que de l'honneur à sauvegarder et ces occurrences on les subit comme on vous les impose, on ne les choisit pas.

Par contre, ce discours renfermait deux condamnations que l'histoire ratifiera : celle de l'entreprise prussienne voulant, en dépit des principes les plus certains et d'une tradition séculaire, introniser en Espagne un prince allemand; celle d'une demande de garanties, défendable en pure logique, mais injustifiable dans les circonstances de fait où elle s'était produite. Toute l'argumentation de Thiers à ce sujet est irréfutable; il avait raison d'appeler la demande de garanties une faute. Quoique cette faute n'ait pas été celle du Cabinet, je ne pouvais pas en écarter de nous la responsabilité, puisque, n'ayant pas donné notre démission, nous nous en étions rendus solidaires. Mais Thiers redevient un homme de parti injuste, et ici l'histoire ne le suivra pas, en faisant de la guerre un effet nécessaire de la demande de garanties. Cette demande n'a été soumise au Roi que le 13 juillet à neuf heures, elle n'a été connue de Bismarck que dans la journée, ce n'est donc pas elle qui a déterminé le chancelier prussien à prendre une résolution belliqueuse qu'il avait impérieusement réclamée du Roi dès le 12 au soir. Certes, la demande de garanties fournit à Bismarck des facilités de nous infliger un outrage, qu'il aurait eu de la peine à trouver ailleurs si nous ne les lui avions pas apportées par la réouverture imprudente d'une négociation heureusement close. Toutefois la demande de garanties n'entraînait pas nécessairement la guerre. Elle n'était pas telle, dans sa forme modérée qu'on dût forcément y répondre par un outrage : si Bismarck l'avait rejetée dans les formes ordinaires de la diplomatie, poliment, même sèchement, la crise ne recommençait pas, puisque nous avions résolu de ne pas la convertir en ultimatum. Elle avait été refusée outrageusement : c'est cela seul qui avait amené la guerre. Si Thiers eût été inspiré par des sentiments patriotiques, après avoir critiqué notre faute, il eût, plus énergiquement encore, blâmé l'insolence de la Prusse et l'eût jugée, comme nous, intolérable. Il n'osa pas, il est vrai, la justifier; il reconnut que notre susceptibilité était honorable, mais il dit que deux nations ne se précipitent pas l'une sur l'autre pour « d'aussi futiles motifs ».

Avoir été giflé en face de toute l'Europe, c'était une futilité, un simple détail de forme!! On ne discute pas ces énormités. Gramont les réprouva d'un accent superbe de gentilhomme et d'homme de cœur qui électrisa l'Assemblée : « Après tout ce que vous venez d'entendre, il suffit de *ce fait* que le Gouvernement prussien a informé tous les cabinets de l'Europe qu'il avait refusé de recevoir notre ambassadeur et de continuer à discuter avec lui. Cela est un affront pour l'Empereur et pour la France et si, par impossible, il se trouvait dans mon pays une Chambre pour le supporter ou pour le souffrir, je ne resterais pas cinq minutes ministre des Affaires étrangères. » Des applaudissements enthousiastes couvrirent ces fiers accents.

Buffet, Jules Favre exigèrent l'exhibition de la dépêche prussienne aux cours étrangères. Comment pouvais-je exhiber une dépêche envoyée à des tiers et qui ne m'était pas adressée? Les Cabinets mêmes auxquels elle avait été communiquée n'auraient pu nous la procurer, puisqu'elle leur avait été *lue* et non *laissée en copie*. Bismarck seul aurait pu nous en donner le texte original comme il le fit plus tard. A ce moment nous ne pouvions produire que les dépêches de nos agents qui nous transmettaient ce texte d'après les rapports de ceux auxquels il en avait été officiellement donné lecture. Et ces dépêches de nos agents, nous ne refusions pas de les communiquer. Je me préparai à donner ces explications et à dire à Buffet : « Amendez correctement votre proposition, réduisez-la à la demande des documents expédiés par le Gouvernement français ou reçus par lui, et nous l'acceptons. » Une explosion de cris : « Ne répondez pas ! ne répondez pas ! » m'empêcha de prononcer un mot, et la proposition de Jules Favre fut repoussée par 159 voix contre 84. Les bureaux, en nommant la Commission, lui donnèrent le mandat d'exiger des communications complètes, et nous-mêmes, dès que la Commission eut été constituée sous la présidence d'Albufera, avant même qu'on les exigeât, nous vînmes les apporter. J'arrivai d'abord, j'expliquai ce que l'impatience de la Chambre ne m'avait pas permis de dire et j'annonçai que Gramont communiquerait tous les documents que nous possédions : 1° les dépêches télégraphiques échangées entre Gramont et Benedetti, du 7 au 13 inclusivement; 2° les dépêches de Comminges-Guitaud, de Cadore et d'un ou deux de nos agents, de celui de Dresde notamment, qui nous étaient arrivées depuis. Puis, je demandai la permission de me retirer ; des affaires urgentes à expédier me réclamaient.

Gramont arriva ensuite : il déposa toutes les pièces que j'avais annoncées. Elles étaient très soigneusement classées par numéro d'ordre, c'est-à-dire chronologiquement, parce que cet ordre était fixé par les dates inscrites en tête de chacune des dépêches. Il lut et expliqua les principales. La Commission put ainsi vérifier l'exactitude des textes que j'avais lus et s'assurer qu'ils n'étaient pas contredits par ceux que je n'avais pas lus. D'Albufera demanda ensuite si nous avions des alliances. « Si j'ai fait attendre la Commission, répondit Gramont, c'est que j'avais chez moi, au ministère des Affaires étrangères, l'ambassadeur d'Autriche et le ministre d'Italie. J'espère que la Commission ne m'en demandera pas davantage. » Talhouët, à son corps défendant, fut nommé rapporteur. Ce choix avait beaucoup de signification : outre que Talhouët jouissait d'une considération générale, on le savait homme prudent, n'aimant pas à se compromettre dans les affaires risquées, et sa présence signifiait que celle-là était sûre et qu'on pouvait s'y engager sans crainte. A la reprise de la séance, Dréolle, membre de la Commission, s'approcha de mon banc et me dit : « J'ai rédigé le rapport, vous en serez content. » Je fus surpris de cette confidence de la part d'un journaliste qui ne cessait de me vilipender. Talhouët lut le rapport de Dréolle qui concluait, à l'unanimité, au vote du projet du Gouvernement. Il fut accueilli par des bravos et applaudissements prolongés mêlés aux cris de: « Vive l'Empereur ! » Ce rapport constatait le fait capital que les *pièces diplomatiques avaient été communiquées.*

Gambetta prononça un discours artificieux qui, en paraissant être contre la guerre, lui était cependant favorable. L'intention de se distinguer de Thiers y perce à tout instant. En effet, il affirme « qu'il ne sortira pas de sa bouche une parole qui puisse servir à l'étranger, » sous-entendu : comme vient de le faire M. Thiers. Thiers avait trouvé naturel que le roi de Prusse ne voulût prendre aucun engagement pour l'avenir, Gambetta comprend que « cela nous ait émus » et il accorde « qu'il nous appartenait d'insister pour avoir satisfaction ». Thiers avait considéré comme une susceptibilité exagérée le sentiment que nous avait inspiré le refus public de recevoir notre ambassadeur, Gambetta conçoit que nous trouvions « le procédé blessant et irrégulier ». Il voulait bien une guerre, celle de la revanche contre Sadowa, qu'il avait célébrée dans sa harangue de la rue de la Sourdière : le ministère motivait mal la sienne; il cherchait « dans de misérables ressources les raisons décisives de sa conduite; il n'invoquait pas les véritables griefs, il faisait reposer tout le *casus belli* sur les mauvais procédés d'Ems, au lieu de justifier ses résolutions par la nécessité de réparer une politique que lui « déplore, déteste, la politique de 1866 ». Comme les députés de la Droite, il me reprocha de ne pas faire de la guerre une revanche préméditée de cette défaillance. Cependant il s'associa aux exigences de ses collègues, dont il n'avait pas l'audace de s'affranchir, et s'efforça de démontrer que le motif que nous donnions à notre *susceptibilité* n'était pas justifié; il s'attendait à ce que la pièce, sur laquelle nous ferions reposer à tort tout le *casus belli*, serait communiquée directement, pleinement, intégralement à la Commission. « Vous ne nous avez pas donné toutes les satisfactions de certitude qui nous étaient dues. » Le président de la Commission, d'Albufera, interrompit : « *La Commission les a reçues toutes; je l'affirme sur l'honneur.* » Gambetta insista. D'Albufera l'interrompit de nouveau : « La Commission a lu la dépêche. » Gramont ajouta : « Je déclare que j'ai communiqué la pièce à la Commission et qu'elle l'a lue. » Les membres de la Commission confirmèrent : « *Oui! oui!* » D'Albufera reprit : « Nous déclarons que nous l'avons lue et, si vous ne nous croyez pas, il fallait nommer d'autres commissaires. »

Il n'était pas possible de n'être pas convaincu et arrêté par des affirmations aussi péremptoires données par de tels hommes. Aussi cette fois Gambetta coupa court et, oubliant qu'il venait de se contenter d'une communication à la Commission, il dit : « S'il est vrai que cette dépêche soit assez grave pour avoir fait prendre ces résolutions, vous avez un devoir, ce n'est pas de la communiquer seulement aux membres de la Commission et à la

Chambre, c'est de la communiquer à la France et à l'Europe ; et si vous ne le faites pas, votre guerre n'est qu'un prétexte voilé, et elle ne sera pas nationale. » (*Réclamations nombreuses. — Approbation sur plusieurs bancs à gauche.*) Talhouët protesta : « Nous avons eu les dépêches de quatre ou cinq de nos représentants dans les différentes cours de l'Europe qui reproduisent ce document presque exactement dans les mêmes termes. » — *Voix nombreuses : Très bien ! très bien ! — Allez ! allez ! — Aux voix ! aux voix !* — La Chambre en avait assez. Elle me permit à peine de répondre quelques paroles indignées et elle vota.

Pendant qu'on dépouillait le scrutin, je rencontrai Gambetta dans la salle des Conférences : « Comment, lui dis-je, pouvez-vous contester l'existence des dépêches dont je vous ai donné lecture ? Je vous les montrerai si vous le désirez. — Je ne les conteste pas, dit Gambetta, mais vous n'avez pas tout lu. — C'est vrai, Gramont a tout montré à la Commission, mais je n'ai pas lu la fin de la dépêche de Cadore, de Munich, annonçant au roi de Bavière que Benedetti avait abordé irrévérencieusement le Roi sur la promenade. — Eh bien ! c'est précisément ce que je voulais vous amener à lire aussi. — Je ne le pouvais pas, sans rendre impossible la situation de Cadore à Munich ; ce que ma lecture eût ajouté au débat n'était pas assez décisif pour que j'aie cru nécessaire de braver cet inconvénient. »

Précisons la signification de ce vote qui ouvrait

un crédit de cinquante millions. Il ne s'agissait pas de soutenir une guerre commencée; rien n'était compromis ni engagé; aucune déclaration de guerre n'avait eu lieu, aucun acte irréparable n'avait été consommé; pas une seule armée n'était réunie ; il suffisait d'un vote contraire à nos crédits pour qu'au lieu de la guerre, ce fût la paix qui prévalût. Pendant toute la discussion, on avait envisagé ce vote comme devant trancher la question de paix ou de guerre : « De la décision que vous allez émettre, avait dit Thiers, peut résulter la mort de milliers d'hommes. » — « Le Cabinet, avait dit Gambetta, vous a proposé de prendre sur vous-mêmes la responsabilité d'un vote, d'une attitude, d'une décision parlementaire qui lui permettraient d'engager la guerre. » Et, au début de ses observations : « *Avant que la guerre soit déclarée.* » La Chambre était donc maîtresse d'empêcher qu'on la déclarât. Le devoir de ceux qui voulaient la paix était de nous refuser les fonds et de nous renverser. Sous la Restauration, les membres de l'opposition ne votèrent pas les crédits, même après que l'expédition d'Espagne eut été engagée. Si le Gouvernement impérial, avant d'envoyer des troupes au Mexique, était venu au Corps législatif réclamer des subsides, les Cinq les eussent-ils accordés? Voter les crédits, c'était voter la guerre. Aussi les députés qui s'étaient prononcés résolument contre elle n'hésitèrent-ils pas et votèrent-ils *non*. Le vote de ceux qui ont voté *oui* signifie : « Marchez à l'ennemi, la Chambre, expression du pays, est avec vous. » Deux cent quarante-cinq députés pensèrent ainsi, au nombre desquels furent Gambetta, Jules Simon, Jules Ferry, Ernest Picard, Barthélemy-Saint-Hilaire, etc. Six seulement votèrent contre : Emmanuel Arago, Grévy, Desseaux, Esquiros, Glais-Bizoin, Ordinaire. Thiers, plus prudent dans ses actes que dans ses paroles, s'abstint avec Crémieux, Girault et Raspail. Jules Favre était absent. Voulût-on exclure du vote tous les candidats officiels et ne considérer comme représentant la nation que les cinquante ou soixante députés nommés sans le patronage de l'administration, la guerre n'en eût pas moins réuni une imposante majorité de suffrages. Il n'est donc pas permis de présenter la guerre de 1870 comme une entreprise arbitraire du despotisme, imposée à la nation malgré elle. Ainsi que l'Empereur l'a souvent répété depuis, la responsabilité de chacun doit se répartir en proportion égale : entre lui, ses ministres, le Parlement. « Si j'avais été contraire à la guerre, dit-il, j'aurais renvoyé mes ministres ; s'ils ne l'avaient pas crue nécessaire, ils auraient donné leur démission ; si le Parlement l'avait désapprouvée, il ne l'aurait pas votée. » Empereur, ministres, Parlement se sont décidés en toute liberté et en pleine connaissance de cause, aucun d'eux n'ayant été trompé, ni n'ayant trompé. Le vote des cinquante millions a tranché la question.

On vota successivement sans discussion un crédit de quinze millions pour la marine, la loi qui permettait de limiter les engagements volontaires à la durée de la campagne et celle qui appelait à l'activité toute la garde nationale mobile. Cette séance, qui avait commencé le 15, à une heure de l'après-midi, fut levée aux premières minutes de la journée du 16.

Au Sénat, la déclaration avait été accueillie par des bravos et des applaudissements prolongés auxquels se mêlaient les cris de : « Vive la France ! vive l'Empereur ! » Les tribunes publiques s'étaient associées à l'enthousiasme de l'Assemblée et l'avaient redoublé. Le président Rouher ayant dit : « Personne ne demande la parole ? —Non ! non, s'écriat-on de toutes parts ; vive l'Empereur ! » Rouher reprit : « Le Sénat, par ses bravos enthousiastes, a donné sa haute approbation à la conduite du Gouvernement. Je propose au Sénat de lever la séance comme témoignage d'ardente sympathie pour les résolutions prises par l'Empereur. » Les cris de : « Vive l'Empereur ! » éclatèrent et la séance fut levée. A la sortie, les sénateurs, devenus populaires pour la première fois, furent acclamés par la foule.

Le lendemain, la Commission du Sénat se réunit. Gramont y fut appelé. Il plaça sous les yeux des commissaires les dépêches qu'il avait fait connaître la veille au Corps législatif. Le rapport de Rouher achève de confondre l'accusation portée contre Gramont d'avoir supprimé devant la Commission du Corps législatif les dépêches antérieures au 12. Il constate que la Commission a reçu la communication de *toutes les dépêches importantes depuis le 6 juillet.*

Notre Déclaration équivalait à une déclaration de guerre. Le roi Guillaume le comprit ainsi, car, dès qu'il en eut connaissance, il ordonna, dans la nuit même du 15, la mobilisation de son armée. Cependant, fort mal à propos, sur les insistances obstinées de l'amiral Rigault, en vue de régulariser des prises que nous n'avons jamais faites, nous notifiâmes par une note, gauchement rédigée par les Affaires étrangères, et remise à Bismarck le 19 juillet, que nous nous considérions comme en état de guerre.

CHAPITRE XXII

SUR QUI DOIT RETOMBER LA RESPONSABILITÉ DE LA GUERRE? SUR LA FRANCE OU SUR LA PRUSSE?

Dans son discours du 16 juillet au Bundesrath et dans sa circulaire du 18, Bismarck rejeta sur la France la responsabilité d'avoir voulu, cherché et provoqué la guerre. Sur l'origine de l'affaire, il reproduisit le langage qu'il avait placé dans la bouche de Thile et du Roi. Il s'efforça surtout d'altérer le caractère vrai du télégramme d'Ems qui, comme il le dit avec raison, restait à la fin, pour le ministère français, *l'unique motif de guerre*: ce n'était, à l'entendre, qu'un télégramme de journal adressé aux représentants de la Prusse et aux autres gouvernements considérés comme amis pour les orienter sur le développement que l'affaire avait pris; ce n'était pas une pièce officielle. « Comme causes déterminantes de ce regrettable phénomène de la guerre, nous ne pourrons, disait-il, découvrir malheureusement que les instincts les plus mauvais de la haine et de la jalousie au sujet de l'autonomie et du bien-être de l'Allemagne, joints au désir de tenir terrassée la liberté à l'intérieur en précipitant le pays dans des guerres avec l'étranger. »

Les pauvretés si artificieusement cousues de Bismarck firent alors grand effet sur un peuple fanatisé et sur une opinion internationale toujours en défiance de Napoléon III. Sybel leur donna l'autorité de son talent. Il n'y eut pas un Allemand qui ne les admit et ne les répétât. Le renom de l'Allemagne ne gagna pas à ce système d'imposture, et les juges impartiaux répétèrent le mot de Velleius Paterculus sur les Germains : *natum ad mendacium genus*. Bismarck lui-même était amoindri par ce maquignonnage grossier. Il ne tarda pas à comprendre combien était ridicule, puéril, peu digne de lui le rôle d'hypocrite que lui attribuaient ses panégyristes et auquel il a paru d'abord se prêter. Peu à peu il rejeta toutes ces fausses apparences et finit par avouer : *Ego nominor leo*. Un correspondant anglais, qui suivait l'armée prussienne, l'aborde en lui disant : « Vous devez être bien indigné contre ces Français qui vous obligent à cette guerre. — Indigné ? risposte-t-il, mais c'est moi qui les ai forcés à se battre. » Plus tard, il autorisa Busch à divulguer le mystère du télégramme provocateur. Le confident ne s'en est pas tenu là, et, cette fois, sans autorisation probablement, il a montré le Méphistophélès d'État, au moment du remords, à ce moment où la conscience réveillée torture celui qui a torturé les autres, avouant que, « SANS LUI, TROIS GRANDES

GUERRES N'AURAIENT PAS ÉTÉ ENTREPRISES, QUATRE-VINGT MILLE HOMMES NE SERAIENT PAS MORTS, ET TANT DE FAMILLES, TANT DE PÈRES, TANT DE MÈRES, TANT DE FRÈRES, TANT DE SŒURS, TANT DE VEUVES NE SERAIENT PAS DANS LA DÉSOLATION. »

Autant dans ses discours, Bismarck a aimé à s'étendre sur la guerre de 1866, autant il a glissé sur celle de 1870. Sauf le jour où, dans le feu du Kulturkampf, il a divagué sur l'action des influences ultramontaines, il n'est guère allé au delà de quelques affirmations rapides. Enfin la vérité fut un jour dite officiellement par lui-même. Après le court règne de Frédéric III, une Revue allemande, la *Deutsche Rundschau*, publia des extraits du journal de cet empereur alors qu'il était prince royal. Une note à la date du 13 disait « que Bismarck lui avait confié qu'il considérait la paix pour assurée et qu'il voulait retourner à Varzin ». Une assertion d'une aussi manifeste fausseté n'aurait guère troublé Bismarck, s'il n'avait été dénoncé dans d'autres extraits comme ayant été peu soucieux de constituer l'Unité allemande. Or, comme, sans la guerre de 1870, cette Unité serait restée à l'état de rêve utopique et que, par elle seulement, elle est devenue une réalité, Bismarck mit hors d'atteinte sa gloire de fondateur de l'Allemagne nouvelle, en revendiquant l'initiative de cette guerre. Il a donc déclaré, dans le rapport par lequel il demande à l'Empereur des poursuites contre les auteurs de la publication (23 septembre 1888), que les documents établissent « que S. A. royale savait déjà, le 13, QUE JE CONSIDÉRAIS LA GUERRE COMME NÉCESSAIRE, et que je ne serais retourné à Varzin qu'en donnant ma démission, SI CETTE GUERRE AVAIT ÉTÉ ÉVITÉE. »

Le coup le plus sensible qu'il porta à sa légende de mensonge fut de restituer à la dépêche d'Ems le caractère officiel et volontairement provocateur qu'il lui avait d'abord contesté et de nous donner raison sur le *grief unique* par lequel nous motivions la guerre. Dans ses *Pensées et Souvenirs*, il décrit la scène de la dépêche d'Ems et en fait un tableau égal aux plus terrifiantes réalités de Macbeth, d'un grandiose dramatique sous la simplicité des paroles, qui se fixera à jamais dans la mémoire de la postérité. — Vanité ! a-t-on dit de ces graves déclarations si intentionnellement multipliées. — Non ; elles ont été le calcul juste d'une raison maîtresse d'elle-même, fatiguée de voir d'autres s'approprier la récompense quand ils n'avaient pas été à la peine. Peut-être s'y était-il mêlé involontairement quelque impatience de la sottise publique. Il n'est pas bien sûr que, las d'entendre tant de niais ou de fourbes répéter doctoralement, malgré l'évidence contraire, que la guerre a été préparée et cherchée par la France, il n'ait éprouvé quelque malin plaisir à leur crier : « Eh bien ! puisque vous vous obstinez à l'ignorer, je vous apprends que cette guerre a été mon œuvre propre ! »

Cependant il est un point sur lequel il persiste à n'être pas véridique. C'est sur l'origine et l'organisation de la candidature Hohenzollern. Il s'en tient à sa fable du premier moment, sans doute parce que la vérité eût été trop vilaine à révéler. Il y a même un accord entre lui et ses complices pour que l'Histoire ignore toujours la vérité. Les *Mémoires* de Bernhardi eussent dévoilé le mystère : la partie publiée ne contient sur sa mission en Espagne que des détails anecdotiques et pittoresques ; la partie politique a été supprimée et, dit-on, ne verra jamais le jour. D'autre part, les papiers de Lothar Bucher, autre confident, ont été brûlés. Nous étions donc condamnés à ignorer les débuts de ce guet-apens si le prince Charles de Roumanie, en publiant ses *Mémoires*, n'avait rendu à la vérité le service d'éclairer, d'une lueur qu'on n'éteindra plus, le seul recoin ténébreux de cette ténébreuse affaire. On m'a raconté qu'il avait été vivement incité à cette publication par la reine Augusta.

Quelques historiens d'une invincible mauvaise foi, tels qu'Oncken, s'obstinent aux rengaines démodées. Mais les critiques sérieux, tels qu'Ottokar Lorenz, Delbrück, Rathlef, Lenz, Johannes Sherr, Schultze, ont eu le courage méritoire de s'affranchir du mensonge convenu. Sur l'origine même du conflit, Ottokar Lorenz dit : « Considérée au point de vue du droit des gens, la théorie de M. de Bismarck était à peine soutenable. Toutes les candidatures au trône qui se sont déroulées dans le xixᵉ siècle, en Espagne, en Portugal, ont été constamment l'objet de négociations internationales, et les Cobourg en Belgique, comme les Danois en Grèce et les Hohenzollern en Roumanie, ont fourni d'indubitables exemples, que de tels établissements dynastiques ont toujours été précédés d'une entente entre les puissances intéressées dans les négociations... Personne n'aurait pu nier que la prétention du gouvernement prussien de ne pas devoir s'occuper d'une telle affaire se manifestait et devait paraître comme un principe nouveau dans l'histoire diplomatique. Le refus du gouvernement prussien de faire connaître sa manière de voir sur cette question, sous prétexte qu'elle ne concernait pas l'État, augmentait les difficultés de la tâche de Benedetti, parce qu'il devait puiser, dans les assertions de M. de Thile, le soupçon qu'il se tramait quelque chose que l'on voulait dissimuler, du côté prussien. » Il apprécie non moins justement les péripéties du 13 juillet : « Mais à la date du 13, Dieu soit loué ! un esprit digne du grand Frédéric s'était déjà éveillé dans la nation allemande. On était non seulement résolu à se battre, mais on désirait écraser les Français et les anéantir. C'était l'esprit de 1813. Le grand homme d'État fit tout pour déterminer une lutte décisive, prompte et radicale, et pour empêcher qu'une paix boiteuse pût intervenir. Les historiens timorés ont coutume de ne rien dire, ou ne mentionnent que d'une façon très atténuée la décisive habileté diplomatique que Bismarck mit en œuvre pour attiser l'excitation belliqueuse en France. Tandis qu'il montrait par des résolutions hardies que les traditions de la politique prussienne, comme celle du « Grand Fritz, » qui savait au besoin passer le Rubicon, n'étaient pas tombées dans l'oubli, ces historiens timorés lui font encore jouer le rôle de l'agneau que menace le loup sur le bord du ruisseau. Mais, heureusement, le tableau est fort changé le 13 juillet; et c'est Bismarck qui se trouve le loup sur le bord du ruisseau. »

Hans Delbrück a très bien caractérisé la fin de non-recevoir sophistique de Bismarck : « Bismarck a cru couvrir son acte du voile d'une affaire privée de la famille Hohenzollern; Sybel a accepté simplement cette fiction dans son ouvrage et a vivement reproché aux Français de ne pas consentir à l'accepter de même. Je crains qu'avec cette façon de narrer les faits nous ne puissions pas faire figure dans l'histoire du monde et que les Français se moquent de nous tout simplement. » Rathlet juge sans hypocrisie la dépêche d'Ems : « Ceux qui admettent que les affaires de leur pays soient dirigées par un Bismarck doivent aussi accepter, avec les grandes choses que l'Allemagne a reçues de lui, ce qu'ils ne peuvent pas justifier, ce qu'ils blâment peut-être au fond du cœur. Mais il y a dans cette circonstance une injustice faite à l'adversaire plus ou moins grande. Précisément pour la grande cause de l'Allemagne, nous ne pouvons que déplorer sérieusement l'ombre que projette sur elle la dépêche d'Ems; nous ne pouvons la nier et nous ne le voulons pas, et plus cette heure est considérable dans l'histoire de l'Allemagne, plus les Allemands et les Français y attachent d'importance, plus nous avons de motifs d'atténuer, par un aveu honorable, ce qu'il y a là de notre faute, non seulement parce que nous le devons à nos adversaires, mais parce que nous nous le devons à nous-mêmes.

Johannes Scherr n'admet pas qu'on attribue aux Français seuls la responsabilité de la guerre. « Des gens que leur patriotisme pétrifie dans l'ignorance ou que leur étroitesse d'esprit empêche de rien comprendre, peuvent seuls croire que la France seule, ou l'Empereur des Français, sont responsables de la guerre. Sans doute, le bonapartisme la désirait pour plusieurs motifs, et la vanité gauloise comme l'illusion chauvine des grandeurs y poussaient aussi ; mais la Prusse, agrandie jusqu'au Mein, n'en avait pas moins besoin et ne la désirait pas moins. Sans l'action de M. de Bismarck, et nonobstant la dépêche d'Abeken, les négociations se seraient terminées à l'amiable, non seulement à cause des événements d'Ems, mais parce que l'on se montrait de divers côtés, en France, disposé à laisser l'épée au fourreau. »

Schultze, discutant pas à pas, dans un remarquable écrit d'honnête homme et d'historien, les documents et faits incontestés, établit mieux que personne « que la candidature Hohenzollern a toujours eu le caractère antifrançais que Bismarck lui a contesté et que, s'il était non amical vis-à-vis de la France de poursuivre cette affaire en elle-même, la manière dont Bismarck le fit témoigne d'une intention préméditée d'en brusquer le dénouement, et que, dans ces jours de juillet, Bismarck manœuvra résolument et obstinément pour amener la guerre, que l'affaire Hohenzollern a été un piège tendu à Napoléon pour l'abattre. La politique Hohenzollern a été pour Bismarck un moyen de poursuivre une politique d'action contre la France. Dans la conception de la candidature Hohenzollern, Bismarck a été l'agresseur qui sait bien, dès le commencement, que, selon toute prévision, cette affaire conduira à la rupture, et qui, dans la dernière phase, a amené cette rupture, d'une façon entièrement préméditée, et en toute connaissance de cause ».

Il ne serait cependant pas loyal de faire dire aux historiens et aux critiques allemands plus qu'ils n'ont dit. Ils ont constaté que Bismarck voulait la guerre, non pour l'en blâmer, mais pour lui en faire une gloire : sans doute, il a tout déterminé, tout provoqué, mais c'est en cela qu'a éclaté son génie ; son offensive tactique n'a été que le moyen de prévenir l'offensive stratégique préparée par Napoléon III. Il connaissait par les révélations de Bernhardi, et par celles, plus sûres encore, de ses agents autrichiens ou italiens, les projets de triple alliance débattus depuis 1869 entre les Cabinets de Paris, de Vienne et de Florence. « A chaque pas en avant de la préparation à cette alliance, dit Schultze, correspond un pas nouveau fait par lui dans l'organisation de la candidature. Et c'est parce que le voyage de l'archiduc Albert à Paris, en mars 1870, lui a donné la conviction que la Prusse serait attaquée au printemps prochain, qu'il a envoyé Lothar Bucher à Madrid, afin de brusquer l'événement et de déconcerter, par son attaque soudaine, l'attaque préméditée pour laquelle tout était prêt, diplomatiquement et militairement. »

Aucune des conjectures de Schultze n'a le moindre fondement. Bismarck savait mieux que qui que ce soit à quoi s'en tenir. Il était parfaitement informé des dispositions pacifiques de l'Empereur, surtout depuis que le plébiscite et l'interview de la *Gazette de Cologne* lui avaient appris, comme à toute l'Allemagne, que les miennes étaient encore plus certaines. Quels que fussent les sentiments belliqueux qu'à tort ou à raison on prêtait à l'Impératrice, il n'y avait pas à en tenir compte, car l'Empereur ne pouvait décider une guerre sans l'avis de son Conseil, et l'Impératrice n'exerçait aucune influence sur les membres qui le composaient, tous notoirement dévoués à la paix. Les projets de triple alliance n'avaient qu'un caractère préventif, en quelque sorte académique, et n'ont jamais revêtu une forme pratiquement exécutoire. Le voyage de l'archiduc Albert à Paris n'avait pu inquiéter sérieusement Bismarck, car il n'ignorait pas combien mince était l'influence de ce personnage sur la marche politique des affaires. Eût-il attaché quelque importance aux velléités de Beust, qu'il ne prit jamais au sérieux, il était assuré contre elles par son entente avec Andrassy et les Hongrois, sans l'assentiment desquels aucune guerre n'était possible. Les dispositions de Victor-Emmanuel envers l'Empereur ne lui donnaient pas non plus d'ombrage. « L'alliance de l'Italie avec la France, disait-il d'après Hohenlohe, n'a pour le moment aucune valeur. Les Italiens ne marcheraient pas, même si Victor-Emmanuel, capable de tout pour de l'argent et des femmes, voulait conclure un traité. » En outre, il ne suffisait pas, pour qu'une campagne contre la Prusse fût entamée, d'une alliance conclue entre Paris, Vienne et Florence ; il en fallait une avec Munich et Stuttgart. Or, il n'existe aucune trace d'une négociation avec ces derniers Cabinets, car on n'ignorait pas que, si les ministres des États du Sud défendaient leurs États contre l'absorption prussienne, aucun d'eux n'eût consenti à tramer une agression contre leur puissant voisin. Cette explication d'une offensive tactique nécessitée par nos menaces, quelque spécieuse qu'elle paraisse, n'explique donc ni ne justifie la provocation incontestable de Bismarck. La véritable explication est autre; nos lecteurs la savent déjà, et je dois y revenir une dernière fois.

Guillaume et Bismarck, assistés par deux organisateurs militaires de premier ordre, avaient résolu de terminer la conquête de l'Allemagne commencée par Frédéric. Le premier acte avait été la rupture de la Confédération germanique et l'exclusion de l'Autriche de l'Allemagne. La victoire de Sadowa n'assura ce premier résultat qu'en compromettant le but final : des Allemands avaient vaincu des Allemands, ce qui n'était pas de nature à faciliter leur réunion sous un même Empire ; le seul moyen de les réconcilier était de les associer à une victoire commune contre l'ennemi héréditaire. « Cette guerre, avait dit Guillaume en juillet 1866, sera suivie d'une autre. » Dès ce moment, le ravisseur des Duchés et du Hanovre avait accepté la guerre contre la France comme une nécessité historique aussi inéluctable que l'avait été la guerre contre l'Autriche. « J'étais convaincu, dit Bismarck, dans ses Mémoires, que l'abîme qu'avaient creusé, au cours de l'histoire, entre le Sud et le Nord de la patrie, la divergence de sentiments, de race et de dynastie et la différence du genre de vie, ne pouvait pas être plus heureusement comblé que par une guerre nationale contre le peuple voisin, notre séculaire agresseur. Ces considérations politiques, touchant les États de l'Allemagne du Sud, pouvaient aussi s'appliquer, *mutatis mutandis*, à nos relations avec la population du Hanovre, de la Hesse, du Sleswig-Holstein. » Depuis le succès, il est revenu maintes fois sur la même assertion : « La guerre de 1870-71 était aussi une nécessité, disait-il à Iéna en 1892 : sans avoir battu la France, nous n'aurions pas pu achever tranquillement la formation de l'Empire allemand. La France aurait trouvé plus tard des alliés pour nous en empêcher. »

Après des paroles aussi précises, comment existe-t-il un être intelligent qui puisse encore rechercher les causes de la guerre de 1870 et les imputer à Napoléon III et à ses ministres ? Ni le Roi, ni Bismarck ne voulaient et ne pouvaient annexer de force les États du Sud et ils étaient sincères quand ils se défendaient de cette pensée. Tôt ou tard la cause de l'Unité devait prévaloir. Mais quand? Pour le moment, la résistance des populations était telle qu'il était impossible de prévoir quel jour elle cesserait. Une diversion était inutile à Napoléon III, qui venait de constater à quelles profondeurs les racines de sa dynastie s'enfonçaient dans le sol national, et à ses ministres auxquels suffisait amplement la gloire d'opérer la transformation libérale des institutions de leur pays. Au contraire, elle était indispensable à la Prusse : les populations du Sud surmenées, excédées d'un qui-vive militaire non interrompu, demandaient grâce; si la guerre n'éclatait pas, un adoucissement du fardeau militaire allait s'imposer; un conflit entre la couronne, le Parlement et la nation devenait inévitable et dans des conditions plus difficiles que l'ancien, puisque le suffrage universel était entré en scène. Une victoire sur la France résolvait en un instant la difficulté. Donc, à moins de piétiner indéfiniment sur place et de laisser interrompu le pont commencé sur le Mein, il fallait une guerre. En 1867, lors de la difficulté du Luxembourg, Bismarck eut la velléité de pousser l'affaire à fond et de cogner, comme il dit. Il ne se trouva pas assez prêt : il n'était sûr ni de la coopération des États du Sud, ni de la complicité de la Russie. Il différa. En décembre 1869, la bonne volonté du Tsar était assurée, les arrangements militaires de

Moltke terminés; la guerre fut résolue. Le difficile était de nous donner les apparences de l'agression, afin d'entraîner le Roi. Bismarck avait attendu tant qu'il avait espéré notre attaque ; dès qu'il la jugea absolument écartée par mon arrivée au pouvoir (et dans ce sens j'ai indirectement contribué à l'explosion de la guerre), il organisa sa provocation. Tous les premiers mois de l'année 1870 furent employés à cette conspiration. Il songea d'abord à proclamer le Roi empereur d'Allemagne, ce qu'on supposait ne pouvoir être toléré par la France; mais les gouvernements du Sud ne se prêtèrent pas à ce projet. Alors, en mars, il s'arrêta à la candidature prussienne en Espagne, qu'il savait devoir irriter notre nation plus que la prise du titre d'empereur d'Allemagne. Cette guerre a donc été *offensive* aussi bien stratégiquement que tactiquement.

Toute cette controverse entre les Allemands et nous sur la responsabilité de la guerre est dominée et résolue par deux considérations générales. D'où la guerre est-elle sortie? De la candidature Hohenzollern, d'abord, puis de la divulgation faite par Bismarck du refus du Roi de recevoir notre ambassadeur. Pas de candidature Hohenzollern, pas de guerre. Même après la candidature Hohenzollern, pas de divulgation du refus du Roi, pas de guerre. Or, est-ce le Gouvernement de l'Empereur qui a suscité la candidature Hohenzollern? Est-ce le Gouvernement de l'Empereur qui a divulgué le refus d'Ems?

Fût-il vrai que nous nous soyons montrés de maladroits diplomates, qu'au début nous ayons été trop raides et, à la fin, trop exigeants, toujours est-il que nous n'avons pas soulevé la candidature Hohenzollern; que si elle n'eût pas été organisée clandestinement par la Prusse, nos maladresses et nos exigences n'auraient pas eu prétexte ou occasion de se produire, et que la paix n'eût pas été troublée. Il n'est pas un être pensant, en Europe, qui ait la mauvaise foi de soutenir qu'en présence d'une candidature allemande en Espagne, nous dussions nous abstenir, nous résigner, ne rien dire. Or, toute parole entre la Prusse et nous était un danger, parce que toute parole qui n'eût pas été prononcée très haut eût été sans dignité. Admettons que nous ayons mal prononcé cette parole que, de l'aveu unanime, nous devions prononcer à moins d'abdiquer, il reste incontestable que c'est la Prusse qui nous a contraints de parler; que, sans sa conspiration avec Prim, nous n'aurions pas rompu notre silence pacifique. Admettons encore que nous ayons eu tort de nous sentir atteints par la divulgation officielle et insultante du refus de recevoir notre ambassadeur, toujours est-il que si Bismarck n'avait pas proclamé ce refus dans l'Europe entière, comme l'Empereur n'avait pas donné à la demande de garanties la forme d'un ultimatum, la susceptibilité française n'aurait pas eu l'occasion de se surexciter et de s'emporter aux résolutions extrêmes. Ainsi, le fait primordial, la candidature; le fait final, la notification du refus de recevoir notre ambassadeur, ces deux faits dont le choc est né, ces deux faits sans lesquels il n'y eût pas eu de guerre, sont imputables à la Prusse, non à la France.

Les ministres français eussent-ils guetté un prétexte de guerre, ils n'avaient pas à attendre cette candidature Hohenzollern qu'il n'était pas en leur pouvoir de susciter et qui eût pu ne se produire jamais. Ils n'avaient qu'à étendre la main pour amener une explosion immediate; ils n'avaient qu'à réclamer d'une façon un peu pressante, comme le Cabinet de Pétersbourg les y conviait, l'exécution du traité de Prague relatif aux Danois du Nord du Sleswig. « Si la France était déterminée à se venger par une guerre contre la Prusse, disait Westmann, le substitut de Gortschakof, à l'ambassadeur anglais, elle pourrait malheureusement trouver un prétexte pour le faire, en mettant le Gouvernement prussien en demeure d'exécuter les stipulations du traité de Prague relatives au Sleswig. » Le 28 juin, Fleury, toujours obstiné dans son idée, écrivait à Gramont : « Je ne désespère pas, au retour du grand-duc héritier et du tsarewitch de leur voyage à Copenhague, de voir la question des duchés entrer dans une nouvelle phase. Il me serait facile, quand vous me l'ordonnerez, de reprendre la suite de cette affaire que j'avais conduite assez loin et que je n'ai abandonnée, lorsqu'elle était près d'aboutir, que sur les injonctions formelles de l'un de vos prédécesseurs. » Et en refusant d'appuyer la demande de garanties, le Tsar n'avait-il pas dit : « Sur le terrain du traité de Prague, je vous aurais suivis. » Qu'a fait le Gouvernement français ? Il s'est interdit et il a interdit à son ambassadeur à Pétersbourg toute conversation sur le Sleswig. Il a mis le pied sur le tison allumé et écarté le prétexte de guerre qui était toujours à sa disposition.

La soudaineté même de l'explosion de la guerre démontre qu'elle n'a été ni voulue, ni cherchée, ni préméditée par nous. Bismarck sera encore ici mon autorité. On lui reprochait d'avoir, depuis longtemps, conçu la persécution contre les catholiques, dite la Kulturkampf. Il répondit : « De la soudaineté du changement, l'orateur a conclu que l'intention de changer existait depuis longtemps déjà. Je ne comprends pas comment il est possible d'arriver à cette conclusion pour ainsi dire à rebours. C'est précisément, suivant moi, la soudaineté du changement qui atteste l'amour de la paix dont le Gouvernement est animé. Le changement s'explique simplement par le principe de la défense. Lorsque, au milieu de travaux pacifiques, je suis attaqué tout à coup par un adversaire avec lequel j'espérais pouvoir vivre en paix, alors je dois réellement me défendre. Toute défense a quelque chose d'imprévu et de soudain. » Cette formule résume le débat. La guerre a été imprévue et soudaine, parce qu'elle était toute de défense de notre part.

Il est vrai que notre déclaration solennelle de guerre à la tribune a précédé celle de Bismarck.

L'explication est facile : se faire attaquer quand il le faut est un des secrets de l'art d'État. Certains diplomates ont dû leur renom à leur dextérité à provoquer les querelles opportunes. Ainsi Charles II d'Angleterre avait à son service Downing qu'il envoyait comme ambassadeur à La Haye chaque fois qu'il voulait se faire attaquer par les Provinces-Unies, et ce célèbre querelleur atteignait toujours son but. Bismarck, de tout temps, s'attribua à lui-même ce talent. Au milieu du conflit de la Prusse avec l'Électeur de Hesse, le ministre des Affaires étrangères Bernstoff lui demandait : « Que faire ? — Si vous voulez la guerre, répondit Bismarck, nommez-moi votre sous-secrétaire d'État, et je me fais fort de vous servir dans quatre semaines une guerre civile allemande de la meilleure qualité. » Par sa dépêche d'Ems, il s'était montré supérieur encore au célèbre querelleur Downing : il nous a réduits à prendre l'offensive qu'il désirait, car c'est l'offensé et non l'offenseur qui envoie le cartel, et nous n'avons pas été les agresseurs quoique nous ayons pris l'initiative des hostilités. Ainsi que l'écrivait Louis XIV à Saint-Géran, son ambassadeur à Berlin (13 février 1672) : « L'agression, selon l'usage reçu entre les nations, ne se règle point par l'attaque, mais par les injures qui ont nécessité de la faire. » Or, les injures qui ont nécessité de faire la guerre n'ont pas été lancées par nous. « La guerre est déclarée, écrivait le *Dagblad* de La Haye, c'est la Prusse qui l'a voulue. »

Personne n'a le droit d'accuser notre gouvernement d'avoir, de propos délibéré, sans motif, dans un intérêt personnel, pour satisfaire ses passions, pour étayer une dynastie, pour rendre un enfant populaire, arraché à l'improviste et par guet-apens deux peuples de leurs foyers pacifiques et de les avoir précipités l'un sur l'autre. La guerre a surpris l'Empereur et ses ministres dans des œuvres et des pensées de paix; la candidature Hohenzollern n'a été ni un prétexte, ni même une occasion; elle a été la cause unique du conflit, et si Bismarck ne s'était pas vengé par un outrage d'un désistement opéré à son insu et malgré lui, s'il ne nous avait point placés entre le déshonneur et le champ de bataille, nous n'aurions jamais commencé les hostilités.

CHAPITRE XXIII

RÉSUMÉ ET JUGEMENTS

Maintenant que nous avons scruté jusque dans leurs moindres replis tous les faits particuliers, confondu la légende de mensonge qui les a enveloppés ou altérés, il nous reste à nous élever au-dessus des détails, à embrasser d'un coup d'œil à vol d'oiseau l'ensemble de l'événement et à résumer la conduite de notre Cabinet dans cette crise redoutable.

Le guet-apens avait été merveilleusement organisé. Aucun de nos agents ne l'ayant deviné, il nous réveilla en sursaut, en pleine illusion pacifique. Il y eut unanimité dans tous les partis, et aussi dans le parti impérialiste, à ne vouloir à aucun prix, dût la guerre en résulter, d'un Hohenzollern en Espagne. Une seule dissidence dans les désirs : les belliqueux souhaitaient que la candidature persistât pour que la guerre s'ensuivît, les pacifiques faisaient leurs efforts pour écarter la candidature et la guerre. Conformément à la tradition internationale constante, nous ne demandons rien au peuple qui devait élire; nous nous adressons au chef de la famille à laquelle appartenait le candidat ; nous interpellons sans fracas et verbalement le Cabinet prussien. Bismarck s'étant confiné à Varzin afin d'être inabordable, son substitut Thile nous répond ironiquement : « Le gouvernement prussien ignore cette affaire, adressez-vous à l'Espagne. » Nous devinons le piège : on compte nous amuser jusqu'à ce que l'élection des Cortès, fixée au 20 juillet, nous ait placés en présence d'un fait accompli et mis aux mains avec l'Espagne. Nous déjouons cette ruse par la netteté et la résolution d'une déclaration publique à la tribune le 6 juillet. Notre déclaration ne devant pas recevoir de réponse officielle de Bismarck, nous envoyons Benedetti à Ems auprès du roi de Prusse ; nous l'appuyons par d'habiles négociations et, pour nous mettre tout à fait en sûreté du côté de l'Espagne, nous détachons Serrano du complot. Enfin nous faisons plus et mieux, nous mettons la candidature à néant par la suppression du candidat. Le prince Antoine, à l'insu de Bismarck, sous l'action d'Olozaga et de Strat, encouragé par l'Empereur, retire la candidature de son fils. Bismarck, parti de Varzin pour aller à Ems obtenir du Roi la réunion du Parlement et la mobilisation, est terrassé par la nouvelle imprévue et s'arrête à Berlin : toutes ses fourberies sont devenues vaines, le *casus belli* lui échappe, c'est un échec colossal qui va le rendre la risée de l'Europe. Le sang seul pouvait le sauver de ce désastre. Il notifie au Roi que, s'il ne se décide pas à la guerre, il donne sa démission. Le

Roi refuse de s'associer à ses fureurs et d'interrompre les conversations pacifiques avec Benedetti. Bismarck n'a plus qu'à se retirer à Varzin ; le monde va respirer. Mais voilà que Napoléon III lui-même, à qui était due cette victoire pacifique, a subi un affaissement de volonté, et que, sous la pression de la Cour et de la Droite, sans prendre le temps de réfléchir, sans consulter ses ministres, il rouvre l'affaire et ordonne à Gramont d'adresser au Roi une demande de garanties pour l'avenir. Les ministres informés de cette demande s'inquiètent; ne pouvant la retirer puisqu'elle était un fait consommé, ils croient écarter le péril en décidant que, quelle que soit la réponse du roi de Prusse, ils l'accepteront et jugeront l'incident clos. L'Empereur et Gramont se rallient à ce pas en arrière et la paix paraissait sauvée! Les historiens français, tous plus ou moins aveuglément sectaires, s'accordent à accabler systématiquement de leurs mépris et de leurs injures le Cabinet du 2 janvier. Sans être mû par un sot orgueil, mais par le sentiment d'une légitime fierté, qui se redresse sous l'injustice et sous l'outrage, je me sens autorisé à dire qu'en cette crise, ce Cabinet a fait preuve d'une capacité supérieure, à la fois résolue et modérée, souple et ferme, ressentant l'émotion publique, mais sans s'y abandonner, et sachant parer aux accidents imprévus avec une rapidité réfléchie. Et c'est précisément son habileté qui amena la catastrophe finale : Bismarck aux abois, battu une première fois par le renoncement de

Léopold, allant l'être une seconde par notre abandon de la demande de garanties, obligé de subir une paix qui amenait son anéantissement personnel, pour sortir du cercle dans lequel nous l'avions enfermé, s'affranchit des règles de la probité d'État et eut recours à une de ces brutalités vulgaires à la portée des plus médiocres. Nous argumentions ; il nous soufflette, en annonçant *urbi et orbi* aux journaux et aux gouvernements que le Roi a refusé de recevoir notre ambassadeur et rejeté les demandes de la France. Pourquoi, a-t-on dit, êtes-vous tombés dans ce piège? Une brutalité n'est pas un piège dans lequel on soit libre de tomber ou de ne pas tomber et dont on puisse se garantir par une habileté. On la subit ou on la rend. Nous l'avons rendue, et, sans nous attarder à des chinoiseries diplomatiques, qui eussent été niaiserie ou platitude, nous avons, en notre qualité d'offensés, envoyé le cartel.

Sur quelles traditions nous serions-nous appuyés pour agir autrement? Est-ce sur la tradition monarchique? Nous n'avions pas oublié la parole de Louis XIV : « Tout ne m'est rien à l'égal de l'honneur ». Est-ce sur les souvenirs de la Révolution? Les hommes de ces temps héroïques avaient hérité de ce sentiment du grand roi. Le ministre Delessart a été mis en accusation par l'Assemblée législative pour avoir compromis la nation par une correspondance sans dignité. Un des considérants les plus énergiques du décret par lequel la même Assemblée déclara la guerre à François Iᵉʳ, roi de Hongrie et de Bohême, après un rapport de Condorcet, « précieux monument de raison et de mesure, » selon Thiers, est « que, le refus de répondre aux dernières dépêches du roi des Français, ne laissant pas d'espoir d'obtenir par la voie d'une négociation amiable le redressement des griefs de la France, équivalait à une déclaration de guerre. » La même Assemblée nous a enseigné comment un peuple fier répond au refus de recevoir son ambassadeur. Dumouriez, demandant au roi de Piémont, Victor-Amédée, de se montrer favorable à la France, lui envoie Semonville, notre agent diplomatique auprès de la République de Gênes, avec mission de proposer une alliance offensive et défensive, moyennant la promesse de la Lombardie. Le Roi, lié à la Coalition et à l'émigration, dépêche au-devant de Semonville, à Alexandrie, le comte Solara avec ordre de l'empêcher d'aller plus avant, en employant toutefois des formes aimables. Le comte, homme apte aux missions délicates, exécute ses instructions avec urbanité : il invite Semonville à dîner et comme c'était un vendredi et qu'il supposait qu'un jacobin ne fait jamais maigre, il a l'attention de lui offrir un dîner gras ; mais il ne le laisse point poursuivre sa route vers Turin, lui refuse les chevaux de poste et l'oblige à retourner à Gênes. « L'offense faite à la France dans la personne de son représentant, dit Nicomede Bianchi, était trop évidente pour être palliée. » Dumouriez s'en plaignit avec irritation à l'Assemblée et conclut à une déclaration de guerre. De toutes parts s'élevèrent des acclamations. La guerre fut solennellement déclarée (15 septembre 1792). Plus tard, lors de la paix qui eut lieu entre la République et Victor-Amédée (15 mai 1796), une des principales conditions fut que le roi désavouerait l'injure faite à l'ambassadeur à Alexandrie. Les procédés de Bismarck et du Roi à notre égard avaient été aussi impertinents et beaucoup plus publics que ceux de Victor-Amédée à l'égard de Semonville ; ils exigeaient une réparation éclatante.

La critique des entreprises suivies d'insuccès serait beaucoup moins écoutée s'il était possible de déterminer ce qu'aurait produit la conduite contraire. On a vu les effets de la défaite : a-t-on réfléchi à ceux qu'aurait entrainés l'humiliation ? Pouvions-nous oublier l'enseignement de 1840 ? Au milieu des négociations poursuivies à Londres entre les cinq grandes puissances, le ministre anglais, Palmerston, annonce tout à coup à notre ambassadeur, Guizot, qu'un traité de coopération contre Mehemet-Ali, notre protégé, a été signé à notre insu, entre les quatre autres puissances et s'exécute avec autant de hâte qu'il a été conclu. La France se sent outragée. Rémusat écrit à Guizot : « Tel qu'il est, même réduit à une résolution précipitée, le procédé est intolérable, et le seul moyen de n'en être pas humilié, est de s'en montrer offensé. » Le ministère, présidé par Thiers, arme, et convoque les Chambres ; il propose au Roi une déclaration fière dans le discours du trône. Le Roi ne l'accepte point, parce qu'il était conçu dans la perspective de la guerre. — « Sans doute, dit-il avec Guizot, on a tenu peu de compte de l'amitié de la France; elle en est blessée, mais l'offense n'est pas de celles qui commandent et légitiment la guerre; *s'il y avait eu une offense réelle, il faudrait tout sacrifier*, mais il y a eu manque d'égard, non insulte politique : il y a insouciance, mauvais procédé, non pas affront; l'acquisition de la Syrie à Mehemet-Ali n'est pas une cause légitime de guerre. »

Écoutez en quels termes Thiers, après sa retraite, juge cette résignation de Guizot et du Roi : « Je ne puis froidement discuter cette question ; je ne puis rechercher, la rougeur m'en monterait au front, s'il y a eu mauvais procédé, outrage, je ne distingue pas... Si la France recule, elle descend de son rang : cette monarchie que nous avons élevée de nos mains, je ne pourrais plus me trouver en présence des hommes qui nous accusent de n'être venus que pour l'amoindrir. Que pourrai-je répondre à ces ennemis, que vous connaissez bien, quand ils nous diront : « Ce Gouvernement, nous ne savons pas ce qu'il a pu faire, mais il assiste à la plus grande humiliation que nous ayons subie. » Mes collègues et moi nous nous sommes retirés le jour où nous n'avons pas pu pousser jusqu'à son terme naturel et nécessaire la grande résolution que nous avons prise, non pas de faire la guerre à l'Europe, mais d'exiger, dans un langage qui ne l'aurait pas offensée, la modification du traité ou, je l'avoue, le mot est grave à prononcer, ou de déclarer la guerre. Le ministère anglais avait dit que la France, après avoir montré de la mauvaise humeur, se tairait et céderait. Quand je vois mon pays ainsi humilié, je ne puis contenir le sentiment qui m'oppresse et je m'écrie : « Quoi qu'il m'arrive, sachons être toujours ce qu'ont été nos pères et faisons que la France ne descende pas du rang qu'elle a toujours occupé en Europe. » (*Vive adhésion à gauche. Acclamations prolongées.*) L'héritier même du trône, le Duc d'Orléans, indigné, disait : « Il vaut mieux succomber sur les rives du Danube ou sur celles du Rhin que dans un ruisseau de la rue Saint-Denis. »

Les conséquences de cette prudence ou de cette pusillanimité de Louis-Philippe, qu'on se serve du terme qu'on préférera, lui furent fatales. Il resta debout encore, mais comme un arbre dont les racines sont pourries, et, au moindre coup de vent un peu fort, il fut renversé. La nation irritée se crut déchue de son rang « et fut prête à ces résolutions désespérées que de pareilles impressions font naître chez un peuple orgueilleux, inquiet, irritable comme le nôtre ». Alors se justifia cette prédiction de Tocqueville « qu'une paix sans gloire est une des voies qui conduisent à la révolution ». Toute politique avec l'Angleterre devint difficile (l'aveu est de Guizot), « à cause du souvenir ardent et amer que ces événements avaient laissé dans le cœur du peuple et de l'armée ». Le moindre incident était envenimé, grossi, dénaturé : une difficulté aussi microscopique que celle de l'indemnité Pritchard, un arrangement aussi irréprochable que celui sur le droit de visite, enfantaient des colères qui, aujourd'hui, nous étonnent; le Gouvernement n'était pas haï, car la haine est encore un hommage : il était conspué. « Louis-Philippe, disait Chateaubriand, n'a pas besoin d'honneur ; il est un sergent de ville. L'Europe peut lui cracher au visage, il s'essuie, remercie et montre sa patente de roi. » Le succès national des mariages espagnols ne le releva pas. Au dernier moment, il n'osa pas même se défendre, ce qui lui eût été matériellement facile, et il tomba sur un incident qui, considéré en lui-même, ne devait pas dépasser les proportions d'un procès en police correctionnelle. Le socialiste Proudhon l'a constaté : « Une des causes qui ont perdu la dernière monarchie a été d'avoir résisté à l'instinct belliqueux du pays. On n'a pas encore pardonné à Louis-Philippe sa politique de la paix à tout prix; il n'a pas voulu périr sur un champ de bataille, il a péri dans un égout. » L'ultra-pacifique Victor Hugo lui a aussi reproché de n'avoir pas aimé un peu la gloire, d'avoir été trop modeste pour la France : « De là, des timidités excessives, importunes au peuple qui a le 14 Juillet dans sa tradition civile et Austerlitz dans sa tradition militaire. » — « Les intrus, a dit Louis Veuillot, ne voulaient pas de gloire, parce qu'ils ne voulaient point de difficultés. Ils périrent pour avoir évité toutes les difficultés, c'est-à-dire esquivé tous les devoirs. » Berryer avait considéré l'humiliation imposée à la France, en 1840, « comme l'affront le plus grand que l'on pût recevoir ». Qu'aurait-il pensé si notre ambassadeur avait été éconduit pendant les négociations, et si l'on avait annoncé à l'Europe ce joli procédé ? Quelles paroles d'indignation n'aurait-il pas fait entendre, s'il y avait eu alors une dépêche d'Ems ?

Dans notre cas, il n'y avait plus moyen d'équivoquer, de se réfugier derrière « un manque d'égards qui ne serait pas une offense ». L'offense était directe, palpable, sanglante, voulue. Palmerston avait certaines excuses à invoquer pour justifier son acte, notamment qu'il avait été précédé par une année de négociations infructueuses et que si la signature avait été clandestine, sa préparation, sa possibilité, son imminence n'avaient pas été ignorées du Gouvernement français. A l'acte de Bismarck, aucune excuse. Palmerston ne cessait de se défendre d'avoir voulu outrager la France ou son Gouvernement ; Bismarck avait dit tout net à Loftus que « c'était ce qu'il se proposait ». Si un Napoléon, en présence d'un affront aussi grossier, avait montré une résignation qu'on n'avait pas pardonnée à Louis-Philippe devant une offense discutable, la nation l'aurait fait sauter en l'air. L'Empire était au bout du crédit de pusillanimité que notre pacificomanie lui avait ouvert. Il avait subi deux humiliations amères : au Mexique, il avait reculé devant les sommations américaines ;

au Luxembourg, devant celles des vainqueurs de Sadowa. Les sommations du Gouvernement de Washington s'étaient perdues dans le bruit des objurgations de l'opposition française; la reculade du Luxembourg, quoique couverte par l'ombre d'une négociation secrète, avait été beaucoup plus sensible à la fierté nationale. Elle avait créé cette irritation sourde que nous avions tant de peine à contenir, lors de l'incident du Saint-Gothard, et qui venait d'éclater d'une manière si impérieuse à l'annonce de la candidature Hohenzollern. Une nouvelle répétition plus avilie, parce que cette fois tout se passait en public, d'une défaite pareille eût fait tomber l'Empire plus bas dans l'impossibilité de vivre que le Gouvernement de Juillet après 1840.

Si l'Empereur avait dévoré l'affront, l'opposition aurait repris l'apostrophe de Berryer, qui souleva l'Assemblée tout entière : « Eh quoi ! messieurs, il y a un pays au monde où les ambassadeurs entendent de telles paroles et où ils les écrivent... Non, ce n'est pas de la France qu'on a dit cela. Non, quoi que vous ayez fait, on n'a pas dit cela de la France, et ceux qui, aux jours de nos plus grands désastres, ceux qui à Waterloo même ont vu comment tombaient nos guerriers, n'ont pas dit cela de la France... Ce n'est pas d'elle qu'on a parlé. » Thiers lui-même, qui n'avait pas laissé passé une session sans évoquer contre l'Empire le souvenir de Sadowa, eût repris ses propres discours contre un désastre d'honneur auprès duquel 1840 eût paru un triomphe; Gambetta eût fulminé des harangues autrement allumées que celles du procès Baudin ; Jules Favre nous eût magnifiquement conspués et Jules Simon doucereusement déchirés, tous auraient fait des variations sur le mot prêté à Gortschakof : « L'homme de la Seine ne se tient en équilibre que par les soufflets que Bismarck lui donne sur les deux joues. » Aucun obstacle n'aurait plus contenu la subversion : les irréconciliables, devenus les héros de l'indignation publique, auraient fait de l'État leur proie, et l'armée, si on eût voulu l'acquérir contre eux, aurait confirmé les paroles d'un de ses chefs les plus illustres, le maréchal Niel : « Notre peuple est extrêmement sensible à l'outrage, et le plus grand malheur qui pourrait lui arriver, ce serait de recevoir un outrage s'il était désarmé. Il renverserait tout autour de lui, il s'en prendrait au Gouvernement et il aurait raison. »

On a posé comme point de départ que la défaite était fatale. Aujourd'hui, il est démontré que nos chances de victoire étaient considérables et que notre magnifique armée a déçu notre attente, parce que, passant du commandement d'un chef qui avait la pierre à la vessie, à celui d'un autre qui l'avait au cœur, elle a été laissée sans direction, flottant au gré des rencontres, navire sans pilote au milieu du roulis des batailles.

Au lendemain de nos revers, les généraux qui les avaient amenés par leurs fautes ont trouvé commode de se décharger de toute critique en attribuant ces revers au défaut de préparation et à notre infériorité numérique. Cette légende de mensonge est aujourd'hui confondue par les militaires eux-mêmes : ils ont démontré que nous étions suffisamment prêts pour vaincre et que l'infériorité numérique n'a pas été la cause de nos désastres.

Jusqu'au 5 août nous avons eu la supériorité incontestable de concentration et, si passant la Sarre, nous nous étions établis entre le fleuve et la zone boisée du Palatinat, nous eussions culbuté des forces prussiennes inférieures et dérangé toutes les combinaisons de Moltke. Sans doute, à Wœrth, nous avons succombé sous le nombre, malgré un héroïsme digne des soldats de Léonidas, mais il n'eût tenu qu'à Mac-Mahon d'atténuer cette infériorité en différant la rencontre jusqu'à ce que le Ve et le VIIe corps l'eussent rejoint. A Spicheren nous avons eu la supériorité du nombre pendant la plus grande partie de la journée et il a dépendu de Bazaine, en se rendant sur les lieux et en y envoyant deux ou trois divisions, de faire une triomphante victoire de ce qui n'a pas été une défaite. Le 16 août, à Rezonville, nous avions la supériorité du nombre, de la position, nous étions victorieux, et si par un aveuglement digne d'éternelles larmes, Bazaine n'avait pas reporté en arrière une armée qu'il fallait jeter en avant sur un ennemi mal engagé, empêtré dans des gorges et des ravins, nous aurions remporté un de ces avantages qui terminent une guerre. Le 18 août encore, à Saint-Privat, si la garde et la réserve d'artillerie avaient été lancés par Bazaine et Bourbaki, pour couper par le centre le mouvement enveloppant insensé des Allemands ou pour achever la garde prussienne décimée par Canrobert, nous aurions retrouvé ce jour-là la bonne fortune que nous n'avions pas su saisir le 16 août. Même après toutes ces fautes, si notre armée avait été reportée sous Paris, et non envoyée au Nord dans le traquenard de Sedan, la France eût encore été sauvée, comme Thiers l'a dit souvent. Jusqu'au bout, nous avons eu l'occasion de retrouver la Fortune. Oui, nous pouvions et nous devions vaincre. Et nous avions tous raison de le croire. Aucun juge impartial n'en doute plus aujourd'hui.

Nos chances eussent-elles été moindres, nous n'avions pas le choix. Placés entre une guerre douteuse et une paix deshonorée, nous étions obligés de nous prononcer pour la guerre. « Pour les peuples comme pour les individus, a dit le Thiers des bons moments, il y a des circonstances où la voix de l'honneur doit parler plus haut que celle de la prudence. Il est des choses que, dût-on périr à l'instant même, on ne doit jamais souffrir. » Les gouvernements ne succombent pas seulement aux revers, le déshonneur les détruit aussi ; il y a les révolutions de la défaite, mais celles du mépris ne sont pas moins redoutables. *Intuta quæ inde cora*, il n'y a pas de sécurité dans l'ignominie. Un désastre militaire est un accident qui se répare. Quelle nation n'en a subi? La perte acceptée de l'honneur est une mort dont on ne revient pas. Depuis 1870, je me suis souvent imaginé à la tribune le 15 juillet, conseillant la résignation à l'outrage, et je me suis demandé comment j'aurais pu engager une nation sensible à l'honneur, confiante en l'invincibilité de son armée, à dévorer un procédé sans précédents et si manifestement insultant, comment j'aurais répondu aux huées de l'Assemblée et au mépris de tous les hommes de cœur : je n'ai rien trouvé. Il n'était pas humainement possible, dans les circonstances au milieu desquelles nous délibérions, d'agir autrement que nous l'avons fait.

Au lendemain même de la chute de l'Empire, les publicistes de la Droite imaginèrent d'exonérer l'Empereur en rejetant toutes les responsabilités sur le ministère. Dans une brochure signée par un de ses chambellans, Gricourt, à défaut de Persigny qui avait refusé son nom, l'Empereur lui-même parut favorable à cette manœuvre. On lit dans cette brochure : « Le ministère commit la faute grave de porter à la tribune une sorte de défi qui rendait tout arrangement politique difficile. » Quoique ne voulant pas ajouter aux amertumes qui affligeaient le noble captif, je ne pus cependant rester muet sous un désaveu immérité. Je lui écrivis à Wilhemshohe, le 28 décembre 1870 : « Sire, j'ai reçu la brochure que vous avez eu la bonté de m'envoyer et je l'ai lue avec le plus vif intérêt. Je la trouve très bien, sauf dans cette dernière partie où l'on essaie de vous séparer de vos ministres et de faire retomber sur eux le poids d'une décision commune. Je sens que c'est le système que vont adopter certains de vos amis. Ce système, outre qu'il est contraire à la vérité, manque de générosité : il est indigne de Votre Majesté. Je n'aime pas non plus qu'on ait l'air de demander pardon à la Prusse de lui avoir fait la guerre. Se défendre de l'avoir provoquée, cherchée, rien de mieux; c'est vrai, et je rendrai à cet égard un éclatant témoignage à Votre Majesté; mais il n'y a pas à se défendre de l'avoir acceptée, subie. Supposez qu'un jour votre gouvernement ait fait afficher sur les murs de Paris (comme le roi Guillaume l'a fait à Ems et à Berlin) que les propositions anglaises sur la dénonciation du traité de commerce ayant déplu à Votre Majesté, elle refuse de recevoir de nouveau lord Lyons; non seulement Gladstone et Bright, mais les bonnets de coton anglais eux-mêmes eussent demandé la guerre. Si la France n'avait pas fait cette guerre, elle tombait dans la boue; mieux vaut qu'elle ait été défaite sur le champ de bataille. »

Une éclipse d'équité ne durait jamais chez l'Empereur; il me répondit : « W., le 18 janvier 1871. — Mon cher Monsieur E. Ollivier. En réponse à votre lettre, je vous dirai que *je n'entends point séparer ma responsabilité de celle de mes ministres dans la déclaration de la malheureuse guerre qui a éclaté;* la brochure de Gricourt n'a eu pour but que de prouver que ce n'était point pour un intérêt dynastique que j'avais déclaré la guerre, mais pour répondre au sentiment justement froissé du pays. »

CONCLUSION

Cette guerre était légitime, était-elle fatale? Mommsen l'a cru et, défendant l'Empereur de l'avoir voulue, il ajoute que s'il ne l'avait pas faite, elle se serait imposée à son fils. Je ne le crois pas. Il a existé, il existe entre certains peuples qui incarnent spécialement certaines civilisations des divergences fondamentales engendrant des rivalités inconciliables qui ne peuvent se trancher que sur le champ de bataille. Entre l'Allemagne et la France n'existait pas une de ces incompatibilités irréductibles. Quoi qu'on en ait dit, nous ne sommes pas l'incarnation du génie latin en conflit avec le génie germanique. Il y a en nous du Latin, mais que d'autres éléments viennent s'y ajouter, et parmi ceux-là, l'élément germanique lui-même! Et il n'y a pas plus de différence entre nous et l'Allemagne qu'il n'y en a entre la Provence et la Bretagne, entre la Gascogne et la Normandie et même entre certains individus de ces provinces. Kant, Hegel, Gœthe, Beethoven, Heine, Frédéric sont aussi compris et admirés en France que Descartes, Molière, Voltaire, Balzac, Renan, Napoléon le sont en Allemagne, phénomène qui implique une certaine similitude de mentalité. La cause du conflit entre l'Allemagne et la France n'était qu'une de ces « fatalités artificielles », nées des fausses conceptions ou des ambitions malsaines des hommes d'État, que le temps use, transforme et souvent éteint. Il eût suffi que la France prit résolument le parti de ne pas se mêler des affaires d'Allemagne, de ne pas considérer l'unité allemande comme une menace ou une diminution d'elle-même, qu'elle eût trouvé naturel qu'une nation aussi puissante de toutes manières, par l'intelligence, l'imagination, la poésie, la science et les armes, se constituât à son gré dans la pleine liberté de sa spontanéité. Il eût suffi, d'autre part, que les professeurs allemands, satisfaits de 1814 et de Waterloo, se décidassent à oublier le Palatinat et Iéna pour qu'à l'instant même, cette prétendue fatalité d'une guerre s'évanouît et que le seul rapport, établi d'un consentement mutuel entre les deux nations, fût l'amitié et la coopération dans une œuvre commune de lumière et d'affranchissement des véritables fatalités. C'est l'espérance à laquelle j'avais voué mon action internationale et que comme ministre j'aurais fait prévaloir si mon pouvoir avait duré. Mais il existait un homme à qui il importait que cette fatalité factice subsistât et éclatât en guerre. C'est ce génie puissant qui, ne voulant pas laisser au temps la gloire d'accomplir longuement l'œuvre de l'Unité, dont l'heure triomphante était inévitable, a voulu brusquer l'évolution, imposer au présent ce que l'avenir eût établi librement et garder pour lui seul la gloire que ses successeurs auraient partagée. Lui supprimé, la guerre entre la France et l'Allemagne eût cessé d'être fatale et le fils de Napoléon III l'aurait évitée aussi bien que son père. Napoléon III voulait la paix, mais d'une volonté vacillante ; Bismarck voulait la guerre d'une volonté inflexible : la volonté inflexible vainquit la volonté vacillante. Preuve nouvelle, comme l'a dit si fortement le penseur Gustave Le Bon, « que la foi qui soulève les montagnes s'appelle la volonté. Elle est la véritable créatrice des choses. »

Aussi, c'est pitié que de lire ces pénibles dissertations de nos historiens de pacotille, recherchant ce qu'ils appellent les responsabilités et s'évertuant à incriminer les uns, les hommes d'État de l'opposition, les autres, ceux du gouvernement. Assurément, les hommes de l'opposition ont eu l'imprévoyance d'entretenir dans les esprits une excitation impatiente, assurément l'Empereur n'aurait pas dû rouvrir, par une demande de garanties inutile, une question fermée par une solution victorieuse. Mais ni les déclamations des hommes de l'opposition, ni l'erreur de Napoléon III n'ont été la cause déterminante de la guerre. Aucun Français n'en est responsable. Le seul homme qui en aura la gloire ou la honte, suivant le jugement qu'on portera, c'est l'homme de fer dont l'indomptable et héroïque volonté a maîtrisé les événements et les a rendus les serviteurs de ses ambitions.

Démosthènes disait aux Athéniens : « Qu'un orateur se lève et vous dise : C'est Diopithe qui cause tous vos maux, c'est Charès, Aristophon ou tout autre qu'il lui plaît de vous nommer, vous aussitôt d'applaudir et de vous écrier en tumulte : Oh ! qu'il dit vrai ! mais qu'un homme sincère vous dise : O Athéniens ! le seul auteur de vos maux, c'est Philippe, cette vérité vous irrite, et c'est comme un trait qui vous blesse. » Et moi je dis à nos Athéniens : « La guerre n'a été déchaînée ni par Diopithe, ni par Charès, ni par Aristophon, mais par Philippe, et Philippe, en 1870, s'appelait Bismarck. »

Un des panégyristes de Bismarck, Johannes Scherr, a très bien défini le caractère qu'il faut donner au créateur de l'unité allemande. « Après avoir produit tant de géants de la pensée, l'Allemagne devait, enfin, produire un héros du fait. Nous avions eu, à l'époque de la Réforme et depuis lors, assez d'idéalistes, mais pas un homme politique. Il nous manquait le génie pratique, le génie sans scrupule. Oui, véritablement, celui-là ! Car les hommes réfléchis et expérimentés doivent laisser là où il mérite d'être, c'est-à-dire dans l'abécédaire des enfants, le lieu commun usé qui dit que « la politique la plus honnête est la meilleure ». Il n'y a jamais eu de « politique honnête » dans le sens usité du mot, et il ne saurait y en avoir. L'homme d'État créateur doit accomplir son œuvre, sans s'inquiéter de savoir si ses adversaires la trouvent « malhonnête », si elle est désagréable ou nuisible pour eux. Ce ne sont pas les considérations éthérées d'une idéalité subjective, mais bien de dures réalités, des intérêts archi-prosaïques, ainsi que des passions communes et élevées qui déterminent de concert la science d'État. » C'est ainsi que Bismarck eût aimé être loué; c'est ainsi qu'il faut parler de cet homme extraordinaire, ie plus rusé des renards, le plus audacieux des lions, qui sut capter et épouvanter, faire de la vérité même un moyen de mensonge, auquel la reconnaissance, l'oubli des injures, le respect des vaincus furent inconnus ainsi que tous les autres sentiments généreux, sauf celui du dévouement à l'ambition de sa patrie; qui trouva légitime tout ce qui contribue au succès et qui, par son dédain des importunités de la morale, a ébloui l'imagination des hommes. Après l'affaire des Duchés, notre ambassadeur, Talleyrand, cherchait des détours pour manifester une certaine désapprobation : « Ne vous gênez donc pas, dit Bismarck; il n'y a que mon Roi qui croie que j'ai été honnête. »

Esthétiquement il me plait ainsi. Tant qu'il nie l'évidence, joue le vertueux, l'inconscient, s'ingénie en tartuferie, il se rapetisse au point de se rendre méprisable. Dès qu'il se découvre et se vante de ses fourberies audacieuses qui ont placé au premier rang des nations son Allemagne, jusque-là divisée et impuissante, alors il est grand comme un Satan, un Satan beau à contempler. Bismarck manigançant dans l'ombre la candidature Hohenzollern, sans se douter que la guerre en sortira fatalement, serait un sot à bafouer; Bismarck organisant cette trame parce que c'est le seul moyen de faire éclater la guerre dont il a besoin pour créer l'unité de sa patrie, est un puissant homme d'État, d'une grandeur sinistre, mais d'une grandeur imposante. Il ne se sera point par là ouvert les portes d'un Paradis quelconque; il aura conquis à jamais une des places les plus élevées dans le Panthéon germanique des apothéoses terrestres.

FIN

QUALITÉS DES PRINCIPAUX PERSONNAGES
CITÉS DANS CE RÉCIT

Andrassy. — Président du Ministère hongrois.
Abeken. — Fonctionnaire des Affaires étrangères délégué auprès du Roi, à Ems.
Beust. — Chancelier et ministre des Affaires étrangères d'Autriche.
Busch. — Journaliste au service de Bismarck, qui a écrit des *Mémoires* sur lui.
Bernhardi. — Attaché militaire à l'ambassade prussienne en Espagne.
Bray. — Ministre des Affaires étrangères de Bavière.
Cadore. — Ministre de France à Munich.
Chevandier de Valdrome. — Ministre de l'Intérieur dans le Cabinet français.
Charles de Roumanie. — Roi de Roumanie, fils d'Antoine de Hohenzollern.
Clarendon. — Ministre des Affaires étrangères d'Angleterre.
Camphausen. — Ministre des Finances en Prusse.
Daru. — Ministre des Affaires étrangères dans le Cabinet français jusqu'au plébiscite.
Darimon. — L'un des Cinq de l'opposition sous l'Empire, qui a écrit des *Souvenirs*.
Delbruck (Jules). — Membre du Cabinet allemand.
Delbruck (Hans). — Historien allemand. (*Preussische Jahrbücher*).
Eulenbourg. — Ministre de l'Intérieur en Prusse.

Fleury. — Ambassadeur de France à Saint-Pétersbourg.
Gladstone. — Premier ministre du Cabinet anglais.
Granville. — Ministre des Affaires étrangères en Angleterre après la mort de Clarendon.
Gramont. — Ministre des Affaires étrangères dans le Cabinet français.
Girardin. — Journaliste français.
Gortschakof. — Chancelier et ministre des Affaires étrangères en Russie.
Keudell. — Un des secrétaires intimes de Bismarck.
Lesourd. — Chargé d'affaires à Berlin en l'absence de Benedetti.
Loftus. — Ambassadeur d'Angleterre en Prusse.
Lothar Bucher. — Un des secrétaires de Bismarck.
Lyons. — Ambassadeur d'Angleterre à Paris.
Layard. — Ambassadeur anglais à Madrid.
La Valette. — Ambassadeur de France à Londres.
Le Bœuf. — Ministre de la Guerre dans le Cabinet français.
Louvet. — Ministre de l'Agriculture et du Commerce dans le Cabinet français.
Lenz. — Historien allemand. *(Geschichte Bismarck.)*
Mège. — Ministre de l'Instruction publique dans le Cabinet français.
Malaret. — Ministre de France à Florence.
Mommsen. — Historien allemand.
Mercier. — Ambassadeur de France à Madrid.
Metternich. — Ambassadeur d'Autriche à Paris.
Moltke. — Chef d'État-Major de l'armée prussienne.
Nigra. — Ambassadeur d'Italie à Paris.
Oncken. — Historien allemand.
Olozaga. — Ambassadeur d'Espagne à Paris.
Ottokar Lorenz. — Historien allemand. *(Kaiser Wilhelm und die Begründung der Reichs.)*
Prim. — Président du Conseil, ministre de la Guerre en Espagne.

PLICHON. — Ministre des Travaux publics dans le Cabinet français.
PARIEU. — Ministre, président du Conseil d'État.
PIÉTRI (Franceschini). — Secrétaire particulier de Napoléon III.
ROON. — Ministre de la Guerre de Prusse.
RICHARD (Maurice). — Ministre des Beaux-Arts dans le Cabinet français.
ROUHER. — Ancien ministre d'État, président du Sénat.
RATHLEF. — Historien allemand.
SEGRIS. — Ministre des Finances dans le Cabinet français.
SCHULTZE. — Historien allemand.
STOFFEL. — Attaché militaire de France à Berlin.
STRAT. — Ministre de Roumanie à Paris.
SAGASTA. — Ministre des Affaires étrangères en Espagne.
SALAZAR Y MAZAREDO. — Député espagnol.
SCHERR. — Historien allemand.
SYBEL. — Historien allemand.
SAINT-VALLIER. — Ministre de France en Wurtemberg.
THILE. — Sous-Secrétaire d'Etat des Affaires étrangères en Prusse.
VEUILLOT. — Journaliste, directeur de l'*Univers*.
VISCONTI-VENOSTA. — Ministre des Affaires étrangères en Italie.
WALEWSKI. — Ancien ministre des Affaires étrangères de France.
WERTHER. — Ambassadeur de Prusse à Paris.

TABLE DES MATIÈRES

	Pages
INTRODUCTION	1
Chap. I. — Bismarck médite la guerre contre la France	13
— II. — Bismarck reprend la candidature Hohenzollern après le plébiscite français	23
— III. — Le guet-apens Hohenzollern éclate à Madrid	32
— IV. — Le guet-apens Hohenzollern éclate à Paris	36
— V. — La candidature Hohenzollern excite l'indignation de la France et le blâme de l'Europe	46
— VI. — Impossibilité de négocier. Nos perplexités	56
— VII. — Déclaration du 6 juillet 1870	61
— VIII. — Les quatre négociations pacifiques	82
— IX. — Négociations de Gramont avec les puissances	96
— X. — Les négociations avec le roi de Prusse à Ems	110
— XI. — La négociation avec le prince Antoine. La renonciation	143
— XII. — Effet de la renonciation à Paris	159
— XIII. — La demande de garanties	181
— XIV. — La lettre de l'Empereur à Gramont sur la demande de garanties	193

		Pages
Chap. XV. —	La matinée du 13 juillet à Ems. Le roi de Prusse repousse la demande de garanties............	203
— XVI. —	La matinée du 13 juillet à Paris....	208
— XVII. —	La soirée du 13 juillet à Ems.....	221
— XVIII. —	La soirée du 13 juillet à Berlin. Le soufflet de Bismarck.........	231
— XIX. —	La soirée du 13 juillet à Paris. Les décisions pacifiques l'emportent...	248
— XX. —	Exaspération produite à Paris par la dépêche d'Ems..........	259
— XXI. —	Notre réponse au soufflet de Bismarck : la Déclaration du 15 juillet......	279
— XXII. —	Sur qui doit retomber la responsabilité de la guerre? Sur la France ou sur la Prusse?............	306
— XXIII. —	Résumé et Jugements........	325
CONCLUSION...............		341
QUALITÉS DES PRINCIPAUX PERSONNAGES CITÉS DANS CE RÉCIT		347

9385. — Paris. — Imp. Hemmerlé et Cie 9-10

Bibliothèque de Philosophie scientifique
DIRIGÉE PAR LE Dr GUSTAVE LE BON

SCIENCES PHYSIQUES ET NATURELLES

- **La Science et l'Hypothèse**, par H. Poincaré, membre de l'Institut (16ᵉ mille).
- **La Valeur de la Science**, par H. Poincaré (14ᵉ mille).
- **La Vie et la Mort**, par le Dr A. Dastre, membre de l'Institut (10ᵉ mille).
- **Nature et Sciences naturelles**, par F. Houssay, profr à la Sorbonne (6ᵉ mille).
- **Les Frontières de la Maladie**, par le Dr J. Héricourt (8ᵉ mille).
- **Les Influences ancestrales**, par F. Le Dantec, chᵍ de cours à la Sorbonne (9ᵉ mille).
- **La Lutte universelle**, par Félix Le Dantec (8ᵉ mille).
- **Les Doctrines médicales**, par le Dr E. Boiser, profr de clinique médicale (mille).
- **L'Évolution de la Matière**, par le Dr Gustave Le Bon, avec 63 figures (21ᵉ mille).
- **La Science moderne et son état actuel**, par Émile Picard, membre de l'Institut, professeur à la Sorbonne (10ᵉ mille).
- **La Physique moderne**, par Lucien Poincaré, dir. à l'Instr. pub. (11ᵉ mille).
- **L'Histoire de la Terre**, par L. de Launay, profr à l'École supre des Mines (10ᵉ mille).
- **La Musique**, par J. Combarieu, chargé de cours au collège de France (8ᵉ mille).
- **L'Hygiène moderne**, par le Dr J. Héricourt (10ᵉ mille).
- **L'Électricité**, par Lucien Poincaré, dir. à l'instruction publique (10ᵉ mille).
- **L'Évolution des Forces**, par le Dr Gustave Le Bon, avec 42 figures (10ᵉ mille).
- **Le Monde végétal**, par Gaston Bonnier, de l'Institut, avec 230 figures (8ᵉ mille).
- **Les Transformations du Monde animal**, par C. Dépéret, Cor de l'Institut (7ᵉ mille).
- **De l'Homme à la Science**, par Félix Le Dantec (6ᵉ mille).
- **L'Évolution souterraine**, par E.-A. Martel, directeur de La Nature (80 figures).
- **La Vérité scientifique, sa poursuite**, par F. Bovy, membre de l'Institut.
- **La Conquête minérale**, par L. de Launay, professeur à l'École des Mines.
- **La Dégradation de l'Énergie**, par B. Brunhes, profr de physique (6ᵉ mille).
- **Science et Méthode**, par H. Poincaré, membre de l'Institut (9ᵉ mille).
- **L'Aéronautique**, par le Commandant Paul Renard (6ᵉ mille).
- **L'Évolution d'une Science, la Chimie**, par W. Ostwald (6ᵉ mille).
- **Les Théories de l'Évolution**, par Yves Delage, de l'Institut et M. Goldsmith.
- **Les Convulsions de l'Écorce Terrestre**, par Stanislas Meunier, professeur au Muséum.
- **L'Essor de la Chimie appliquée**, par Albert Colson, profr à l'École Polytechnique.

2º PSYCHOLOGIE ET HISTOIRE

- **La Philosophie moderne**, par Abel Rey, profr agrégé de Philosophie (6ᵉ mille).
- **L'Âme et le Corps**, par A. Binet, directeur de Laboratoire à la Sorbonne (7ᵉ mille).
- **Les grands Inspirés devant la Science**, par le colonel Biottot.
- **La Connaissance et l'Erreur**, par Ernst Mach, profr à l'Université de Vienne.
- **L'Athéisme**, par Félix Le Dantec, chargé de cours à la Sorbonne (10ᵉ mille).
- **Science et Conscience**, par Félix Le Dantec (6ᵉ mille).
- **Science et Religion dans la Philosophie contemporaine**, par Émile Boutroux, membre de l'Institut (10ᵉ mille).
- **La Valeur de l'Art**, par O. Destrée.
- **Psychologie de l'Éducation**, par le Dr Gustave Le Bon (13ᵉ mille).
- **La Vie du Droit et l'Impuissance des Lois**, par J. Cruet, av. à la Cour d'appel.
- **Le Droit pur**, par Edmond Picard, sénateur, professeur à l'Université de Bruxelles (5ᵉ mille).
- **La Vie sociale**, par Ernest van Bruyssel, consul général de Belgique (6ᵉ mille).
- **L'Allemagne moderne**, par H. Lichtenberger, profr adj. à la Sorbonne (10ᵉ mille).
- **Les Démocraties antiques**, par A. Croiset, membre de l'Institut (6ᵉ mille).
- **Le Japon moderne, son Évolution**, par Ludovic Naudeau (6ᵉ mille).
- **Les Névroses**, par le Dr Pierre Janet, profr au Collège de France (6ᵉ mille).
- **La Naissance de l'Intelligence**, par le Dr Georges Bohn (40 figures) (5ᵉ mille).
- **Le Crime et la Société**, par le Dr J. Maxwell, substitut du Procureur gal à Paris.
- **Les Idées modernes sur les enfants**, par A. Binet, directeur de laboratoire à la Sorbonne (8ᵉ mille).
- **L'Évolution des Dogmes**, par C. Guignebert, chᵍ de Cours à la Sorbonne (6ᵉ mille).
- **La Formation des Légendes**, par A. Van Gennep, dir. de la Revue d'Ethnographie.
- **Découvertes d'Histoire sociale**, par le Vicomte Georges d'Avenel (6ᵉ mille).
- **L'Évolution de la Mémoire**, par H. Piéron, Mre de Cᶠ à l'École des Htes-Études.
- **Philosophie de l'Expérience**, par William James, membre de l'Institut (6ᵉ mille).
- **L'Énergie américaine**, par Firmin Roz.
- **La Démocratie et le Travail**, par Gabriel Hanotaux, de l'Académie française.
- **Les Anciennes Démocraties des Pays-Bas**, par Henri Pirenne, professeur à l'Université de Gand.
- **La Belgique moderne**, par H. Charriaut, chargé de mission (6ᵉ mille).
- **La Psychologie politique et la Défense sociale**, par le Dr Gustave Le Bon.
- **Philosophie d'une Guerre (1870)**, par Émile Ollivier, de l'Académie française.

www.ingramcontent.com/pod-product-compliance
Lightning Source LLC
Chambersburg PA
CBHW070854170426
43202CB00012B/2071